成人高等教育财经专业精品教材系列

张亦工
王姣
韩庆华

主编

政治
经济学

Political Economics

经济科学出版社
Economic Science Press

图书在版编目（CIP）数据

政治经济学/张亦工，王姣，韩庆华主编．—北京：
经济科学出版社，2016.2（2019.1 重印）
成人高等教育财经专业精品教材系列
ISBN 978 - 7 - 5141 - 6568 - 5

Ⅰ．①政⋯ Ⅱ．①张⋯ ②王⋯ ③韩⋯ Ⅲ．①政治经
济学 - 成人高等教育 - 教材 Ⅳ．①F0

中国版本图书馆 CIP 数据核字（2016）第 019788 号

责任编辑：柳　敏　段小青
责任校对：王苗苗
责任印制：李　鹏

政治经济学

张亦工　王　姣　韩庆华　主　编
经济科学出版社出版、发行　新华书店经销
社址：北京市海淀区阜成路甲 28 号　邮编：100142
总编部电话：010 - 88191217　发行部电话：010 - 88191522
网址：www. esp. com. cn
电子邮件：esp@ esp. com. cn
天猫网店：经济科学出版社旗舰店
网址：http：//jjkxcbs. tmall. com
固安华明印业有限公司印装
710 × 1000　16 开　16.5 印张　300000 字
2016 年 2 月第 1 版　2019 年 1 月第 3 次印刷
印数：5601—10600 册
ISBN 978 - 7 - 5141 - 6568 - 5　定价：33.00 元
（图书出现印装问题，本社负责调换。电话：010 - 88191502）
（版权所有　侵权必究　举报电话：010 - 88191586
电子邮箱：dbts@ esp. com. cn）

前　言

在"十二五"即将结束、"十三五"面临开局之际，为适应国家提升高校教学水平和创新能力、大力发展继续教育、推动普通高校继续教育改革发展的要求，山东财经大学在原有山东省成人高等教育品牌专业特色课程系列教材的基础上，组织编写了成人高等教育财经专业精品教材系列。

该系列教材立足大众创业、万众创新，建设创新型国家的经济社会发展需要，紧扣财经类专业课程设置和教学大纲，系统地涵盖了专业教学的基本内容，其中主要包括专业基础课、专业主干课程教材。这些教材适用于经济、管理学科，尤其是经济学、会计学、金融学等专业成人教育的教学，对指导和帮助学生获取本专业的系统基础理论和专业知识具有较强的针对性。

该系列教材的编撰人员依托雄厚的学科专业实力和师资资源，由长期从事高校教学科研和继续教育教学管理的专家、教授和一线教学骨干组成，在教材内容的设计方面较好地体现了实践性、应用性和对策性等特点。该系列教材充分体现了创新理念，力求把最新的理论发展、专业知识和政策信息纳入其中，内容上融入了编撰者多年来从事专业理论教学研究的优秀成果，其中不乏许多获省部级以上奖励的成果，从而较好地实现了教材系统性和科学性、创新性和实践性的有机结合。该系列教材在范围和地域上，具有广泛的适应性。

《政治经济学》是成人高等教育财经专业精品系列教材之一，也是山东财经大学教学研究与教学改革项目立项的"财经类高校继续教育网络化教学改革探索与实践"（批准号：jy201538）课题的研究成果之一。

本教材自 2000 年 12 月出版发行后，得到国内许多高校师生的关注和厚爱，作为成人教育教材使用。这鞭策我们竭尽全力修订完善本教材。

本版教材与上一版相比做了较大修改的是：在体系结构和理论内容上，为使学生全面深入地认知马克思主义政治经济学的科学性，本次修订增强了资本主义部分的理论内容，力求完整展现马克思主义政治经济学的理论体系，以达到培养学生用马克思经济学的观点来思考问题的目标；进一步整合了中国特色社会主义市场经济理论的分析，使学生科学认识社会发展规律，坚定社会主义信念，形成正确的世界观、人生观和价值观之目标。

　　本项目负责人为山东财经大学继续教育学院院长张亦工教授，参加第三版修订的有张亦工、王姣、韩庆华。由张亦工教授统撰定稿。

　　本教材的修订尽管做了较大努力，力图通过修订能比前一版有所提高，有所进步。但由于我们的水平有限，书中仍有不妥之处，恳请各位同仁和读者批评指正。

　　该教材的出版得到了经济科学出版社的大力支持，我们深表谢意。

编者
2015 年 9 月

目　　录

第1章 导　　言

本章要点

◇政治经济学的由来和发展
◇政治经济学的研究对象
◇政治经济学的研究任务
◇政治经济学的方法和学习政治经济学的意义

1.1　政治经济学的由来和发展

政治经济学，广义地说，是研究社会生产、交换、分配和消费等经济活动中的经济关系和经济规律的科学。

在古汉语中，"经济"一词是"经邦济世""经国济民"的意思。在西方文化中，最先使用"经济"（Economy）一词的是古希腊思想家色诺芬。在他那里，Economy 一词是指"家庭管理"。在 19 世纪下半叶，日本学者把西方著作中的 Economy 译作现代意义上的"经济"。后来，中国也采用这种译法。

14 世纪到 15 世纪随着贸易特别是海外贸易的迅速发展，产生了重商主义思想。重商主义的研究视野集中在流通领域，研究商业和对外贸易，论证商品货币关系，对当时的资本主义原始积累起了重要的作用。法国重商主义代表人物 A. de. 蒙克莱田（1575~1622 年）在 1615 年出版的《献给国王和王太后的政治经济学》一书中率先使用"政治经济学"一词。他以"政治经济学"为书名，其意为研究整个国家、社会经济问题。此后，法国、英国等许多经济学家都把自己的著作称作政治经济学。马克思和恩格斯也沿用这一名称，创立了无产阶级的政治经济学。

在马克思主义政治经济学创立之前，出现了重商主义和资产阶级古典政治经济学。其中，重商主义是最早对资本主义生产方式进行理论探索的经济学派。当时，由于商业和海外贸易的发展，商业支配着产业，流通支配者生产，商业资本在社会经济生活中起着重要的作用。重商主义者反对古代思想家和中世纪经院哲学家维护自然经济、反对货币财富的观点，把经济学研究的中心放在论证商品货币关系上，这是经济思想史上的一大进步。但是，由于重商主义把经济学的研究范围仅限于流通领域，因而它只能是"政治经济学的前史"。真正的政治经济学，是当理论研究从流通领域转向生产领域的时候才开始的。

政治经济学真正成为一门独立的科学是从资产阶级古典政治经济学开始的。古典政治经济学是指西欧资本主义处在反对封建专制残余势力时期和产业革命时期的资产阶级经济学说。资产阶级古典政治经济学，最早是在法国出现的。法国的重农主义者，虽然把农业看成是生产"纯产品"（剩余价值）的唯一生产部门，理论观点带有一定的封建烙印，但他们开始把政治经济学的研究流通领域转向生产领域。重农主义体系是对资本主义生产的第一个系统的理解。在古典政治经济学的创立上起了重大作用。在英国，资产阶级古典政治经济学是由威廉·配第（1623～1687年）开始，亚当·斯密（1723～1790年）集大成、大卫·李嘉图（1772～1823年）最后完成的。古典政治经济学的主要贡献是把政治经济学的研究对象从流通领域转到生产领域，研究了资本主义生产的内在联系，提出了商品价值和社会财富都是由劳动创造的观点，初步奠定了劳动价值论的基础，在一定程度上研究了剩余价值这一资本主义生产的实质性问题。亚当·斯密在1776年发表的《国民财富的性质和原因的研究》（简称《国富论》）中，提出了著名的"看不见的手"的理论。他认为，经济的运行完全依靠一只"看不见的手"来调节。《国富论》是第一部系统地论述资本主义生产方式，揭示了自由竞争市场经济运行的经济学著作。李嘉图在继承亚当·斯密学说的基础上，把古典政治经济学推到最高峰。他从反对封建专制制度、维护资产阶级利益、发展资本主义的根本立场出发，有意识地把工资和利润特别是利润和地租的对立，当做研究的出发点，开始接触到资本主义制度阶级利益的对立本质，达到资产阶级政治经济学不可逾越的界限。但是资产阶级古典政治经济学把资本主义制度看作是合乎人的本质的、合乎自然的、绝对永恒的社会生产形式，因而存在着许多矛盾和混乱，既有科学的成分，又有庸俗的成分。当资产阶级占据了统治地位，无产阶级同资产阶级的矛盾日益鲜明、尖锐并带有威胁性的时候，资产阶级古典政治经济学就被资产阶级庸俗政治经济学所替代。与此同时，无产阶级作为一支独立的政治力量登上历史舞台，迫切要求有代表无产阶级利益的政治经济学。

马克思主义政治经济学产生于19世纪中叶。这不是偶然的，任何一种理论思维都是时代的产物。马克思主义政治经济学的产生反映了时代的客观要求，是在批判继承前人一切优秀成果的基础上创立起来的。马克思主义政治经济学的主要理论来源有两个:一是英国的古典政治经济学。二是空想社会主义。马克思主义政治经济学是来源于实践,又接受实践检验的科学。马克思主义政治经济学以《资本论》问世为标志,开创了人们自觉认识和利用客观经济规律以"破坏旧世界"和"建设新世界"的历史。恩格斯将《资本论》称为"工人阶级的圣经"。《资本论》一诞生,即显示了它的强大生命力。它的理论的科学性和实用性已被人类社会发展的历史实践所证明,并且还在继续证明着。

马克思主义政治经济学具有阶级性和科学性。由于政治经济学研究对象的特殊性质,从而具有强烈的阶级性。政治经济学的阶级性是指它代表一定阶级的利益并为一定的阶级服务。各个阶级有各个阶级的政治经济学。资产阶级有资产阶级的政治经济学,小资产阶级有小资产阶级的政治经济学,无产阶级也有无产阶级的政治经济学。马克思说:"政治经济学所研究的材料的特殊性,把人们心中最激烈、最卑鄙、最恶劣的感情、把代表私人利益的复仇女神召唤到战场上来反对自由的科学研究。"政治经济学研究的对象是生产关系,生产关系实际上也就是人们的经济利益关系,各个阶级从本阶级的经济利益出发,对社会经济现象和经济问题会作出不同的,甚至相反的结论,表现出不同的观点和态度。所以,不同阶级必然有为本阶级利益服务的政治经济学。资产阶级政治经济学是代表资产阶级的利益、反映资产阶级的意志、愿望和要求,并为资产阶级利益服务的理论体系,而马克思主义政治经济学是完全代表无产阶级和广大劳动人民利益的经济学说,是适应 19 世纪中期无产阶级革命斗争的需要而产生的。

马克思主义政治经济学的科学性,在于它是从实际出发,正确而深刻地揭示了社会经济活动的本质和规律,是为社会实践所证明的科学真理。马克思、恩格斯自觉地站在先进生产力的代表——无产阶级的立场上,形成了他们的科学世界观和方法论,从而具备了按照客观世界的本来面目揭示其本质和规律的主观条件。无产阶级是在社会化大生产中锻炼成长起来的,其阶级地位决定了它是大公无私的、最有远见、最具有革命彻底性的阶级。无产阶级作为先进生产力和生产方式的代表,其阶级利益的要求和担负的使命,一是和全世界劳动人民争取解放的利益相一致;二是和经济规律决定社会发展方向相一致,这两个一致性决定了无产阶级在认识和揭示社会经济发展规律方面,能够坚持以科学的态度去探索认识和反映社会经济发展的客观经济规律。越是站在无产阶级、人民大众的立场上,代表无产阶级和人民大众的利益,越能认识和揭示社会发展规律,而越是通过实践认识和掌握社会发展规律,就越是有利于实现无产阶级的历史使命,就越符合无产阶级和广大劳动人民的根本利益,违背经济客观规律,则必然损害无产阶级和人民群众的根本利益。因此，马克思主义政治经济学既是一门揭示社会经济发展规律的科学，又是一门代表无产阶级利益的科学，实现了科学性和阶级性的统一。

马克思主义政治经济学是与时俱进的不断发展的理论。马克思主义政治经济学是科学，而科学就在于它不仅来自实践，为实践所证明，并且要随实践的发展而发展。首先，马克思主义政治经济学是开放和发展的理论，这表现在：一是它提供的不是现成的教条，不是僵化、凝固不变的理论，也不是让人死记硬背的教义，而是观察分析经济现象的世界观、基本原理和方法，而不是某些个别结论。二是马克思主义政治经济学没有、也不可能穷尽政治经济学的一切真理，不可能提出解决一切问题的现成答案。其次，马克思主义政治经济学是不断发展的理论，还在于马克思主义政治经济学是随着社会实践的发展而发展的。而社会实践却是不断发展、变化的，因此马克思主义政治经济学要保持旺盛的生命力，必须根据社会经济实践的变化不断修正、补充、完善和发展自己的理论，保持其理论的先进性。最后，马克思主义政治经济学是不断发展的理论，还在于，马克思主义政治经济学是在批判吸收各种经济研究的一切优秀成果，特别是资产阶级古典政治经济学和空想社会主义等经济理论基础上创立起来的，是在同批判各种形形色色的资产阶级经济学说的斗争中发展起来的。同样，马克思主义政治经济学也必然在同各种经济理论学说、流派的批判、吸收和斗争中得以发展。继马克思和恩格斯之后，列宁、斯大林、毛泽东等无产阶级革命家进一步继承和发展了马克思主义政治经济学。

1.2　政治经济学的研究对象

政治经济学是马克思主义的重要组成部分之一。它与辩证唯物主义、历史唯物主义和科学社会主义一起，构成无产阶级政党制定路线、方针、政策的理论基础，也是各门经济学分支理论的基础。列宁曾高度评价政治经济学在马克思主义中的地位。列宁指出："马克思主义的主要内容即马克思的经济学说"。① "马克思的经济学说就是马克思理论最深刻、最全面、最详细的证明和运用"。②

马克思主义政治经济学研究的对象是社会生产关系及其发展的规律性。

物质资料的生产是政治经济学研究的出发点。物质资料的生产，就是人们以

---

① 《列宁选集》第2卷，人民出版社1960年版，第580页。
② 《列宁选集》第2卷，人民出版社1960年版，第588页。

一定的方式结合起来，按照预定的目的、运用劳动资料、加工劳动对象，使其能满足人们的生产或生活需要的过程。它是人与自然之间的物质交换过程。物质资料的生产活动是人们最基本的实践活动，是人类社会生存和发展的基础。因此，政治经济学要以物质资料的生产作为研究的出发点。

物质资料的生产过程包括两个方面：生产力和生产关系。在物质生产过程中，人们必然要和自然界发生关系，人们改造自然、征服自然，进行物质资料生产的能力是生产力。生产力的基本要素是劳动力和生产资料。

劳动力是生产力中人的要素，是指有一定生产经验、劳动技能和科学知识的劳动者。劳动力是生产力的首要因素，起着决定性的作用。因为离开了劳动者的劳动，生产资料就是一堆死东西，特别是生产资料中的生产工具，总是由劳动者发明和运用的。人们之所以能改造自然、征服自然，关键就在于人们的劳动，因此，劳动者是首要的生产力。

生产资料包括劳动资料和劳动对象，是生产力中物的要素。劳动对象是指人们在劳动过程中对之加工的一切物质资料。劳动对象分为两类：一类是自然界原有的，如地下的矿藏、河川中的鱼类等；另一类是经过人们劳动加工后提供的，如织布用的纱、制造机器用的钢材等。随着科学技术的不断发展，劳动对象的质量不断提高，范围不断扩大。劳动对象的革新和充分而合理的利用，对于生产力的提高具有重要作用。劳动资料也叫劳动手段，是指劳动者用来影响和改造劳动对象的一切物质资料。例如，土地、生产建筑物、生产工具、道路等。劳动资料中重要的是生产工具，它是生产力发展水平的最主要的标志。

生产力中人的要素和物的要素都同一定的科学技术紧密相联。马克思指出："生产力中也包括科学"。① 邓小平进一步指出："科学技术是第一生产力"。② 科学技术在被运用于生产之前，是一种知识形态的生产力、潜在形态的生产力。所谓科学技术是生产力，是指科学技术与生产力的两个要素相结合，会引起它们的变革，从而促进生产力的巨大发展。当代新的科技革命，是推动生产力发展的重要因素，因此，科学技术现代化是我国实现四个现代化的关键。

在物质资料生产过程中，人们除了同自然界发生关系，彼此之间也必然要发生关系，因为人们在同自然界做斗争时，总是在一定的社会关系下进行的。人们在物质资料生产过程中所必然形成的关系就是生产关系。生产关系也叫经济关系，它是指人们以一定的生产资料所有制为基础，在社会生产总过程中所形成的

① 《马克思恩格斯全集》第 46 卷（下），人民出版社 1980 年版，第 211 页。
② 《邓小平文选》第 3 卷，人民出版社 1993 年版，第 274 页。

生产、分配、交换和消费关系。人们在直接生产过程中所结成的相互关系，是狭义的生产关系；包括生产、分配、交换和消费关系在内的生产关系，是广义的生产关系。政治经济学所研究的生产关系，就是人们在社会生产总过程中所形成的生产、分配、交换、消费关系的总和。

生产、分配、交换、消费构成社会生产总过程的四个环节。四个环节之间存在着密切的联系，其中，生产是起点，消费是终点，交换和分配是中介环节。生产决定分配、交换、消费；分配、交换、消费对生产又有反作用。

生产和分配。生产是指人们在一定的社会关系下，改造自然，征服自然，生产物质资料的过程。分配包括生产条件的分配和生产成果的分配。生产条件的分配是指劳动资料和劳动力的分配，它先于生产并包括在生产过程本身中。劳动资料的分配实质上就是劳动资料归谁所有的问题，是归某个剥削阶级所有，还是归劳动者公有，这种分配决定生产的社会性质。劳动资料如果归资本家所有，由资本家进行分配，生产就是资本主义性质的；劳动资料如果归劳动者公共所有，由代表劳动者公共利益的机构和领导者进行分配，那么，生产就是社会主义性质的。因此，生产条件的分配先于生产，决定生产。生产成果的分配，也就是产品的分配，它是由生产决定的。生产决定分配，首先是指生产决定分配的对象。分配的对象是生产的产品，因此，没有产品的生产，就没有分配。其次是指生产方式决定分配方式。所谓分配方式就是指参与生产的社会成员按照什么原则进行分配，分配原则是由生产的性质决定的。生产是什么性质，分配原则就是什么性质。分配对生产的反作用，主要表现在产品的分配合理，会调动劳动者的积极性，从而，促进生产的发展；反之，又会阻碍生产的发展。

生产和交换。交换包括在生产过程中人们的各种活动和能力的交换以及产品的交换。人们在生产过程中各种活动和能力的交换，是属于生产的要素，包含在生产过程之中。产品的交换是连接生产和消费的中介环节，它是在生产出产品之后进行的，因此，这种交换是由生产决定的。生产决定交换，首先表现在产品的交换是由生产过程中的社会分工决定的。如果没有社会分工，参加生产的人们生产的产品相同，就不必要进行交换了。其次，生产的性质决定交换的性质。如果交换是在资本主义私有制的基础之上进行的，那么交换就是资本主义性质的；如果交换建立在社会主义公有制的基础之上，则它必然是社会主义性质的。最后，生产发展的程度决定着交换发展的程度。生产越是发展，生产的产品数量越多，交换的规模也就越大。生产越是发展，分工就越细，交换也越是发展，因此，生产过程中分工的深度和广度决定着交换的深度和广度。正如马克思所指出的：

"交换就其一切要素来说，或者是直接包含在生产过程之中，或者是由生产决定的"。① 交换对生产的反作用主要表现在：交换是否畅通，对生产的发展起着促进或阻碍的作用。当交换顺畅，市场不断扩大，需要用来交换的产品数量越来越多，必然促进生产的发展；当交换受到阻碍时，必然会减缓生产发展的速度。

生产与消费，消费包括生产消费和个人消费。生产消费是生产过程中生产资料和劳动力的消耗过程，它包含在生产过程中，其结果是生产出新的物质产品。个人消费是指对生活资料的消费，它由生产决定，消费也反作用于生产。

总之，生产、分配、交换、消费相互联系、相互作用，构成一个统一体。它们之间的差别，是一个统一体内部的差别。

物质资料生产的两个方面，生产力和生产关系之间存在着内在的、必然的联系。生产力和生产关系的辩证统一，构成一定社会的生产方式。在生产力与生产关系的辩证关系中，生产力决定生产关系，有什么样的生产力，就要求有什么样的生产关系与之相适应；生产力的发展变化，决定着生产关系的发展和变革，生产关系反作用于生产力。这种反作用表现在，适应生产力发展的生产关系会促进生产力的发展；不适应生产力发展的生产关系会阻碍生产力的发展。落后于生产力的生产关系或者超越生产力发展要求的生产关系，都是不适应生产力发展要求的生产关系，迟早要被能够适应生产力发展要求的新的生产关系所代替。生产关系一定要适应生产力发展状况的规律，是人类社会发展的普遍的客观规律，这个规律在一切社会形态中都存在并发生作用。它决定着人类社会从低级形态向高级形态的发展，决定着由一种旧的生产关系向另一种新的生产关系的过渡，还决定着在同一社会形态中，由低级阶段向高级阶段的发展。因此，这一规律是无产阶级政党和社会主义国家制定路线、方针、政策的重要客观依据。

一定社会生产关系的总和，构成该社会的经济基础。建立在经济基础之上的政治法制制度和社会意识形态，构成该社会的上层建筑。在经济基础和上层建筑的矛盾运动中，经济基础决定上层建筑，有什么样的经济基础，就要求有什么样的上层建筑与之相适应；经济基础变化了，就要求上层建筑或迟或早的变更。上层建筑也反作用于经济基础，突出地表现在，上层建筑是为经济基础服务的。

生产力与生产关系的矛盾，经济基础和上层建筑的矛盾，是一切社会的基本矛盾，生产关系的发展变化是在社会基本矛盾的运动中展开的，因此，政治经济学研究社会生产关系，绝不能孤立地研究生产关系，必须联系生产力和上层建筑来研究生产关系。首先要联系生产力。因为生产力决定生产关系，所以，要研究

---

① 《马克思恩格斯选集》第2卷，人民出版社1972年版，第102页。

生产关系发展变化的源泉，分析生产关系的变化对生产力的促进作用，就必须联系生产力来研究生产关系。其次要联系上层建筑。因为上层建筑对经济基础，亦即生产关系有巨大的反作用。先进的上层建筑是摧毁旧的经济基础，促使新的经济基础的形成和巩固，促进社会进步的强大力量。因此，政治经济学要揭示生产关系发展变化的规律性，还必须联系上层建筑来研究生产关系。

政治经济学研究生产关系的任务，是揭示生产关系运动的规律性，即经济规律。人们在生产、分配、交换和消费过程中的活动及其相互关系，表现为各种经济现象。各种经济现象之间都有其内在联系。经济现象和经济过程本质的、内在的、必然的联系，就是经济规律。

经济规律是在一定的经济条件的基础上产生的。同时也随着一定的经济条件的消失而退出历史舞台。经济规律发挥作用是不以人们的意志为转移的。因此，经济规律是客观存在的。人们既不能改造经济规律，取消经济规律，也不能创造经济规律。人们只能遵循经济规律，按照经济规律办事。人们的经济活动适应了经济规律的要求，就会取得成功；否则，就要受到经济规律的惩罚。但是，这绝不是说人们在经济规律面前就是无能为力的。人们作为经济活动的主体，有主观能动性，通过充分调动自己的主观能动性，可以认识经济规律，并利用经济规律为自己服务。

经济规律大体可以分为三种类型：第一，在一切社会形态中都发生作用的经济规律。如生产关系一定要适应生产力发展状况的规律。第二，在几个社会形态中都发挥作用的经济规律。如价值规律，只要商品经济存在，它就存在并发挥作用。第三，某一社会形态特有的经济规律。如剩余价值规律、按劳动分配规律等。在一个社会形态中，总是会有各种经济规律并存并同时发挥作用。它们相互联系、相互影响、相互制约，从而形成一个有机的整体，这个整体，就是经济规律体系。在这个经济规律体系中，起主导作用的是基本经济规律。

1.3 政治经济学的研究方法

马克思主义的唯物辩证法，是适应一切社会科学的共有方法，不过，这一方法在运用于不同社会科学时，其具体体现不同。唯物辩证法在政治经济学的具体运用，就是科学抽象法。马克思说："分析经济形式，既不能用显微镜，也不能用化学试剂。二者都必须用抽象力来代替"。① 科学抽象法包括相互联系的两个

---

① 马克思：《资本论》第1卷，人民出版社1975年版，第8页。

方面：一是从现象到本质，从具体到抽象。这是研究问题的方法。也就是研究社会生产关系，必须从实际经济过程出发，占有大量的经济生活的实际材料，然后运用抽象思维的能力，去粗取精、去伪存真、由此及彼、由表及里，抽象出其内在的、本质的联系，揭示出规律性。二是由抽象到具体，从本质到现象。这是叙述问题的方法。也就是在把研究成果叙述出来时，又必须从最简单、最抽象的规定出发，一步一步上升到复杂的、具体的规定。

从简单到复杂，从抽象到具体，这无疑是逻辑的分析方法，而逻辑的分析方法同历史的方法又是一致的。因为从一个简单的经济范畴转到一个比较复杂的经济范畴的逻辑分析顺序，同社会经济发展从低级到高级的历史进程是一致的。例如，马克思在《资本论》中就是运用了逻辑分析方法，先分析商品这个最简单的经济范畴，然后从简单到复杂，顺序分析商品必然转化为货币，货币又转化为资本，等等。而从历史上看，也是先有商品，然后才产生货币，到资本主义社会，货币才转化为资本。因此，恩格斯指出："逻辑的研究方式是唯一适应的方式。但是，实际上这种方式无非是历史的研究方式，不过摆脱了历史的形式以及起扰乱作用的偶然性而已"。[①]

马克思在政治经济学的研究中，除了运用科学抽象法、逻辑方法和历史方法以外，还运用了数学方法和统计方法、归纳法和演绎法、分析法和综合法等。总之，各种方法的运用，应根据具体的研究需要而定，关键就在于怎样才有利于揭示社会生产关系的本质及其运动的规律性。

1.4 学习政治经济学的意义

马克思主义政治经济学在无产阶级夺取政权以前，为无产阶级反对资产阶级的革命斗争服务，在无产阶级夺取政权以后，则为无产阶级的社会主义革命和社会主义建设服务。因此，我们现在学习马克思主义政治经济学，具有重要的理论意义和实践意义。

（1）有利于我们认识社会生产关系的发展规律，树立共产主义的世界观。经济学通过对社会生产关系的本质及其运动规律的分析，令人信服地揭示了人类社会由低级向高级发展的必然性和共产主义在全世界胜利的必然性。有利于我们坚定共产主义的信念、树立共产主义世界观，不为假象所迷惑，不为曲折而动摇，自觉地为实现共产主义而奋斗。

---

① 《马克思恩格斯选集》第 2 卷，人民出版社 1972 年版，第 122 页。

（2）有利于我们正确认识市场经济的发展规律、政治经济学较详细地分析了不同类型市场经济的共性和个性，揭示了市场经济的内在规定性及其发展的一般规律性。这对于我国加快社会主义市场经济体制建设的步伐，具有重要的指导意义。

（3）有利于增强我们贯彻执行党的路线、方针、政策的自觉性。我们的政治经济学教程是理论经济学，它是我们党制定路线、方针、政策的理论基础。因此，通过学习政治经济学，有利于我们深刻领会党的路线、方针、政策的精神实质，增强贯彻、执行党的路线、方针、政策的自觉性。本书用了一定的篇幅研究了资本主义市场经济。因为市场经济在资本主义制度下已经存在了两三百年的历史，马克思对资本主义经济的分析，包含了许多关于市场经济的一般规律性的内容。同时，西方国家在长期致力于发展市场经济过程中，对市场经济的运行机制的认识比较深刻，在西方经济理论中，包含有不少反映市场经济运行一般规律性的内容。因此，以马克思主义为指导，分析资本主义市场经济，有利于我们科学地借鉴西方发展市场经济的经验，更好地驾驭市场经济，保证社会主义市场经济健康发展。

（4）有利于我们深刻领会和执行党和国家发展对外经济关系的方针、政策。为了加快我国社会主义经济发展的步伐，我国必须实行对外开放，同世界各国发展经济关系，互通有无、取长补短。现在世界上大多数国家都实行市场经济，因此，学习政治经济学，深刻认识不同类型市场经济的本质、特点及规律性，对于我们深刻领会并正确执行我们党和国家的对外开放政策，具有重要的理论意义和实践意义。

最后，理论经济学还是财经类各专业课的理论基础课，所以，政治经济学对财经院校各专业来说，显得尤其重要。政治经济学学好了，就可以为各门专业课的学习奠定良好的基础。

本章小结

1. 物质资料生产是政治经济学研究的出发点，物质资料生产过程包括两个方面：生产力和生产关系。生产力的构成要素：劳动力、劳动资料和劳动对象。科学技术是第一生产力。生产关系是指人们以一定的生产资料所有制为基础，在社会生产总过程中所形成的生产、分配、交换和消费关系。生产力和生产关系的辩证统一，构成一定社会的生产方式。

2. 政治经济学的研究对象是生产关系。

3. 生产力与生产关系的矛盾，经济基础和上层建筑的矛盾，是一切社会的基本矛盾，生产关系的发展变化是在社会基本矛盾的运动中展开的，因此，研究生产关系必须联系生产力和上层建筑。

4. 政治经济学研究生产关系的任务，是揭示生产关系运动的规律性，即经济规律。经济规律大体可以分为三种类型。基本经济规律是在一个社会经济规律体系中起主导作用的规律。

5. 政治经济学研究的不是物，而是通过物的分析，揭示在物的外壳掩盖之下的人与人之间的经济关系，在阶级社会中，也就是阶级与阶级之间的关系。政治经济学是一门阶级性很强的科学。马克思主义政治经济学，既是一门揭示了社会经济发展规律的科学，又是一门具有鲜明阶级性的科学，它实现了科学性和阶级性的统一。

复习思考题

1. 政治经济学的研究对象是什么？生产关系包括哪些内容？

2. 什么是经济规律？怎样理解经济规律的客观性及人与经济规律的关系？经济规律有哪几种类型？

第 2 章　商品和货币

┌─ **本章要点** ─────────────────────────────────────┐
◇ 商品经济及其产生的条件

◇ 商品的二因素：使用价值和价值

◇ 生产商品的劳动的二重性：具体劳动和抽象劳动

◇ 简单商品经济的基本矛盾：私人劳动和社会劳动的矛盾

◇ 商品的价值量

◇ 商品价值形式的发展和货币的起源

◇ 货币的本质和职能

◇ 价值规律
└──┘

本章主要是通过对商品和货币的分析，揭示商品和货币所体现的经济关系，阐明马克思的劳动价值论和货币理论。为研究剩余价值理论，揭示资本主义生产关系的本质和资本主义社会经济运动规律，奠定理论基础。

2.1　商　　品

2.1.1　商品经济的产生

商品经济，是指以交换为目的的经济形式，是相对于自然经济、产品经济而言的。商品经济在原始社会末期开始萌芽，奴隶社会就已经形成，至今已有大约 7 000 年的历史了。它是社会生产发展到一定阶段的必然产物。它的产生必须具备两个条件：一是社会分工；二是生产资料私有制。社会分工是商品经济存在的重要条件。在社会分工条件下，生产者要互相交换产品，才能满足各自的需要，决定了相互交换的必要性；生产资料和产品属于不同的所有者私有，决定了这种交换必须遵循对等转让、互不吃亏的原则，即采取商品交换的形式。因而，私有制是商品经济产生的根本条件。

马克思主义政治经济学是从分析商品开始来研究资本主义生产关系的，从而建立起一个与资产阶级政治经济学根本不同的崭新的科学体系，这是马克思的一个伟大创举。

为什么要从分析商品入手来研究资本主义生产关系呢？这是因为：第一，商品是资本主义社会最常见、最普遍的现象。在资本主义社会，商品生产占了绝对统治地位，商品关系已渗透到社会生产的各个领域，整个社会的财富"表现为'庞大的商品堆积'"①。只有从商品这一资本主义社会最大量、最普遍的经济现象出发，经过分析研究，才能揭示其本质，找出完全科学的理论来。第二，商品是资本主义社会的经济细胞。资本主义生产方式这一复杂的经济机体，是由商品这种最简单的经济细胞组成的。在商品这个经济细胞中，包含了资本主义一切矛盾的萌芽，只有从这个最简单、最抽象的经济范畴入手，逐步上升到货币、资本、剩余价值、利润、利息、地租等比较复杂和具体的经济范畴，通过从简单到复杂、从抽象到具体的分析过程，才能揭示出资本主义生产关系全部内容及其矛盾。第三，简单商品生产是资本主义生产关系的起点。恩格斯曾经指出："历史从哪里开始，思想进程也应当从哪里开始"。② 既然商品生产先于资本主义，是资本主义历史的起点，所以只有从分析商品开始，才能揭示资本主义生产关系的产生、发展和灭亡的规律。总之，从商品开始研究资本主义生产关系，既是逻辑方法的需要，也是历史方法的需要。

2.1.2　商品的二因素：使用价值和价值

商品是用来交换的劳动产品。任何商品都具有使用价值和价值两个因素或两种属性，商品是使用价值和价值的统一体。

商品首先是一个有用的物品，可以满足人们的某种需要。比如粮食、衣服可以满足人们物质生活的需要；书刊、艺术品可以满足人们精神生活的需要；钢材、机器可以满足人们生产的需要；等等。物品的这种能够满足人们某种需要的属性，即物品的有用性或者效用，就是它的使用价值。

每一种物品的自然属性是多方面的，因而，它的使用价值也是多方面的。这些多方面的使用价值是在历史的发展过程中，随着科学技术的发展，陆续地被人们发现的。例如，煤炭，人们过去只知道它可以用作燃料，而现在可以从其中提

---

① 马克思：《资本论》第 1 卷，人民出版社 1975 年版，第 47 页。

② 《马克思恩格斯选集》第 2 卷，人民出版社 1972 年版，第 122 页。

取出不少化工产品，用来制作染料、药品、合成纤维等。

使用价值是物品的自然属性，也是一切劳动产品所共有的属性。任何社会，使用价值总是构成社会财富的物质内容。

商品的使用价值和一般物品的使用价值从一般意义上讲是没有什么区别的。例如，木匠生产桌子，无论是自己用还是卖给别人用，都是当作家具使用。但作为商品的使用价值又有一些特点：其一，商品的使用价值不是对生产者有用，而是对购买者有用，也就是对社会有用；其二，商品的这种社会意义上的使用价值必须是劳动产品的有用性，不是劳动产品的有用物，不成为商品的使用价值；其三，商品的使用价值必须通过交换实现，不通过交换而实现的使用价值不成为商品的使用价值。商品的使用价值是交换价值的物质承担者。

交换价值首先表现为一种使用价值同另一种使用价值相交换的量的关系或比例。如用1只绵羊换2把斧子，这2把斧子就是1只绵羊的交换价值。

斧子和绵羊是两种具有不同用途的商品，它们之间能按一定比例相交换，这就意味着二者之间有着一种共同的东西。那么，这种共同的东西是什么呢？资产阶级庸俗经济学家认为，这种共同东西就是商品的效用，即使用价值。在他们看来，商品的使用价值即效用越大，交换价值就越大；反之，使用价值越小，交换价值则越小，这种观点显然是错误的。因为，只有同质的东西才能够相互比较，而不同质的东西在量上是无法进行比较的。例如，粮食可以充饥，衣服可以御寒，它们的用途不同，因此，不能说明哪种东西的使用价值更大一些。可见，不同商品能够互相交换，它们所具有的共同的东西不是使用价值。

那么，这种共同的东西究竟是什么呢？如果抛开绵羊和斧子的使用价值，我们就会发现它们有一种质上相同的东西，即都是人类劳动的产物，在生产它们的时候，都耗费了一定数量的人类劳动。正是这一点，决定了1只绵羊和2把斧子可以互相交换。在这里，"各种劳动不再有什么差别，全都化为相同的人类劳动，抽象人类劳动"。[①] 这种凝结在商品中的无差别的一般人类劳动就是商品的价值。

可见，价值是同一的人类劳动的凝结。各种不同的商品按比例相交换就是因为它们的价值相等，或者说它们之间各自凝结了相等的人类劳动。1只绵羊换2把斧子，就是因为在1只绵羊和2把斧子的生产上花费了一样多的劳动，具有同等的价值。价值是交换价值的基础，而交换价值则是价值的表现形式。各种商品按照一定的比例相交换，实质上是商品生产者相互之间劳动的交换，因此，商品的价值体现着人与人之间的社会关系，它是商品的社会属性。

---

① 马克思：《资本论》第1卷，人民出版社1975年版，第51页。

商品是使用价值和价值的对立统一体，二者处在既相矛盾又相统一的关系中，说它们是统一的，是因为它们二者互相依赖，彼此不可分割，缺少了任何一方就不能构成商品。使用价值是价值的物质承担者，价值要以使用价值的存在为前提。一种物品如果没有使用价值，那就是废品，即使在它上面付出再多的劳动也不能形成价值；有些物品虽然有使用价值，如果不是劳动产品，也是没有价值的。上述两种情况都不能称其为商品。使用价值和价值又是互相矛盾的，这是因为商品对于卖者和买者都不能既是使用价值，同时又是价值。对于卖者来说，他生产商品的目的并不是为了使用价值，而是为了价值。因此，商品对于他来说只是交换的物质手段。从买者来说，商品对于他只具有使用价值，而不能同时具有价值。任何人想占有使用价值就必须让渡价值，而要占有价值就必须放弃使用价值。商品使用价值和价值的这种对立是通过交换得以解决的。因此，交换是商品内在矛盾即使用价值和价值的矛盾得以解决的根本途径。

2.1.3　生产商品的劳动的二重性：具体劳动和抽象劳动

商品的二因素是由生产商品的劳动的二重性决定的，即由具体劳动和抽象劳动决定的。

要生产满足人们需要的各种使用价值，就要进行不同种类的生产活动。这些生产活动是由它们劳动的目的、操作方法、劳动对象、劳动手段和劳动的结果决定的。例如，为了制作上衣、服装，工人要使用缝纫机，对布匹进行加工，通过缝纫所特有的操作方式，结果生产出各式各样的上衣。这种为了特定的目的并在一定的具体形式下进行的劳动，就叫做具体劳动。具体劳动生产使用价值是同人类社会共存亡的，它是一个永恒的范畴。

商品的使用价值是多种多样的，生产使用价值的劳动也是千差万别的。这些千差万别不同形式的劳动，形成了社会分工。

各种具体形式的劳动，创造出不同的使用价值，从而使各种商品能互相区别。但是，各种商品却可以按一定比例相交换，这说明，生产商品的劳动除了具体形式不同的一面，还存在相同的一面。那就是，不管劳动的具体形式怎样不同，它们都是人类劳动的支出，即都耗费了人的体力和脑力。马克思说："如果把生产活动的特定性质撤开，从而把劳动的有用性撤开，生产活动就剩下一点：它是人类劳动力的耗费。"[①] 这种撤开劳动的具体形式的无差别的人类劳动，就是抽象劳动。抽象劳动形成价值，是商品价值的实体。它是人类劳动的一种特殊

---

① 　马克思：《资本论》第 1 卷，人民出版社 1975 年版，第 57 页。

社会形式，体现着商品生产者互相交换劳动的社会关系。因此，抽象劳动是商品生产所特有的历史范畴。

马克思说："一切劳动，从一方面看，是人类劳动力在生理学意义上的耗费；作为相同的或抽象的人类劳动，它形成商品价值。一切劳动，从另一方面看，是人类劳动力在特殊的有一定目的的形式上的耗费；作为具体的有用劳动，它生产使用价值。"① 可见，具体劳动和抽象劳动并不是在时间上和空间上彼此分开的两次劳动，而是同一劳动进程不可分割的两个方面。它们之间的区别是：具体劳动是劳动的形式，抽象劳动是劳动的内容；具体劳动回答的是怎样劳动，什么劳动的问题，抽象劳动回答的是劳动多少，劳动时间多长的问题。具体劳动创造商品的使用价值，它是劳动的自然属性；抽象劳动形成商品的价值，它是劳动的社会属性。

劳动二重性学说是由马克思首先批判地创立的。资产阶级古典经济学家虽然初步提出了劳动创造价值的原理，但他们不懂得劳动的二重性，因而无法说明究竟什么劳动形成价值。所以，资产阶级古典政治经济学的劳动价值论从根本上来说是不科学的。马克思劳动二重性学说的创立，才使劳动价值论有了坚实的科学基础，成为"理解政治经济学的枢纽"。②

2.1.4　简单商品经济的基本矛盾：私人劳动和社会劳动的矛盾

在以私有制为基础的简单商品经济中，一方面，由于存在生产资料私有制，商品生产者生产什么，生产多少及怎样生产都是个人的私事，劳动成果也归自己占有和支配，从这个意义上说，商品生产者的劳动是私人劳动。但另一方面，由于社会分工的存在，每个商品生产者生产的商品又是为了满足他人需要，是为他人劳动，从这个意义上说，每个商品生产者的劳动又不是个人的事，而是社会总劳动的一个构成部分，又具有社会劳动的性质。这样，每个商品生产者的劳动，既是私人劳动，又是社会劳动，在直接形式上是私人劳动，但又具有社会劳动的性质。这就产生了私人劳动与社会劳动的矛盾。这个矛盾是以私有制为基础的简单商品经济的基本矛盾。

首先，私人劳动和社会劳动的矛盾是其他矛盾的根源，其他矛盾是这一矛盾的表现。由于存在私人劳动与社会劳动的矛盾，私人劳动要转化为社会劳动，唯一的途径就是通过市场上的商品交换。要进行商品交换，就要比较和计量交换双

---

① 马克思：《资本论》第 1 卷，人民出版社 1975 年版，第 60 页。
② 马克思：《资本论》第 1 卷，人民出版社 1975 年版，第 55 页。

方的劳动量，各种具体形式的劳动无法进行比较，于是具体劳动要还原为质上无差别的抽象劳动。而具体劳动与抽象劳动的矛盾又决定着商品使用价值与价值的矛盾，于是产生了具体劳动与抽象劳动、使用价值与价值的矛盾。显然，具体劳动和抽象劳动、使用价值与价值的矛盾，不过是私人劳动与社会劳动矛盾的表现。

其次，这一矛盾决定着小商品生产者的命运和简单商品经济的发展趋势。既然私人劳动与社会劳动的矛盾是通过市场的商品交换来解决的，那么，商品生产者的私人劳动的社会性质能否为社会所承认，取决于他生产的商品在市场上能否卖出去，卖出去多少。如果商品全部卖出去了，说明他的私人劳动全部为社会所承认，他就可以赚钱、发财；如果他生产的商品只是卖出去一部分，或者根本卖不出去，说明他的私人劳动只是部分地为社会所承认，或者根本不为社会所承认，那么，他就要亏损，甚至破产。可见，这一矛盾决定着小商品生产者的成败兴衰，引起小商品生产者的两极分化，从而也推动着简单商品生产向社会化商品生产的过渡。因此，我们说私人劳动与社会劳动的矛盾，是以私有制为基础的简单商品经济的基本矛盾。

2.1.5　商品的价值量

前面我们着重考察了商品价值的质，现在，我们再着重考察商品价值的量，即商品的价值量是如何决定的。

商品的价值量是由生产商品所耗费的劳动量来决定的。而劳动的自然尺度是劳动时间，所以，价值量的大小取决于劳动时间的长短。

但是，由于各个商品生产者的生产条件、劳动熟练程度不同，生产同样一种商品，所花费的个别劳动时间有较大差异，那么商品的价值量是否由这些不同的个别劳动时间决定呢？显然不是，决定商品价值量的不是个别劳动时间，而是社会必要劳动时间。

马克思说："社会必要劳动时间是在现有的社会正常的生产条件下，在社会平均的劳动熟练程度和劳动强度下制造某种使用价值所需要的劳动时间"。[①] 这就是说，商品的价值量既不是由最好的生产条件，也不是由最坏的生产条件；既不是由最熟练的劳动技能，也不是由最差的劳动技能；既不是由最高的劳动强度，也不是由最低的劳动强度决定的，而是由在平均的生产条件、劳动技能和劳动强度下，生产一种商品所需要的平均劳动时间决定的。比如，生产 1 匹布，由

---

① 马克思：《资本论》第 1 卷，人民出版社 1975 年版，第 52 页。

于生产条件不同，有的人用 8 小时，有的人用 10 小时，有的人用 12 小时。如果大多数人用 10 小时的话，那么 10 小时就是生产 1 匹布的社会必要劳动时间，它决定 1 匹布的价值量。

社会必要劳动时间对商品生产者来说，具有极其重要的意义。每个商品生产者生产商品所耗费的个别劳动时间，能否符合社会必要劳动时间，直接关系到他有无竞争能力，能否在经营中获利。如果他的个别劳动时间等于社会必要劳动时间，他劳动耗费就能够完全得到补偿；如果他的个别劳动时间大于社会必要劳动时间，他的劳动耗费就会有一部分得不到补偿。这样在竞争中，他就处于不利地位；如果他的个别劳动时间小于社会必要劳动时间，则他不但能够补偿全部劳动耗费，而且还可以得到更多的赢利，在竞争中处于有利地位。因此，商品生产者总是想方设法降低个别劳动时间，增强自己的竞争能力。

商品的价值量是由劳动时间决定的，但劳动又有简单劳动和复杂劳动之分。简单劳动是指不必经过专门培养和训练就能胜任的劳动。复杂劳动则是需要经过专门训练，具有一定技术专长的劳动，它包含着比较复杂的技巧和知识的运用。简单劳动和复杂劳动在同一时间里所创造的价值量是不等的。所以"比较复杂的劳动只是自乘的或不如说多倍的简单劳动"。[①]

但是，尽管一个商品可能是最复杂劳动的产品，但由于复杂劳动是用简单劳动来量度的，因而作为价值，它可以与简单劳动的产品相比较，少量的复杂劳动可以换算为多量的简单劳动。这种换算是在生产者背后由社会过程决定的，即在千百次交换中自发地形成的。

商品的价值量是由生产商品的社会必要劳动时间决定的。但是，社会必要劳动时间并不是固定不变的，它随着生产部门劳动生产力的变化而变化。

劳动生产力指的是具体劳动生产使用价值的能力。它的高低，可用单位劳动时间内生产的产品数量或用单位产品中所耗费的劳动时间来衡量。"劳动生产力是由多种情况决定的，其中包括：工人的平均熟练程度，科学的发展水平和它在工艺上应用的程度，生产过程的社会结合，生产资料的规模和效能以及自然条件。"[②] 在不同的生产部门，上述各个因素对劳动生产力的影响是不相同的。如在农业和采掘业中，劳动生产力受自然条件这一因素的影响较大；而对加工业来说，自然条件对劳动生产力的影响就比较小。

劳动生产力的变化必然引起生产商品的社会必要劳动时间的变化，从而引起

---

① 马克思：《资本论》第 1 卷，人民出版社 1975 年版，第 58 页。
② 马克思：《资本论》第 1 卷，人民出版社 1975 年版，第 53 页。

商品价值量的变化。劳动生产力越高，同一劳动在同一时间内生产的使用价值量越多，单位产品包含的劳动量便越少，单位产品的价值量便越小；反之，劳动生产力越低，同一劳动在同一时间内生产的使用价值量就越少，单位产品所包含的劳动量就越多，单位产品的价值量便越大。但是，不论劳动生产力怎样变化，同一劳动在同一时间内创造的价值总量总是不变的。可见，"商品的价值量与体现在商品中的劳动的量成正比，与这一劳动的生产力成反比。"①

2.2　货　币

2.2.1　价值形式的发展

商品和货币是两个互相联系的经济范畴，货币的根源在于商品本身。最初的商品交换是物与物的直接交换，并没有货币作为交换的媒介。后来，随着商品交换的发展，从商品世界中分离出一种固定的充当一般等价物的商品，这种商品就成为货币。因此，研究货币的起源，必须从分析价值形式入手。

商品既然有使用价值和价值两个因素，因而商品也就有两种表现形式，即商品使用价值的表现形式和商品价值的表现形式。商品使用价值的表现形式是指商品的自然形式。如商品的形状、式样、大小、颜色等，它可以被直观感觉到。商品的价值表现形式是商品的社会属性，它从单个商品本身是看不出来的。一种商品的价值只有通过与另一种商品相交换，即与别的商品发生关系时，才被表现出来。价值形式就是商品价值的表现形式，也就是交换价值。

价值形式的发展，经历了一个漫长的历史过程，大体经历了四个阶段。

1. 简单的或偶然的价值形式

简单的或偶然的价值形式，就是指在商品交换中，一种商品的价值偶然地表现在另一种商品上的价值形式。

价值形式的发展是同商品交换的发展相适应的。在原始社会末期，当时生产力水平极低，生产的目的还不是为了交换，只是在偶然的情况下将少量的剩余产品相互交换。这种交换带有偶然性质，只是一种商品的价值偶然地、简单地表现在另一种商品上。例如，1 只绵羊和 2 把斧子相交换，那么，1 只绵羊的价值就表现在 2 把斧子上，用公式表示：

$$1 \text{ 只绵羊} = 2 \text{ 把斧子}$$

---

① 马克思：《资本论》第 1 卷，人民出版社 1975 年版，第 53～54 页。

在这个公式中，绵羊和斧子处于不同的地位，起着不同的作用。绵羊的价值是通过斧子表现出来，即 1 只绵羊值 2 把斧子，在这里绵羊起着主动作用，而斧子则成为绵羊价值的表现材料，起着被动的作用。绵羊的价值不是由它本身直接表现出来，而是借助斧子相对地表现出来，它的价值表现为相对价值，或者说处于相对价值形式；斧子只是充当绵羊价值的表现材料，证明绵羊有同自己相等的价值，因此，它就成了等价物，或者说处在等价形式上。

相对价值形式和等价形式作为简单价值形式的两极，二者既互相依赖、互为条件，又互相排斥、互相对立。所谓互相依赖、互为条件，是指绵羊倘若离开斧子就不能表现自己的价值；斧子若离开绵羊，也不会成为价值的表现材料。绵羊只有借助于斧子才能处在相对价值形式上，斧子也只有借助于绵羊才能处在等价形式上。所谓互相排斥、互相对立，是指在同一价值表现中，同一商品不能既处在相对价值形式，又处在等价形式上，1 只绵羊 = 1 只绵羊，不反映任何价值关系，只说明 1 只绵羊就是 1 只绵羊，而不能表现 1 只绵羊的价值是多少。一种商品究竟是处于相对价值形式，还是处于等价形式，完全取决于它当时在价值表现中所处的地位。

简单价值形式只是价值形式的一种胚胎，在这里，商品的价值表现得还是很不完全、很不充分的，处在等价形式上的商品只是个别等价物，只是对一种商品才是等价物。价值作为无差别的人类劳动凝结的性质还没有充分表现出来。随着交换的发展，价值形式就由简单的价值形式逐步过渡到扩大的价值形式。

2. 总和的或扩大的价值形式

总和的或扩大的价值形式就是指在交换经常发生的情况下，一种商品的价值经常地表现在一系列商品上的价值形式。

随着社会生产力的发展，在第一次社会大分工以后，商品交换发展成为一种经常的现象，进入交换的商品种类逐渐增多。这时，一种商品不只是偶然地和另一种商品相交换，而是经常地和许多商品相交换，从而一种商品的价值表现在其他一系列商品上，这样就出现了扩大的价值形式。用公式表示：

$$1 \text{ 只绵羊} \begin{cases} = 2 \text{ 把斧子} \\ = 1 \text{ 件上衣} \\ = 80 \text{ 斤大米} \\ = 1 \text{ 克黄金} \\ = \cdots\cdots \end{cases}$$

在扩大的价值形式中，一种商品的价值已经不是偶然地表现在另一种商品上，而是经常地表现在一系列的其他商品上。在这里，处在等价形式上的每一种商品都是一个特殊的等价物，每一种商品都成为反映绵羊价值的镜子，绵羊的价值作为无差别的人类劳动的凝结才第一次得到真正的体现，价值的表现也更加准确、更加充分。

扩大价值形式同简单价值形式相比，虽然是一种比较完善的价值形式，但它仍然存在着缺点。在这种价值形式下，每一种商品的相对价值形式都有一个无穷无尽的价值表现系列，第一种商品的自然形式都是一个特殊的等价形式，而且各种商品的价值表现都不一样。这说明，整个商品世界还没有一个共同的和统一的价值表现，还没有一个社会公认的等价物充当商品交换的媒介。所以，这种价值形式仍然是不完全、不充分的。这种价值形式的缺点给实际商品交换带来了困难，比如绵羊所有者需要粮食，而粮食所有者则需要上衣等，这样交换往往不能成交，即使能够成交也要费许多周折。经过多次交换，绵羊的价值才能实现，这种交换的困难，说明物物直接交换已不能适应商品交换发展的需要。因此，这种价值形式必然要向更完善的价值形式过渡。

3. 一般价值形式

一般价值形式就是指一切商品的价值都通过某一种商品来表现的价值形式。

随着商品交换的进一步发展，逐渐出现了某种商品在交换中居主要地位，成为所有商品的一般等价物，其他各种商品都习惯地与这一种商品相交换，一切商品的价值都通过这一种商品来表现，这就是一般价值形式。用公式表示：

$$
\left.\begin{array}{l}
2\ 把斧子 = \\
1\ 件上衣 = \\
80\ 斤大米 = \\
1\ 克黄金 = \\
\cdots\cdots =
\end{array}\right\}1\ 只绵羊
$$

在一般价值形式中，商品价值的表现是简单的，因为都表现在唯一的商品上，这种表现又是统一的，因为都表现在同一种商品上。总之，"它们的价值形式是简单的和共同的，因而是一般的"。[①]

从扩大价值形式过渡到一般价值形式，价值的表现发生了本质的变化。一般价值形式的出现使两个商品直接交换变为通过媒介物的交换，这第三个商品为大家所公认，成为表现价值的材料。各种不同商品可以通过这种商品按一定的比例相交换，商品的价值作为一种社会属性才得到真正的体现。一般价值形式仍存在缺点，一般等价物还没有固定在某种商品上，往往是在一个时期，一个地区由甲

---

① 马克思：《资本论》第 1 卷，人民出版社 1975 年版，第 81 页。

种商品来充当，而在另一个时期，另一个地区由乙种商品来充当，这就给交换带来了困难并限制了交换的范围。因此，一般价值形式就向更高级的价值形式——货币形式过渡。

4. 货币价值形式

货币价值形式就是指金银固定地独占了一般等价物的地位，商品的价值都通过金银来表现的价值形式。

随着第二次社会大分工的出现，手工业从农业中分离出来，社会上出现了专门为交换而进行的生产，商品交换也突破了地方界限。这就需要有一种可以和一切商品相交换的固定的等价物。当一般等价物的职能被固定在某一种特殊商品上时，这种特殊商品就成为货币，从而一般价值形式就发展成为货币价值形式。用公式表示：

$$
\left.
\begin{array}{l}
2 \text{ 把斧子} = \\
1 \text{ 件上衣} = \\
80 \text{ 斤大米} = \\
1 \text{ 克黄金} = \\
\cdots\cdots =
\end{array}
\right\} 1 \text{ 只绵羊}
$$

从一般价值形式过渡到货币价值形式，并没有发生本质的变化，不同的是一般等价物已固定地由贵金属黄金或白银来充当。金银充当货币材料是由金属的自然属性，如质地均匀、便于分割、体积小、价值大、便于携带、不易腐烂等特点决定的。所以，马克思指出："金银天然不是货币，但货币天然是金银"。[①]

货币价值形式是最发达的价值形式。货币的产生，使整个商品世界分成了两极：一极是商品，只作为使用价值出现；另一极是货币，代表一切商品价值。这样，商品的内在矛盾，即使用价值和价值的矛盾，便从简单价值形式时商品与商品的外部对立，发展为商品与货币的外部对立了，从而使商品交换必须通过货币才能实现。货币的出现促进了商品生产和商品交换的发展，但不会消除商品的内在矛盾。相反，在货币出现以后，有可能造成买卖在时间和空间上的脱节，使商品的内在矛盾更加尖锐。可见，价值形式的发展过程也就是商品内在矛盾不断发展和深化的过程，货币是商品生产和商品交换的必然结果，是商品内在矛盾的必然产物。

货币的本质是固定地充当一般等价物的商品，它体现了商品经济条件下，商品生产者之间的社会经济关系。

---

① 马克思：《资本论》第1卷，人民出版社1975年版，第107页。

2.2.2　货币的职能

货币的本质具体地体现在货币的职能上。在发达的商品经济中，货币具有价值尺度、流通手段、贮藏手段、支付手段和世界货币五种职能。

1. 价值尺度

货币的价值尺度职能是指货币具有衡量和表现一切商品价值量大小的社会尺度，价值尺度是货币的基本职能之一。货币之所以能够用来衡量一切商品的价值，执行价值尺度的职能，是因为货币本身也是商品，也是人类劳动的产品，也具有价值，因而能以自身所具有的价值作为尺度来衡量其他商品所包含的价值。

货币作为衡量商品价值大小的尺度，执行价值尺度的职能，不需要真实的货币，只需要想象的、观念上的货币就可以了。

货币执行价值尺度职能，是把商品的价值表现为一定的货币量，这就是商品的价格。因此，价值是价格的基础，而价格则是价值的货币表现。不同的商品具有不同的价值，为了便于衡量商品价值的大小，货币就必须有一定的计量单位，并分成若干等份。这种货币单位及其等份就是价格标准。如中国的 1 元分为 10 角，1 角分为 10 分。货币的价格标准不是货币的一个独立职能，价格标准是为货币能够准确地执行价值尺度职能的一种技术性规定，它是由货币的价值尺度职能派生出来的。

2. 流通手段

货币流通手段的职能，就是指货币充当商品交换媒介的职能。以货币为媒介的商品交换过程就是商品流通。作为流通手段的货币，只能是现实的货币，而不能是观念的或想象的货币。

货币执行流通手段后，原来的物物交换就发展为商品流通。在货币产生以前，商品的交换是直接的物物交换，即商品—商品（W－W）。这时，买和卖在时间上和空间上都是统一的，因而不会发生买卖脱节现象。在货币产生后的商品流通中，商品的交换变成商品—货币—商品（W－G－W），交换过程分成了卖和买两个相互对立、相互补充的阶段。这时，买和卖在时间上与空间上彼此分开了，有些人可能只卖不买，这就会造成另一些人因为没有别人的买就不能卖，从而造成买卖脱节。可见，货币充当流通手段，已经包含了危机的可能性。不过，在简单商品经济条件下，危机的可能性不会变为现实性。

3. 贮藏手段

货币贮藏手段的职能，就是指货币退出流通被人们当作社会财富的一般代表而贮藏起来。随着商品流通的最初发展，便产生了贮藏货币的欲望；同时，一定量的货币贮藏也是商品生产者维持正常生产的必要条件。货币作为贮藏手段，必须是金属铸币或者是可以作为铸币材料的金银本身。

货币作为贮藏手段，有自发调节商品流通中货币需要量的作用。由于决定商品流通中货币量的因素经常变动，因而，流通中的货币量要求能不断增减。在金属货币流通的条件下，这一要求靠货币的贮藏手段来实现。当流通中所需要的货币量减少时，多余的货币便退出流通成为贮藏货币；反之，当流通中的货币量不足时，一部分贮藏货币又会进入流通执行流通手段的职能。因此，货币贮藏的蓄水池对于流通中的货币来说，既是排水渠，又是引水渠，使流通中的货币量总是处在饱和的状态，不会发生通货膨胀。

4. 支付手段

随着商品经济的发展，商品交换中出现了赊购赊销现象。例如，农民在春耕时需要农具，但手头又无现金，他只好到生产农具的手工业者那里赊购，待秋收后再归还货款。这样，在商品的赊购赊销中出现了债权债务关系。赊销者成为债权人，赊购者成为债务人。债务人在一定时期后就要清偿债务。当债务人用货币清偿债务时，商品的让渡行为早已完成。这时的货币已不是充当流通手段，而是执行一种新的职能，即支付手段的职能。货币支付手段的职能，就是指货币用来清偿债务及后来用于支付利息、工资、租金等的职能。

货币执行支付手段的职能时，商品的让渡和价值的实现，在时间上和空间上分开了。当商品让渡时，货币只是作为观念上的购买手段，使商品由卖者手中转移到买者手中，买者不需付出现实的货币，当约定的支付期到来，货币进入流通时，商品却早已退出流通。这是货币执行支付手段时的一个突出特点。

货币作为支付手段的职能，使商品经济的矛盾进一步发展了。随着支付关系的发展，商品生产者之间形成了债权债务关系的锁链，即甲欠乙的钱，乙欠丙的钱，丙欠丁的钱……到期支付时，一旦有一家商品生产者不能如期清偿债务，就有可能造成连锁反应，使整个支付锁链遭到破坏。这样，货币作为支付手段，进一步发展了危机的可能性，不过，在简单商品经济条件下，这种可能性同样不会变成现实性。

5. 世界货币

世界货币的职能，就是指货币越出国界，在国际市场上充当一般等价物的职能。具体表现在：作为购买手段，购买他国的商品；作为支付手段，清偿国际收支差额；作为社会财富的一般代表由一国转移到另一国。

货币作为世界货币，必须脱下各国的外衣，而以金银的自然形式出现。

货币的五种职能密切联系，共同体现货币作为一般等价物的本质。其中价值尺度和流通手段是货币的基本职能。这两种职能的统一，货币才可以起一般等价物的作用。正因为货币是一般等价物，人们才产生贮藏它的欲望，从而贮藏货币。而支付手段又是在前三种职能的基础上产生和发展起来的。在货币上述四种职能的基础上，才进而出现世界货币的职能。货币五种职能的排列顺序不是任意的，它体现了逻辑的和历史的统一。

2.2.3　货币流通规律

在商品流通中，货币不断地由买者手中转移到卖者手中，不断地和商品换位，货币的这种运动就是货币流通。马克思说："货币不断地离开起点，就是货币从一个商品所有者手里转到另一个商品所有者手里，或者说，就是货币流通"。[①] 货币流通是由商品流通引起货币的运动过程，它是为商品流通服务的。那么，一个国家在一定时期内究竟需要多少货币呢？这由货币流通规律决定。货币流通规律就是决定商品流通中货币需要量的规律。决定一定时期商品流通中货币需要量的因素主要有：待流通的商品量、商品的价格水平、同名货币单位的流通速度。待售商品量与价格水平的乘积是待流通的商品价格总额。商品流通中的货币需要量与待流通的商品价格总额成正比，而与同名货币单位的流通次数成反比。用公式表示为：

$$\text{一定时期流通中所需要的货币量} = \frac{\text{待售商品价格总额}}{\text{同名货币单位的流通次数}}$$

货币支付手段产生后，大量商品采用赊购赊销办法进行流通，有些债务可以相互抵消，流通中所需要的货币量就会相应地发生变化。这时，商品流通中的货币量可用下式计算：

$$\text{一定时期流通中所需货币量} = \frac{\text{待售商品价格总额} - \text{赊销商品价格总额} + \text{到期支付总额} - \text{相互抵消的支付总额}}{\text{同名货币单位的平均周转次数}}$$

纸币代替金属货币执行流通手段时，又出现了纸币流通规律。纸币既然是金属货币的代表，纸币流通规律自然以金属货币流通规律为基础。纸币流通规律是"纸币的发行限于它象征地代表的金（或银）的实际流通的数量"，[②] 亦即金属货币流通量决定纸币需要量的规律。无论纸币发行多少，它只能代表流通中所需要的金属货币量。如果纸币发行量超过了流通中所需要的金属货币量，纸币就要贬值，物价就要上涨，这种现象叫通货膨胀。

---

① 马克思：《资本论》第 1 卷，人民出版社 1975 年版，第 134 页。
② 马克思：《资本论》第 1 卷，人民出版社 1975 年版，第 147 页。

通货膨胀对社会经济生活的影响是比较复杂的。通货膨胀会使直接依靠固定工资收入的劳动者的收入减少，而使生产经营企业的利润增加；恶性通货膨胀会动摇公众对纸币的信心，从而抛出纸币抢购商品，影响社会秩序的安定。从通货膨胀与经济增长的关系来看，较低的通货膨胀或短期内通货膨胀未被预期并存在潜在的生产要素的条件下，对经济增长会有促进的作用。但长期内通货膨胀不可能不被人们预期，若长期内通货膨胀严重，社会又不可能有无限的潜在的生产要素可供货币启动，那么，通货膨胀对经济增长不但不会促进，反而会产生危害作用。因此，为保证社会经济正常运行，必须抑制恶性通货膨胀，保持物价总水平的基本稳定。

2.3　价 值 规 律

2.3.1　价值规律是商品经济的基本规律

1. 价值规律的内容和要求

价值规律是商品经济的基本规律，凡是有商品生产和商品交换的地方，价值规律就必然发生作用。

在以生产资料私有制为基础的商品经济中，社会生产和流通处于竞争和无政府状态，根本不可能有计划地进行。但社会生产各个部门之间看起来还是有一定秩序的。其原因在于商品生产者的背后有某一种东西在起作用，各种经济现象要受它的制约，生产者背后的这个东西就是价值规律，它自发地调节着商品生产。

价值规律的基本内容和要求是：商品的价值由生产这种商品的社会必要劳动时间决定；商品的价格以价值为基础；实行等价交换。

2. 价值规律的实现形式

价值是商品的社会属性，价值量的大小是由社会必要劳动时间决定的。而在商品经济中，人们只有通过商品和商品的交换才能发生社会接触，因而，决定价值量的社会必要劳动时间也只有通过社会过程，即通过商品交换才能确定。当货币出现以后，一切商品的价值都要通过货币，借助于价格的形式才能实现。

价格作为商品价值的货币表现，它不仅反映商品价值，以商品价值为基础，并随着商品价值的变动而变动；而且反映商品的供求关系。因为在以私有制为基础的商品经济中，社会生产和社会需求之间，即商品的供给和需求之间是经常不一致的，这就必然引起商品生产者之间的竞争，使商品的价格发生波动，时高时低。供过于求时，价格低于价值；供不应求时，价格高于价值。而只有在供求相一致时，价格和价值才趋向一致，而这种一致也只是偶然的情况，更大量的现象是供求不一致。这样，随着供求关系的不断变化，商品的价格时而高于价值，时而低于价值，但从一个较长的时间或整个社会来看，价格高于价值的部分和价格低于价值的部分，可以相互抵消。这说明，归根到底，价格还是以价值为基础。可见，价格围绕价值波动的现象不仅不是对价值规律的否定，反而是价值规律发挥作用的表现形式，并且是唯一可能的表现形式。正如恩格斯指出的："商品价格对商品价值的不断背离是一个必要的条件，只有在这个条件下并由于这个条件，商品价值才能存在。只有通过竞争的波动从而通过商品价格的波动，商品生产的价值规律才能够得到贯彻，社会必要劳动时间决定商品价值这一点才能成为现实"。①

2.3.2 价值规律在简单商品经济中的作用

在以私有制为基础的商品经济条件下，价值规律有如下作用：

第一，自发地调节生产资料和劳动力在社会生产各部门之间的分配，即调节资源的配置。

在存在社会分工的条件下，不同生产部门必须保持一定的比例关系，合理分配生产资料和劳动力，使整个社会的生产能够协调顺利地进行。但是，在生产资料私有制的社会里，每个生产者都是私人劳动者，生产什么，生产多少，都由自己决定。因此，生产是无计划盲目进行的，商品生产者对社会需要什么，需要多少，事先是不知道的。只有当他们生产出来的商品拿到市场上去进行交换，才知道社会需要。因此，商品生产者只能依靠市场上商品价格的变动来调节自己的生产，通过价值规律的自发地调节生产资料和劳动力在各个部门之间的分配。但是，由于价值规律这种自发的调节作用是通过不断地破坏生产力而盲目地实现的。因此，它往往会造成社会劳动的巨大浪费。

第二，自发地刺激商品生产者改进技术。

商品是按照社会必要劳动时间决定的价值量进行交换的。商品生产者如果改进了生产技术，改善了经营管理，提高了劳动生产率，他生产商品的个别劳动时间就会低于社会必要劳动时间，从而可获得较多盈利。相反，商品生产者生产商品的个别劳动时间如果大于社会必要劳动时间，就不能盈利甚至亏本。因而商品生产者为了追求更多的经济利益和在竞争中取胜，便力求采用先进技术，改进生产方法，改善经营管理，提高劳动生产率。从而促进社会生产力的发展。但是，

---

① 《马克思恩格斯全集》第21卷，人民出版社1965年版，第215页。

在私有制的商品经济条件下，商品生产者为了保持自己竞争中的优势，总要对先进的生产技术和经营方法保守秘密，从而又不利于生产力的发展。

第三，促进商品生产者两极分化。

由于各个商品生产者的生产条件不同，因而，生产同一种商品所耗费的劳动时间也不同。这样，生产条件好的商品生产者在竞争中就处于有利地位，生产条件差的商品生产者就处于不利地位，这就必然造成两极分化。一部分商品生产者越来越富，成为资本家，而另一部分生产者则越来越穷，甚至破产，成为雇佣劳动者。在封建社会末期，小生产两极分化是产生资本主义的经济基础，因此，在一定历史条件下，价值规律的这一作用会导致资本主义生产关系的产生。

本章小结

1. 商品经济是直接以市场交换为目的的经济形式，它包括商品生产和商品交换。它的产生必须具备两个条件：一是社会分工；二是生产资料私有制。私有制是商品经济产生的根本条件。

2. 商品具有使用价值和价值两个因素，体现一定的社会生产关系。使用价值是商品的自然属性，构成社会财富的物质内容，体现人与自然的关系，是交换价值的物质承担者。价值是凝结在商品中的无差别的一般人类劳动，是商品的社会属性，体现着商品生产者互相交换劳动的社会关系。价值是交换价值的基础或内容，交换价值是价值的表现形式。

3. 商品是使用价值和价值的对立统一体，统一性和对立性的具体表现。交换是商品内在矛盾即使用价值和价值的矛盾得以解决的根本途径。

4. 商品的两因素是由生产商品的劳动的二重性决定的，即由具体劳动和抽象劳动决定的。具体劳动和抽象劳动并不是在时间和空间上彼此分开的两次劳动，而是同一劳动进程不可分割的两个方面。马克思劳动二重性学说的创立，使劳动价值论有了坚实的科学基础，成为理解政治经济学的枢纽。

5. 私人劳动和社会劳动的矛盾，是以私有制为基础的简单商品经济的基本矛盾，是商品各种内在矛盾的根源，它决定着私有制商品经济的产生和发展的全过程，决定着商品生产者的命运。

6. 商品的价值量是由生产商品的社会必要劳动时间决定的。社会必要劳动时间是在现有的社会正常的生产条件下，在社会平均的劳动熟练程度和劳动强度下制造某种使用价值所需要的劳动时间。商品的价值由生产这种商品的社会必要劳动时间决定；商品的价格以价值为基础；实行等价交换，这就是价值规律。

7. 价值形式的发展是同商品交换的发展相适应的，它经历了四个发展阶段，即简单的或偶然的价值形式、总和的或扩大的价值形式、一般价值形式和货币价值形式。

8. 货币是固定地充当一般等价物作用的商品，体现着商品经济中人与人之间的社会关系。在发达的商品经济中，货币具有价值尺度、流通手段、贮藏手段、支付手段和世界货币五种职能。

复习思考题

1. 简要说明商品二因素、劳动二重性及其相互关系。
2. 价值和交换价值是什么关系?
3. 商品的价值量是怎样决定的?
4. 货币有哪些职能?
5. 简要说明价值规律的内容、实现形式以及在简单商品经济中的作用。

第3章　资本的生产过程

前一章论述了马克思主义的劳动价值论，本章将在此基础上通过对资本主义生产过程的分析，阐明马克思主义的剩余价值理论，揭示资本主义剥削的实质和无产阶级与资产阶级对立的经济根源。

3.1　货币转化为资本

3.1.1　货币向资本转化

商品交换的结果产生货币，但货币本身并不就是资本，而是资本的最初表现形式，只有在特殊的运动中才转化为资本。在资本主义的现实生活中，任何一个资本家，首先必须掌握足够的货币，用以购买生产资料和雇佣工人，才能开始资本主义的生产经营。作为货币的货币和作为资本的货币，有着本质的区别。

作为商品流通媒介的货币，其流通形式是：商品—货币—商品，公式表示为：$W-G-W$，即商品生产者先出卖自己的商品，取得货币，然后再用货币去购买别的商品。作为资本的货币，其流通形式是：货币—商品—货币，公式表示为：G－W－G，即资本家先用货币购买商品，然后再把商品卖出去，重新取得货币。

两种流通形式有一定的共同点：它们都是买和卖两个阶段的统一；在每个阶段上都是商品和货币的对立；每一流通过程都有三个当事人，即买者、卖者和又买又卖者。但两种流通形式也有明显区别：（1）买卖两个阶段的顺序相反。商品流通是先卖后买；资本流通是先买后卖。（2）流通的起点和终点不同。前者的起点和终点都是商品；后者则是货币。（3）流通中的媒介物不同。前者以货币为媒介；后者以商品的媒介。两种流通在形式上区别的背后隐藏着本质区别：

第一，流通的目的不同。在商品流通中，商品所有者是先卖后买，是为买而卖。他出卖自己的商品，是为了买回他所需要的另一种商品。例如，农民把自产的粮食卖掉，换回货币，是为了购买农用生产资料或生活用品等。因此，商品流通的目的是为了获得商品的使用价值。而在资本流通中，资本家为卖而买，先买后卖。他用货币购买商品，是为了把商品再卖出去，以收回货币。因此，资本流通的目的，不是为了使用价值，而是为了重新取得货币，为了价值。

第二，流通的内容不同。商品流通是两种不同使用价值进行的交换，价值量未发生变化。而资本流通是同质的货币相交换，既然是同质的货币，那么，资本家付出 100 元购买商品，再把商品卖出去回收 100 元，显然是毫无意义的。因此，资本流通的内容在于收回更多的货币，实现预付货币的价值增值。资本家投入流通 100 元，是为了收回 110 元，甚至更多。可见，资本流通的完整公式应是 G－W－G′，其中 G′＝G＋ΔG，即原预付货币额加上一个增值额。这个增值额（ΔG）就是剩余价值（m）。当货币给资本家带来剩余价值时，货币就转化成了资本，成为资本的存在形式。

第三，流通的限度不同。简单商品流通的目的是取得使用价值，此目的达到，流通过程也就结束了。因此，简单商品流通是有限度的。资本流通的目的是为了取得更多的交换价值，是为了价值增值。而资本只有在不断的运动中，才能增值自身的价值。若停止了运动，就失去了增值的能力，资本也就不成其为资本了。因此，资本的运动是无止境的。资本家就是这种运动有意识的承担者和执行者。

资本流通公式 G－W－G′，概括了各个特殊资本（产业资本、商业资本、生息资本）运动形式的共同特征，反映了资本在运动中增值的共同本质。所以，G－W－G′就是资本的总公式，或者叫资本的一般公式。资本的总公式表明，货币在流通中带来了剩余价值，实现了价值增值。从形式上看，与价值规律是相矛盾的。依据价值规律，商品交换按照等价原则进行，在流通中，不论是货币转化为商品，还是商品转化为货币，都是价值形式的变化，不会引起价值增值。

在流通领域中，商品交换或买卖，无非是两种情况：一种是等价交换；另一种是非等价交换。等价交换条件下，如果用价值 100 元的货币买进价值 100 元的商品，再把价值 100 元的商品卖出去，也只能换回价值 100 元的货币，是不会产生剩余价值的。而在不等价交换条件下，假定一个资本家把 100 元的商品加价 10% 卖出去，他作为买者，别人也可以把 100 元的商品加价 10% 卖给他，结果盈亏相抵，他手中的货币并不会增值。退一步说，即使有的资本家特别狡猾，始终能贱买贵卖，也不能说明剩余价值是在流通中产生的。因为就资本家总体来说，这不过是现有价值的再分配，他的所得，正是其他资本家的所失，社会现有的价值量丝毫没有增加。

剩余价值不能在流通中产生，那么，离开流通能否产生剩余价值呢？也不能。离开流通过程，意味着商品生产者互不接触，他们就只能同自己生产的商品打交道，而不可能同其他商品生产者发生关系。商品生产者用自己的劳动去创造价值，他投入多少劳动，就只能形成多少价值，而不能使价值增值。另外，资本家的货币在流通领域之外就会成为贮藏货币，而贮藏货币是不会增值的。

总之，剩余价值不能在流通中产生，但也不能离开流通而产生。正如马克思所说："资本不能从流通中产生，又不能不从流通中产生。它必须既在流通中又不在流通中产生。"[1] 这是我们解决资本总公式矛盾的条件。按照这个条件我们分析剩余价值的产生。

资本总公式 G－W－G′既然是货币和商品的运动，那么，剩余价值产生的秘密就只能是隐藏在两极的货币或中间的商品上。

首先，剩余价值的产生不可能发生在 G－W 阶段的货币上。因为，在资本总公式的第一阶段（G－W）中，货币作为购买手段和支付手段，它只是实现商品的价值，是一个既定的量，不可能发生价值增值。其次，也不可能发生在 W－G 阶段上。这里商品的价值是已定的，也不会因商品的出卖而发生价值增值。最后，价值增值必然是发生在 G－W 阶段的商品上。也就是说，货币所有者要获得剩余价值，就必须在流通中购买到一种特殊商品，这种商品具有一种特殊的使用价值，它的实际使用能够创造出价值，而且能创造出比它自身价值更大的价值。这种特殊商品就是劳动力。因此，劳动力成为商品是解决资本总公式矛盾的关键，也是货币转化为资本的前提。

---

① 马克思：《资本论》第 1 卷，人民出版社 1975 年版，第 188 页。

3.1.2 劳动力成为商品

劳动力就是人的劳动能力，即存在于人体中的体力和脑力的总和。它是任何社会生产都不可缺少的基本要素。但只有在资本主义条件下，劳动力才成为商品。

劳动力要成为商品，必须具备两个条件：第一，劳动者必须有人身自由。他必须有权支配自己的劳动力。否则，劳动力就不可能成为商品。第二，劳动者除了自己的劳动力以外，丧失了一切生产资料和生活资料，必须靠出卖劳动力为生。劳动力成为商品的条件，是在封建社会后期小商品生产者日益分化，特别是在资本原始积累过程中形成的。

劳动力成为商品就和一般商品一样，也具有价值和使用价值。

劳动力商品的价值，也是由生产和再生产劳动力所耗费的社会必要劳动时间决定的。由于劳动力是存在于人的身体之中，它的生产和再生产，也就是人的身体的生产和再生产，这就需要一定的生活资料。因此，生产劳动力所需要的劳动时间，可以转化为生产这些生活资料所需要的劳动时间，或者说，劳动力价值就等于再生产劳动力所必需的生活资料的价值。它包括三部分：（1）维持劳动者自身所必需的生活资料的价值；（2）劳动者养育子女所必需的生活资料的价值；（3）劳动者接受教育和训练所支付的费用。概括起来，"劳动力的价值是由生产、发展、维持和延续劳动力所必需的生活资料的价值来决定的。"

劳动力的价值决定还有一个重要的特点，就是它包含历史、道德的因素。这就是说，雇佣劳动者必要生活资料的种类、质量和数量，由于各国的自然条件、历史发展和文化水平、生活习惯等的不同，这种需要在不同国家或在同一国家的不同时期会有差别。不过，就某个国家的一定时期来说，决定劳动力商品价值的社会必要生活资料的范围和数量，还是可以确定的。

劳动力商品的使用价值也具有重要的特点。普通的商品在消费或使用时，随着使用价值的消失，价值也消失或转移到新产品中去。劳动力商品却不是这样，它具有独特的使用价值。劳动力商品的消费过程就是劳动，它不仅能够创造价值，而且能创造出比自身价值更大的价值。劳动力商品的这种特殊的使用价值对货币转化为资本具有决定性的意义。货币所有者必须购买到这种特殊商品，才能获得剩余价值。

在市场上，货币所有者购买劳动力是为资本主义生产做准备，货币转化为资本还仅仅具有可能性。只是在资本主义生产过程中，剩余价值才被生产出来，货币才现实地转化为资本。

3.2 资本主义生产的实质

3.2.1 剩余价值的生产过程

1. 资本主义劳动过程的特点

在资本主义自由市场经济条件下，资本家购买了生产资料和劳动力后，便迫使工人在他的指挥下进行劳动，开始了资本主义的生产过程。

资本主义的生产过程，如果抛开它特定的社会形式，也是劳动者运用生产工具对劳动对象进行加工生产物质财富的过程。从这一方面来说，资本主义的劳动过程和其他社会的劳动过程是相同的。

但是，在资本主义自由市场经济条件下，生产资料归资本家所有，劳动者被剥夺了生产资料，劳动者和生产资料处于分离状态，二者只有通过雇佣关系才能结合在一起。资本主义的劳动过程就是资本家消费劳动力的过程。因此，资本主义的劳动过程具有两个明显的特点：

第一，劳动者的劳动属于资本家。工人已把劳动力出卖给资本家，劳动力的使用权已不再属于工人自己，而是属于资本家了，工人在资本家的监督下，为资本家劳动。

第二，劳动产品归资本家所有。资本主义的劳动过程，就是归资本家所有的生产要素的结合过程。因此，作为这个过程的结果的劳动产品是归资本家所有，而劳动者不能占有自己生产的产品。

资本主义劳动过程的结果是生产某种使用价值。但资本主义的生产过程，不仅要生产使用价值，而且要生产价值；不仅要生产价值，而且要生产剩余价值。因此，资本主义生产过程是劳动过程和价值增值过程的统一。价值增值过程是资本主义生产过程的本质特征。

2. 价值形成和价值增值过程

资本主义的价值增值过程就是剩余价值的生产过程。剩余价值是商品价值的一个组成部分，分析剩余价值的生产过程，首先应弄清楚商品价值是怎样形成的。因此，我们先来考察价值形成过程。

价值形成过程是生产资料价值转移和活劳动创造新价值的过程。我们以资本主义的某皮鞋厂为例来说明这个问题。假定资本家要生产 1 双皮鞋，需要耗费皮革、线绳以及工具等价值共 10 元；劳动力价值是每天 3 元；每天劳动 6 小时，创造价值 3 元；每 6 小时生产 1 双皮鞋。这样，在生产过程中，资本家垫支在生产资料上的价值 10 元，通过工人制作皮鞋的具体劳动，把它转移到皮鞋之中。资本家购买劳动力日价值的 3 元，是支付给劳动者用于购买生活资料进行个人消费的，与生产过程无关，其价值不会转移。但工人在 6 小时劳动过程中，他的抽象劳动会创造新价值，会再生产出劳动力自身的价值 3 元。这样，皮鞋的价值等于转移的生产资料价值 10 元与 6 小时劳动创造的新价值 3 元之和，共 13 元，而资本家的资本耗费也是 13 元（10 元的生产资料和 3 元的劳动力），二者正好相等。这种生产的结果是预付资本价值没有增值，没有生产出剩余价值，这只是价值形成过程。如果资本主义生产过程到此为止，资本家价值增值的目的就没有达到，资本家就不干了，因而一定要把价值形成过程转化为价值增值过程。

价值形成过程转变为价值增值过程，关键在于劳动力这个特殊商品的使用上。资本家付给劳动力一天的价值，就获得了劳动力一天的使用权。虽然工人劳动 6 小时创造的价值就足以补偿劳动力的价值，但资本家绝不会让工人一天只劳动 6 小时，资本家为了充分实现其对劳动力的使用权，必定要把工人一天劳动的时间延长到 6 小时以上，比如说延长到 12 小时，这样，生产过程的结果就完全不同了。

现在我们假定工人的劳动时间是 12 小时，劳动时间延长了，耗费的生产资料也增加 1 倍，需要价值 20 元的生产资料耗费；工人 12 小时劳动创造的新价值是 6 元、生产出皮鞋两双、两双皮鞋的价值是 26 元，资本家把皮鞋按价值出售后，除补偿购买生产资料垫支的资本 20 元及补偿购买劳动力预付的资本 3 元外，还取得了 3 元的剩余价值。可见，剩余价值是由雇佣工人创造的被资本家无偿占有的超过劳动力价值以上的价值。价值形成过程转变为价值增值过程，预付货币资本带来了剩余价值。

比较一下价值形成过程和价值增值过程，我们就会发现，价值增值过程不过就是超过了一定点而延长了的价值形成过程。当雇佣工人的劳动时间只持续到仅创造劳动力自身价值的时候，生产过程就是单纯的价值形成过程。当雇佣工人的劳动时间延长到补偿劳动力价值所需要的时间以上时，价值形成过程就转变为价值增值过程。

通过对资本主义生产过程的考察，可以看出剩余价值的真正来源。在资本主义生产过程中，工人的劳动时间实际上分为两个部分，即必要劳动时间和剩余劳动时间。必要劳动时间用于再生产劳动力的价值，以补偿资本家为购买劳动力所垫支的资本；剩余劳动时间即超过必要劳动时间以上的部分，用来为资本家生产剩余价值。必要劳动时间支出的劳动，叫做必要劳动；剩余劳动时间内支出的劳动，叫做剩余劳动。剩余价值的来源就是雇佣工人的剩余劳动。

资本主义生产过程具有二重性，即是劳动过程和价值增值过程的统一。资本主义生产过程的二重性，是由生产商品的劳动的二重性决定的。由于商品生产的性质不同，生产过程的二重性内容也有本质的不同。对于资本主义自由市场经济的生产过程来说，劳动过程是手段，价值增值过程是目的。资本家虽然也关心使用价值的生产，但是，那是为了获得剩余价值，因为使用价值是剩余价值乃至商品全部价值的物质载体。

3.2.2　不变资本与可变资本

在资本主义的生产过程中，资本表现为各种具体形式，如资本家拥有的厂房、机器、原材料、商品和货币，等等。资本虽然有不同的物质内容，表现为不同的形式，但根据它们在剩余价值生产中所起的不同作用，概括起来可分为两部分：不变资本和可变资本。

不变资本是指资本家用来购买生产资料的那部分资本。之所以把这部分资本叫做不变资本，是因为这部分资本在生产过程中只是把自己的价值一次或分次转移到新产品中去，不会发生价值量的变动。例如，原材料的使用价值在劳动过程中一次被消耗，它的价值借助于具体劳动一次转移到新产品中去；而机器、厂房等劳动资料的使用价值是逐渐丧失的，它们的价值也是分次转移的。若一台机器可使用 10 年，它的价值每年只有 1/10 转移到新产品中去。总之，不管生产资料怎样转移它的价值，反正转移到新产品中去的价值只以它本身原有的价值量为限，不会发生价值增值。因此，在剩余价值生产过程中，购买生产资料的这部分资本只是变换了它的物质存在形式，即从一种使用价值形式转变为另一种使用价值形式，而并不改变自身的价值量，因而称之为不变资本。可变资本是指资本家用来购买劳动力的那部分资本。这部分资本不存在价值转移问题，因为这部分资本作为劳动力价值，以工资形式支付给工人，被工人用于个人消费了，其价值没有转移到新产品中去。但是，用于购买劳动力的这部分资本，在生产过程中被发挥作用的劳动力所代替，劳动力的使用即劳动过程会创造出新的价值，这部分新价值不仅包括劳动力自身价值，而且包括剩余价值。由于购买劳动力的这部分资本在生产过程中改变了原有的价值量，发生了价值增值，因此，称之为可变资本。

依据资本不同部分在剩余价值生产过程中的不同作用，把资本区分为不变资本和可变资本，具有重要意义：第一，进一步揭露了剩余价值的源泉和资本主义剥削的实质。通过区分不变资本和可变资本，说明剩余价值不是全部资本产生的，而是可变资本产生的。可变资本之所以会发生价值量的变化，是由于生产过程中劳动力作为可变资本的存在形式发生作用，创造的价值超过劳动力价值。因此，工人的剩余劳动是剩余价值的唯一源泉。第二，揭示了资本家对工人的剥削程度。剩余价值是可变资本带来的，考察资本家对工人的剥削程度时，不应拿剩余价值同全部预付资本相比，而只能同可变资本相比。因此，把资本区分为不变资本和可变资本，为正确考察资本对雇佣工人的剥削程度提供了科学依据。第三，这一区分对研究资本有机构成、资本积累的规律、剩余价值的分配和资本主义社会的基本矛盾的运动过程，都具有重要意义。

3.2.3　剩余价值率和剩余价值量

从剩余价值的生产过程可以知道，资本主义生产过程生产出来的产品的价值，由不变资本价值、可变资本价值和剩余价值三部分构成。用 c 代表不变资本，用 v 代表可变资本，用 m 代表剩余价值，产品价值就是 c + v + m。其中剩余价值只是可变资本的价值发生变化和增值的结果。

既然剩余价值只是由可变资本带来的，因此，要表明资本家对工人的剥削程度，就应该用剩余价值和可变资本相比。剩余价值与可变资本的比率叫做剩余价值率。用 m′代表剩余价值率，可用公式表示为：

$$剩余价值率(m') = \frac{剩余价值(m)}{可变资本(v)}$$

由于剩余价值率准确地表现出资本家对工人的剥削程度，所以剩余价值率也叫做剥削率。

由于可变资本价值是由必要劳动再生产出来的，剩余价值是由剩余劳动创造出来的，所以剩余价值率也可以用工人剩余劳动或剩余劳动时间同必要劳动或必要劳动时间的比率来表示：

$$剩余价值率(m') = \frac{剩余劳动时间}{必要劳动时间} = \frac{剩余劳动}{必要劳动}$$

剩余价值率的上述两个表达公式，表示的内容是一致的。剩余价值与可变资本之比，是以物化劳动的形式表示剥削程度的，它表明雇佣工人创造的价值中，资本家和工人各占多少份额；剩余劳动与必要劳动之比，是以活劳动的形式表示剥削程度的，它表明雇佣工人在一个工作日里有多少时间用来补偿劳动力的价值，有多少时间为资本家生产剩余价值。

在现实经济生活中，剩余价值率具体是多少，在不同的资本主义国家及其发展的不同时期，是各不相同的。例如，美国物质生产部门中的剩余价值率，1935年为200%，1950年为241.2%，1960年为247.6%，1970年为255%；1977年进一步提高到280.9%。再如，日本工业中的剩余价值率，1970年为170%，

1975 年上升为 205%，其中丰田汽车公司 1987 年的剩余价值率上升到 226.4%。这些材料表明，随着资本主义的发展，剩余价值率即资本家对工人的剥削程度是不断提高的。

剩余价值率是一种相对量，表示资本家对雇佣工人的剥削程度。剩余价值量则是一个绝对量，表示资本家在一定时期内剥削他雇佣的全部工人所创造的剩余价值的数量。剩余价值量的大小取决于两个因素：一是剩余价值率的高低；二是可变资本总量的多少。如果资本家雇佣工人的总数或说可变资本量是一定的，剩余价值率越高，他获得的剩余价值量越大；如剩余价值率是一定的，则可变资本总量越大，雇佣工人总数越多，他获得的剩余价值也越多。以 M 表示剩余价值量，V 表示预付可变资本总量，剩余价值量的计算公式为：

$$M = \frac{m}{v} \cdot V = m' \cdot V$$

从公式中可以看出，资本家增加剩余价值量的途径有两条：一是增加可变资本总量，雇佣更多的工人。二是提高剩余价值率，提高剥削程度。

3.2.4 增加剩余价值生产的方法

1. 绝对剩余价值的生产

资本家提高对工人剥削程度的具体方法是多种多样的，归纳起来，有两种基本方法：绝对剩余价值的生产和相对剩余价值的生产。

在资本主义制度下，工人的工作日由必要劳动时间和剩余劳动时间构成。假定工作日为 12 小时，必要劳动时间为 6 小时，剩余劳动时间 6 小时，剩余价值率就是 100%。如果资本家把工作日延长到 15 小时，而必要劳动时间不变，那么剩余劳动时间就增加到 9 小时，剩余价值也就提高到 150%。由此可见，在必要劳动时间不变的条件下，劳动日越长，剩余价值率就越高。这种由于工作日的绝对延长而产生的剩余价值，叫做绝对剩余价值。而用绝对延长工作日增加剩余价值生产的方法，叫做绝对剩余价值的生产。

为了获得更多的剩余价值，资本家总是尽量延长工作日。虽然工作日是一个可变量，但它有最低和最高界限。工作日的最低界限是它不能等于必要劳动时间，否则，资本家就得不到剩余价值，资本主义就失去了存在的基础。工作日的最高界限取决于两个因素：第一是生理界限。工人在一天 24 小时内总得有吃饭、休息和睡眠的时间，这是人们生理上所必需的，否则，工人的劳动力得不到恢复，就不能为资本家劳动了。第二是社会道德的界限。在一天内，工人还要有一定的时间来看报、娱乐、照顾子女及参加社会活动等，这种需要的范围是由一个国家的经济和文化发展状况决定的。因为这两个界限有很大的伸缩性，所以在资本主义的现实生活中，有各种各样的长度不等的工作日。

在资本主义发展的初期，资产阶级的经济力量还不够强大，于是便通过国家立法手段，强制延长工人工作日。第一次产业革命后，大机器生产排挤小生产，失业人口大量增加，这时，资产阶级单纯依靠饥饿的"法律"，就能把工作日延长到最大的限度。当时资本主义各国的许多生产部门，工作日曾经达到 14 小时、16 小时，甚至 18 小时以上。工人阶级为了维护自己的生存权利，缩短工作日，同资产阶级进行了顽强的斗争。从 19 世纪初开始，英国工人经过半个世纪的斗争，迫使政府先后颁布了一些工厂法，把工作日限制在 12 小时、10 小时之内。1866 年，美国工人阶级第一次提出 8 小时工作日的要求。1866 年 5 月 1 日，美国芝加哥等地工人为争取 8 小时工作制举行了罢工，这就是"五一"国际劳动节的由来。经过工人阶级的不断斗争，到第一次世界大战后，一些国家先后实行了 8 小时工作制。

现在，在发达的资本主义国家，大都实行 5 日工作周，工人每周劳动 40 小时左右，工作日较战前大大缩短。这主要是由于工人阶级日益壮大和坚持斗争的结果。同时，也是现代科学技术的迅速发展和广泛应用所带来的变化。虽然工作日缩短了，但是工人的工作日仍包括必要劳动时间和剩余劳动时间两部分，雇佣工人仍然只能在为资本家提供剩余价值的条件下，才能获得劳动的权利。而且，由于劳动生产率的提高，工作日中必要劳动时间所占比例下降了，剩余劳动时间所占比例提高了，因而资本对雇佣劳动的剥削不是减轻了而是加重了。发达资本主义国家虽然早有 8 小时工作日的法规，但由于通货膨胀，工资水平相对低下，许多工人常常被迫加班加点，或兼做两种工作，劳动时间并不像法律规定的那么短。

2. 相对剩余价值的生产

用延长工作日的方法榨取剩余价值，总是有限度的，而且无产阶级争取缩短工作日的斗争，也会对工作日的延长起限制作用。因此，在工作日长度已定的情况下，资本家就要采取缩短必要劳动时间的方法，来相对地延长剩余劳动时间。

假定一个工作日长度为 12 小时，必要劳动时间为 6 小时，剩余劳动时间为 6 小时，剩余价值率为 100%。如果把必要劳动时间从 6 小时缩短为 4 小时，剩余劳动时间则相对延长为 8 小时，剩余价值率也就提高到 200%。因此，在劳动日长度不变的条件下，必要劳动时间缩短，剩余劳动时间就延长，剩余价值率就提高。这种由于必要劳动时间缩短，剩余劳动时间相对延长而产生的剩余价值，叫做相对剩余价值。而用相对延长剩余劳动时间增加剩余价值生产的方法，叫做相对剩余价值的生产。

要使必要劳动时间缩短，就要降低劳动力价值。而劳动力的价值是由工人所需要的生活资料的价值决定的，因此关键在于降低生活资料的价值。这就必须提高整个社会生活资料生产部门和与之有关的生产资料生产部门的劳动生产率，使生活资料中物化的社会必要劳动时间减少。一旦这些部门的劳动生产率提高了，生活资料的价值就会降低，劳动力价值也随之降低，必要劳动时间就会缩短，剩余劳动时间就会相对延长，相对剩余价值就会生产出来。

相对剩余价值的生产是以整个社会生产率的提高为条件的。而全社会劳动生产率的提高，是从个别资本家和企业开始，然后波及整个社会各企业而实现的。个别资本家热衷于改进技术，提高劳动生产率，是为了使自己商品的个别价值低于社会价值，以获得比别的资本家更多的剩余价值。资本家由于商品个别价值低于社会价值而获得的剩余价值，叫做超额剩余价值。超额剩余价值也是由工人创造的，是由生产力特别高的劳动创造的。如果资本家付给工人每天的工资不变，那么工人在较短的时间内就可以创造出劳动力自身的价值，由此必要劳动时间可以缩短，剩余劳动时间可以相对地延长。因此，超额剩余价值也是以劳动生产率的提高为基础的，也可以看做是一种相对剩余价值。

个别资本家获得超额剩余价值是暂时的。因为追逐超额剩余价值的内在贪欲和竞争的外部压力，驱使其他企业也竞相采用新技术，必然使劳动生产率普遍提高，并使商品的社会价值下降，从而原先个别价值低的企业不能再继续获取超额剩余价值。然而，这时又会有使用更先进技术的企业出现。正是在资本家竞相追逐超额剩余价值的过程中，使生产生活资料的部门以及为它们提供生产资料的部门的劳动生产率普遍提高，从而使生活资料的价值下降。其结果是整个资产阶级都获得了相对剩余价值。由此可见，相对剩余价值的生产，是在各个资本家追逐超额剩余价值的过程中实现的。

绝对剩余价值生产和相对剩余价值生产，是资本家提高剥削程度、增加剩余价值生产的两种主要方法。绝对剩余价值生产是资本主义的剥削的一般基础，并且是相对剩余价值生产的起点。相对剩余价值生产有时又成为促进绝对剩余价值生产的手段。无论是绝对剩余价值生产，还是相对剩余价值生产，都延长了工人的剩余劳动时间，增加了资本家的剩余价值量。从一定意义上说，绝对剩余价值也是相对剩余价值。因为它也是以劳动生产率的一定发展，必要劳动时间仅仅为工作日的一部分为前提；而相对剩余价值也可以就是绝对剩余价值，因为它也是以工作日绝对延长到工人的必要劳动时间以上为条件。但是，如果我们看看资本家是怎样提高剩余价值率的，这两种方法之间的差别也就非常明显了。如果在劳动力价值不变，从而必要劳动时间不变的情况下，要增加剩余价值生产，就必须绝对延长工作日，进行绝对剩余价值生产；如果在工作日长度已定的情况下，要提高剩余价值率就必须提高劳动生产率，以缩短必要劳动时间，进行相对剩余价值生产。

两种增加剩余价值生产的方法，在资本主义发展的不同阶段上起着不同的作用。资本主义自由市场经济在其形成发展过程中经历了简单协作、工场手工业和机器大工业三个阶段。在资本主义简单协作和工场手工业时期，生产是以手工技术为基础的，技术进步比较缓慢，劳动生产率比较低下，所以那时主要靠延长劳动时间来提高剩余价值率。随着技术的进步，特别是在第一次产业革命以后，由于机器大工业代替了手工操作，劳动生产率有了迅速提高，因而相对剩余价值的生产成为增加剩余价值生产的重要方法。当然。提高剥削程度，增加剩余价值生产的两种主要方法并不是截然分开的。资本家只要能获取更多的剩余价值，用哪一种方法都可以。在资本主义的生产实践中，这两种方法是结合在一起的。

3.2.5 自由市场经济的基本经济规律

资本主义自由市场经济的实质是剩余价值生产，剩余价值规律是资产主义自由市场经济的基本经济规律。剩余价值规律包括两个方面的基本内容：一方面，资本主义的生产目的是为了最大限度地获取剩余价值；另一方面，实现资本主义生产目的手段是扩大和加深对雇佣劳动者的剥削。这一规律体现了资本主义生产的实质，资本主义生产的直接目的和决定性动机就是榨取尽可能多的剩余价值。这一规律决定着资本主义生产发展的一切主要方面和一切主要过程，决定着资本主义的兴衰和灭亡。

首先，剩余价值规律决定着资本主义生产的实质。资本主义生产的目的，不是为了满足社会需要，而是为了追求剩余价值。这主要是由资本主义生产资料私有制决定的一种客观必然性。在资本主义制度下，生产资料归资本家占有，劳动者除劳动力以外一无所有，生产资料和劳动者处于分离的状态。在生产过程中，生产资料和劳动力都是以资本的要素存在，而资本的使命是进行价值增值。因此，生产必然是服从追求剩余价值这一目的，资本家一切活动的目的和动机，都是为了榨取尽可能多的剩余价值，这就是资本主义生产的实质。

其次，剩余价值决定着资本主义生产发展的一切主要方面和主要过程。资本主义社会生产的各个环节，包括生产、流通、分配和消费，都服从于追逐剩余价值的目的，受剩余价值规律支配。资本主义的生产是为了创造剩余价值，生产的种类和数量取决于剩余价值的多少，生产上采取的一切措施，都是为了生产绝对剩余价值和相对剩余价值。资本主义流通过程是为生产剩余价值做准备和实现剩余价值。资本主义分配实质上是瓜分剩余价值。在资本主义社会，雇佣工人的个人消费从属于剩余价值生产，是为资本家再生产可供剥削的劳动力；资本家的个人消费也受到剩余价值生产的制约。

最后，剩余价值规律决定着资本主义生产方式产生、发展和必然灭亡的全部过程。它推动着资本主义社会生产力的迅速发展，在追求剩余价值的目的驱使下，资本家扩大生产规模，改革生产技术，提高劳动生产率，使资产阶级在它统治以后不到 100 年的时间内，创造了比以往一切时代全部生产力还要大的生产力。但与此同时，资本家对雇佣劳动的剥削不断加强，限制着市场需求的扩大，因而生产和消费处于对抗性的矛盾中。当矛盾发展到激烈的程度时必然爆发经济危机，极大地破坏生产力，从而表明资本主义制度的历史局限性。社会化大生产，曾经是战胜小生产的物质力量，是资本主义制度取代过去的旧经济制度的物质基础。它在这个社会制度下得到高度发展，又成为促使这个社会制度灭亡的客观条件。因此，剩余价值规律决定着资本主义生产的高涨和危机、成功和失败的全部过程。

总之，剩余价值规律表明了资本主义自由市场经济生产的实质，决定着资本主义生产的一切主要方面和主要过程，决定着资本主义的产生、发展和灭亡，在资本主义经济规律体系中居支配的地位。因此，剩余价值规律是资本主义自由市场经济的基本经济规律。

揭示资本主义自由市场经济生产的实质的剩余价值学说是马克思的伟大发现，这一发现实现了政治经济学的革命。在马克思之前，资产阶级经济学家从来没有说明过剩余价值的本质和源泉。马克思在劳动价值论的基础上，详尽地阐明了剩余价值的形成过程，创立了剩余价值理论，揭示了资本主义生产的本质，阐明了无产阶级与资产阶级对立的经济根源，为无产阶级的斗争提供了强大的思想理论武器，恩格斯对马克思科学地解决剩余价值来源的问题给予了很高的评价，他指出："这个问题的解决是马克思著作的划时代的功绩。它使社会主义者早先像资产阶级经济学者一样在深沉的黑暗中摸索的经济领域，得到了明亮的阳光的照耀。科学的社会主义就是从此开始，以此为中心发展起来的。"[①] 剩余价值学说是整个马克思主义经济理论的基石。

---

① 《马克思恩格斯选集》第 3 卷，人民出版社 1972 年版，第 243 页。

3.3　资本主义工资

3.3.1　资本主义工资的本质

在资本主义自由市场经济条件下，工资掩盖了剩余价值的源泉，歪曲了资本家和雇佣工人之间的真实关系。只有揭示资本主义工资的本质，才能使剩余价值理论奠定在完全科学的基础上，所以，工资理论是剩余价值理论的一个重要组成部分。

在资本主义社会的现实经济生活中，雇佣工人给资本家劳动，资本家付给工人工资。工人劳动一天，得一天的工资，劳动一个月，得一个月的工资，这在表面上就给人们造成一种假象，好像工人出卖给资本家的是劳动，而不是劳动力，资本家支付给工人的工资是劳动的价值或价格，而不是劳动力的价值或价格，似乎工人的全部劳动都得到了报酬，不存在资本家对雇佣工人的剥削。事实上，工人出卖的是劳动力，而不是劳动，劳动不是商品，不能出卖，它没有价值，也没有价格。这是因为：

第一，任何一种可供出卖的商品，它必须在出卖之前就存在。劳动如果是商品，能买卖，它在出卖之前也必须独立存在。但是，当工人和资本家以卖者和买者的身份出现在市场上时，存在于工人身上的只有劳动力，并不存在劳动。因为这时工人还没有开始劳动，劳动还没有出现。当劳动开始的时候，工人已经在资本家的工厂里，在资本家的监督之下了，这时劳动已属于资本家，而不归工人所有。工人已不能出卖不属于他自己的劳动。

第二，任何商品的价值都是人类劳动的凝结，价值量是由生产该商品的社会必要劳动时间决定的。如果说劳动是商品，具有价值，这就等于说劳动的价值由劳动来决定。劳动决定劳动的价值，这显然是没有任何意义的同义语反复。

第三，如果说劳动是商品，有价值，那么，按价值规律的要求，商品买卖应遵循等价交换原则，资本家就应付给工人全部劳动报酬。这样，资本家就得不到剩余价值，资本主义也就失去了存在的基础。如果资本家以低于劳动的价值向工人购买劳动，那么，价值规律就被破坏了。但在自由市场经济已经形成的资本主义社会，价值规律支配着一切商品的生产和交换，它是不能违背的。

由此可见，劳动不是商品，没有价值，不能出卖，工人出卖的不是劳动，而是劳动力。资本主义工资的本质是劳动力的价值或价格的转化形式。

在资本主义制度下，劳动力的价值或价格表现为劳动的价值或价格，这是由资本主义生产关系本身引起的。

第一，在资本主义制度下，劳动力的买卖和其他商品的买卖关系一样，是一种对等的权利关系。资本家付出一定数量的货币，买到工人在一定时期内为他劳动的能力，但是，工人的劳动能力是看不见的，人们看到的只能是工人为资本家进行一定时间的劳动。因此，工人好像出卖的是一定时间的劳动，所得的工资是劳动的价值或价格。

第二，在资本主义制度下，对工人来说，劳动是他谋取生活资料的手段，因为工人要生活，要取得生活资料，首先必须取得工资，而要取得工资就必须为资本家劳动，而且资本家通常是在工人给资本家提供劳动以后支付工资。因此，工人自己也很容易把他们出卖劳动力所得的工资，看作是由他们的劳动换来的，从而把工资看作是他们的劳动的价值或价格。

第三，从工资的实际运动来看，也会造成一种假象，似乎资本家支付的工资不是劳动力的价值，而是劳动本身的价值。因为工资的数额随着劳动时间的长短和劳动熟练程度的不同而变动，工人的劳动时间越长，熟练程度越高，所得工资就越多，反之，工人的劳动时间越短，熟练程度越低，所得的工资也就越少。这种情况也使得人们认为工资是劳动的报酬。

可见，在资本主义制度下，由于劳动力的价值或价格转化为工资，所以就歪曲地表现为劳动的价值或价格了。这样，无酬劳动也就表现为有酬劳动，从而掩盖了资本家对雇佣工人的剥削关系，掩盖了工人的必要劳动和剩余劳动，有酬劳动和无酬劳动之间的区别和对立，好像工人得到了全部劳动的报酬。这是资本主义剥削关系的一个重要特点。在奴隶社会，奴隶的劳动也分为必要劳动和剩余劳动，可是由于奴隶本身属于奴隶主所有，所以从表面上看，奴隶的全部劳动好像都是无酬劳动。在封建社会，农奴为自己劳动和为封建主劳动在时间上和空间上是明显地分开的，因而这种剥削关系是显而易见的。但是在资本主义制度下，劳动力成为商品，资本家和工人的关系采取了商品货币关系，工资形式使全部劳动表现为有酬劳动，好像资本家对工人一点剥削也没有。在奴隶制度下，所有权关系掩盖奴隶为自己进行的必要劳动，而在雇佣劳动制度下，商品货币关系却掩盖了雇佣工人的无偿劳动，它使得资本主义的剥削关系带有更大的虚伪性和欺骗性，掩盖了资本主义剥削的实质。

区分劳动和劳动力并透过工资的表面形式，揭示资本主义工资的实质是劳动力价值或价格，从而进一步揭示资本主义的剥削关系，这是马克思的又一理论贡献。恩格斯说，区分劳动和劳动力，"并不是纯粹的咬文嚼字，而是牵涉到全部政治经济学中的一个极大重要的问题"。① 马克思关于工资的理论，使剩余价值理论最终牢固地建立起来。

3.3.2　资本主义工资的形式

资本主义制度下，工资的形式很多，但基本形式有两种，即计时工资和计件工资。

计时工资是按工人劳动时间的长短来支付的工资。如小时工资、日工资、周工资、月工资，等等。由于工资是劳动力价值或价格的转化形式，所以，计时工资也就是劳动力小时价值、日价值、周价值、月价值的转化形式。

在资本主义发展初期，计时工资曾是一种普遍流行的工资形式。但随着资本主义的发展，计件工资广泛流行起来。

计件工资是按工人生产的产品数量或完成的工作量来支付的工资形式。计件工资单位价格的计算公式是：

$$计件工资单位 = \frac{日计时工资数}{日产品件数}$$

我们假设计时工资条件下，一个工人的日工资为 6 元，工人一天生产 10 件产品，每件产品工资单价是 6 元/10 件 = 0.6 元。

计件工资和计时工资仅仅是计量形式不同，计时工资是以劳动的直接持续时间来计算的，计件工资是以一定时间完成的产品的件数来计量的，但它们都是劳动力价值或价格的转化形式，在本质上是一样的，计件工资是以计时工资为基础的。

随着资本主义的发展，资本家为了加强对工人的剥削，又在计时工资和计件工资的基础上，创立了血汗工资制度。有代表性的是"泰罗制"和"福特制"。这种制度的特点是：对工人的劳动组织和操作程序进行分析和测定，然后用物质刺激的办法，把工人的劳动强度提高到极点，由此从工人身上榨取更多的剩余价值。实行血汗工资制度，工人虽可多得一点工资，但却远远不能补偿劳动力的过度消耗，而资本家获得的剩余价值却迅速增加。"泰罗制"和"福特制"就其对劳动组织和操作程序进行分析和测定，减少一些不必要的环节来说，包含有科学的成分，是科学管理和管理科学的具体形式。但在资本主义制度下，却成为资本家获取更多剩余价值的手段。

第二次世界大战后，随着电子计算机的广泛应用，生产自动化的迅速发展，

---

① 《马克思恩格斯选集》第 1 卷，人民出版社 1972 年版，第 341 页。

资本主义工资形式又发生了较大的变化。在一些资本主义国家，计件工资逐步缩小，计时工资逐步扩大。一些国家除了采用计时工资，还采用津贴、奖金、分红等形式，来促使工人更多地劳动。这些形式的收入，就其本身来说，无非是劳动力价值的转化形式。资本家采取这些手段无非是刺激工人以最高的劳动强度和劳动效率为其生产更多的剩余价值。

3.4 资本主义再生产

3.4.1 资本主义再生产与资本积累

1. 资本主义再生产

（1）社会再生产的内容。人类社会为了自身的生存和发展，必须要有各种各样的物质资料，以满足生产和生活的需要，为此就要进行物质资料的生产。一个社会任何时候都不能停止消费，因而也就不能停止生产。社会生产总是连续不断，周而复始地进行的，这种不断重复、不断更新的生产过程，也就是再生产过程。

社会再生产就其内容来讲，首先是物质资料的再生产。因为任何一次生产过程，都是消耗掉一定的物质资料，这些物质资料既包括生产资料，如机器、原料、燃料，等等，也包括生活资料，如粮食、住房、衣服，等等。与此同时，任何一次生产过程又会生产出一定的物质资料，这些物质资料同样也包括生产资料和生活资料，它们既为下一次生产过程提供物质条件，并且也满足人们生活上的需要，从而使再生产能够顺利地进行。

社会再生产不仅是物质资料的再生产，同时又是生产关系的再生产。这是因为任何一次生产过程，都是在一定的生产关系下进行的，离开了一定的生产关系，任何生产和再生产过程就都无法进行。随着生产过程的不断重复和不断更新，这种生产关系也会不断地得到维持和发展。

由此可见，任何社会再生产都包括两方面内容：一方面是物质资料的再生产；另一方面是生产关系的再生产。因此，社会再生产是物质资料再生产和生产关系再生产的统一。

（2）简单再生产和扩大再生产。社会再生产按它的规模来划分，可分为简单再生产和扩大再生产。简单再生产是指规模不变的再生产，即新生产出来的产品，只够补偿在生产中所消耗掉的生产资料和生活资料，扩大再生产是指生产规模扩大的再生产，即新生产出来的产品，除了补偿生产中已消耗的物质资料外，还有多余的物质资料可以追加到生产中去，借以扩大原有生产的规模。简单再生产是扩大再生产的基础和出发点，是扩大再生产的重要组成部分。

扩大再生产从其实现的方式来看，分为内含的扩大再生产和外延的扩大再生产两种类型。内含扩大再生产是依靠生产技术的进步、生产要素质量的改善，以及劳动效率和生产效率的提高来扩大原有生产的规模。而外延扩大再生产则是在生产技术、劳动效率和生产要素的质量不变的情况下，单纯依靠增加生产资料和劳动力数量，以及扩大生产场所来扩大原有的生产规模。在现实经济生活中，内含扩大再生产和外延扩大再生产往往是结合在一起进行的，在进行外延扩大再生产时，一般都伴随着生产技术的改进和使用更先进的机器设备；而在进行内含扩大再生产时，一般也同时扩建企业或新建企业。但是在生产技术水平较低的条件下，一般以外延的扩大再生产为主，而在科学技术迅速发展的条件下，则内含的扩大再生产所占比重会随之不断提高。

2. 资本主义简单再生产的特点

资本主义简单再生产，是指资本家把雇佣工人在生产过程中创造的剩余价值全部用于消费，再生产只是在原有规模上重复进行。例如。某资本家有资本 5 000 元，其中不变资本为 4 000 元，可变资本为 1 000 元，假定不变资本价值在一年中全部转移到新的产品当中去，剩余价值率为 100%，这样资本家在一年中生产的全部新产品的价值为：

$$4\ 000c + 1\ 000v + 1\ 000m = 6\ 000$$

资本家把 1 000 元的剩余价值全部用于个人消费，那么，下一年投入的资本金额仍是 5 000 元，生产规模未变。这就是资本主义简单再生产。资本主义简单再生产，虽然只是一种理论上的抽象，但通过对资本主义简单再生产的分析，可以使我们看到从一个孤立的生产过程所看不到的新特点，进一步认识资本主义剥削的实质。

第一，可变资本是工人劳动成果的一部分，是工人自己创造的。资本主义的生产过程，是从资本家购买劳动力开始的。从一个孤立的生产过程来看，工人在资本家工厂做工，劳动 1 周或 1 个月之后，资本家就要支付工资。当工人拿到工资时，他们在这次生产过程中生产的产品，可能还没有卖出去。这就造成一种假象，好似资本家是用自己的货币支付工资的，是资本家养活了工人。但是，我们从再生产过程来看，这一假象就会立即被揭穿。虽然工人在这一次生产过程中所生产的商品还没有卖掉，但他在前一个时期所生产的商品，却已经出卖并转化为货币了，因此，工人这一次得到的工资，并不是资本家预先垫付的，而是资本家用工人在前一时期所生产的商品出卖后所得货币的一部分来支付的。可见，资本家支付给工人的工资，即可变资本，完全是由工人自己创造的。如马克思讲的那样"工人今天的劳动或下半年的劳动是用他上星期的劳动或上半年的劳动来支付的"。① 资本家用工人自己创造的价值购买劳动力，又无偿地占有工人创造的剩余价值，因此，不是资本家养活工人，而是工人用勤劳的双手养活了自己，同时也养活了不劳而获的资本家。

第二，资本家的全部资本都是工人的劳动创造的。从孤立的生产过程来看，资本家兴办工厂要垫支资本。资本家总是说，他们垫支的资本不是剥削来的，而是靠他们的"辛勤劳动"积攒起来的。这里，我们暂且不管资本家资本的最初来源，只是通过分析资本主义简单再生产过程，看看资本家的全部资本来源会发生什么变化。假定某资本家原垫支资本 5 000 元，每年带来剩余价值 1 000 元，在简单再生产条件下，资本家每年消费 1 000 元。那么，经过 5 年，他就消费了 5 000 元。这就是说，他原先垫支的 5 000 元资本全部被他消费掉了。但是 5 年以后，他手中仍有 5 000 元的资本，这 5 000 元就是由工人 5 年内创造的剩余价值积累起来的结果。因此，在社会主义革命中，无产阶级剥夺资产阶级的生产资料，只不过是取回自己创造的被资本家无偿占有的东西，是完全合情合理的。

第三，工人的个人消费从属于资本家榨取剩余价值的需要。工人的消费有两种：一种是生产消费，即工人在生产过程中通过自己的劳动消费生产资料，生产出包含有剩余价值的产品；同时，这也是购买他的劳动力的资本家对他的劳动力的消费。另一种是个人消费，即工人通过消费生活资料，维持本身生存，再生产劳动力。从一个孤立的生产过程来看，前一种消费是在生产过程中进行的，工人起资本动力的作用，属于资本家；后一种消费是工人个人的私事，在生产过程中之外执行生活的职能。但是，从再生产的角度分析，工人的个人消费不过是为资本家生产和再生产劳动力的一种手段，是再生产的一个内在要求，它从属于资本家榨取剩余价值的需要。

从以上分析我们可以看出：资本主义简单再生产，不仅是物质资料的再生产，生产商品，生产剩余价值，同时也是资本主义生产关系的再生产，生产出资本家的全部资本和一无所有的劳动者。马克思说："把资本主义生产过程联系起来考察，或作为再生产过程来考察，它不仅生产商品，不仅生产剩余价值，而且还生产和再生产资本关系本身：一方面是资本家，另一方面是雇佣工人"。②

3. 资本主义扩大再生产与资本积累

（1）资本主义扩大再生产及其特点。资本主义再生产的特点是扩大再生产。

---

① 马克思：《资本论》第 1 卷，人民出版社 1972 年版，第 623 页。
② 马克思：《资本论》第 1 卷，人民出版社 1972 年版，第 634 页。

实际上，资本家是绝不会把剩余价值全部用于个人消费的。他必然要把剩余价值的一部分或大部分再合并到原有的资本中去，用来购买追加的生产资料和劳动力，使生产在扩大的规模上重复进行，这就是资本主义的扩大再生产。例如，某资本家有资本 10 000 元，其中不变资本为 8 000 元，可变资本为 2 000 元，剩余价值率为 100%，那么，第一年生产的产品价值是：

$$8\ 000c + 2\ 000v + 2\ 000m = 12\ 000$$

假定资本家把剩余价值的一半用于个人消费，另一半 1 000 元是用于追加资本，按原来的比例分配，800 元作为追加不变资本，200 元作为追加可变资本，剩余价值率仍然是 100%。则第二年产品价值是：

$$8\ 800c + 2\ 200v + 2\ 200m = 13\ 200$$

如果在以后的再生产过程中，资本家每年都从剩余价值中拿出一半转化为追加资本，那么，再生产规模会不断扩大，这种将剩余价值再转化为资本，或者说，剩余价值的资本化，叫做资本积累。资本积累是扩大再生产的前提，是扩大再生产的重要源泉。

通过对资本主义扩大再生产的分析，可以看出一些新的特点，表明资本主义生产关系在扩大的基础上被再生产出来。第一，不仅资本家的全部资本是工人创造的，而且用于扩大再生产的追加资本，从一开始就全部是资本化了的剩余价值。第二，用于扩大再生产的追加资本不仅是剥削工人的结果，而且是进一步扩大对工人剥削的手段。资本家利用追加资本可以购买更多的生产资料和劳动力。从而榨取更多的剩余价值，使资本财富日益增大。第三，劳动力买卖的实质是资本家用不等价物而占有工人的劳动的一部分，来换取更大量的工人的活劳动。使资本家无偿占有更多的剩余价值。

（2）资本积累的实质。资本积累的过程表明，资本家从雇佣工人身上榨取的剩余价值越多，资本积累的规模也就越大，而资本积累的规模越大，就越可以剥削更多的剩余价值。所以，资本积累的实质就是：资本家利用无偿占有的剩余价值，进行资本积累，扩大生产规模，从而进一步无偿地占有更多的剩余价值。

在资本主义制度下，资本积累具有客观必然性，这是由以下两方面的原因决定的。一方面，资本主义生产的目的决定了资本家追求剩余价值的欲望是没有止境的。为了获得越来越多的剩余价值，除了提高对工人的剥削程度以外，还必须不断增加自己的资本总额，即不断地进行资本积累，以便购买更多的生产资料和雇佣更多的工人，扩大生产规模。这样，对剩余价值的无限贪婪，就成了推动资本家不断进行资本积累的内在动力。另一方面，资本主义的竞争规律作为一种强制力量，也迫使资本家必须不断进行资本积累。因为，只有不断地积累资本，他们才能够更快地和更有效地改进生产技术，提高劳动生产率，并在生产、销售和信贷方面取得比较优越的条件，从而增强自己的竞争能力，不被竞争对手所打败。所以，资本主义竞争是资本家不断进行资本积累的外在压力。由此可见，资本积累是资本主义发展的必然趋势。

（3）影响资本积累的因素。既然资本积累的源泉来自剩余价值，那么在剩余价值分为积累基金和资本家个人消费基金的比例不变的条件下，资本积累的数量取决于剩余价值的绝对量。因此，一切决定剩余价值量的因素都会影响资本积累的数量。这些因素是：

第一，对工人的剥削程度。一般来说，对工人的剥削程度越高。剩余价值量也就越大。资本家除了采用延长劳动时间、加强劳动强度的方法以外，还用压低工资的方法来加强对工人的剥削，以便增加剩余价值，加速资本积累。

第二，社会劳动生产率的水平。当社会劳动生产率提高时，商品的价值就会降低，这便会从以下几方面影响资本积累的规模。首先，由于劳动生产率的提高，生活资料的价值降低，从而使劳动力这一商品的价值也降低，这样就可以提高剩余价值率，增加剩余价值量，扩大积累规模。其次，在社会劳动生产率提高时，由于劳动力和生产资料价值下降，同量资本便可购买更多的生产资料和劳动力，于是就可以生产出更多的剩余价值，从而也就可以增加资本积累的数量。再次，随着社会劳动生产率的提高和商品价值的下降，同量剩余价值便表现为更多的商品，这样，资本家就可以在不减少甚至增加他的个人消费的情况下，增加资本积累的数量，最后，在劳动生产率提高的条件下，当更新原有的生产资料时，可由效率更高和价格更便宜的生产资料代替原有的生产资料，从而资本家可以获得超额剩余价值或相对剩余价值。

第三，所用资本和所费资本之间的差额。所用资本就是指在生产中发挥作用的全部劳动资料的价值；所费资本则是指每次生产过程中耗费掉并转移到新产品中去的劳动资料的价值。投入生产中的劳动资料，并不是在一次生产过程中全部被消耗掉，像厂房、机器等劳动资料在生产过程中全部都被使用着，但只是逐渐地被消耗掉，因而它们的价值也只是一部分一部分地转移到新产品中去。这样，在所用资本和所费资本之间便形成了一个差额，这个差额的大小，取决于劳动资料的数量和质量。在所用资本一定的条件下，劳动资料的质量越好，越经久耐用，所费资本就越少，从而所用资本和所费资本差额就越大；劳动资料的数量越多。这个差额同样也就越大。所用资本和所费资本的差额表明，劳动资料在其使用过程中，它的价值的一部分虽已转移，但它的使用价值并不随之减少，仍然作为一个完整的劳动资料发挥作用。在这种情况下，资本家可以把每年转移的劳动资料价值作为折旧基金提取出来，并把收回的折旧基金用作积累。因此，所用资本和所费资本的差额越大，对资本积累越有利。

第四，预付资本量的大小。在剥削程度一定的条件下，剩余价值决定于被剥削的工人人数，如果不变资本和可变资本的比例不变，那么，预付资本量越大，可变资本量必然相应增大，于是，被剥削的雇佣工人的人数就会增多，剩余价值量也就越多，从而资本积累的规模也就随之越大。

3.4.2　资本有机构成的提高和相对人口过剩

1. 资本有机构成

资本的构成可以从两个方面进行考察：一是从物质方面看，资本是由一定数量的生产资料和劳动力构成的。生产资料和劳动力之间存在着一定的比例关系。两者之间比例的大小，取决于生产技术的发展水平。这种反映生产技术水平的生产资料和劳动力之间的比例，叫做资本的技术构成。二是从价值方面看，资本是由一定数量的不变资本和可变资本构成的。不变资本与可变资本之间也存在一定的比例关系，它们之间的比例叫做资本的价值构成。资本的技术构成与价值构成之间存在着密切的联系，资本的价值构成以技术构成为基础，资本的技术构成决定价值构成。这种由资本技术构成所决定，并且反映着资本技术构成变化的资本价值构成，叫做资本的有机构成。资本的有机构成通常用 $c:v$ 来表示。例如。某资本家有资本 10 000 元，用于购买生产资料的不变资本是 7 000 元，用于购买劳动力的可变资本是 3 000 元。那么，其资本有机构成就是 7 000c:3 000v，即 7:3。

在不同的生产部门，资本有机构成的高低是不同的。例如，重工业部门比轻工业部门资本有机构成就高。在同一生产部门的不同企业之间，资本有机构成也存在差别。把同一部门各个企业资本有机构成加以平均，就得出该部门的资本平均有机构成。把各个生产部门的资本有机构成加以平均，就是一个国家的社会资本有机构成。

在资本积累过程中，资本有机构成有不断提高的趋势。这是由资本积累的动因决定的。资本家为了追求更多的剩余价值和在竞争中获胜，必然要不断地改进技术，采用先进的机器设备，从而资本的技术构成必然要不断地提高。这样，购买生产资料的不变资本部分必然比购买劳动力的可变资本部分增长快，资本有机构成不断提高。因此，资本有机构成的提高，是资本积累的必然结果。事实也是如此。美国工业资本有机构成 1904 年是 5.7:1，1929 年 6.1:1，1939 年是 6.5:1，1951 年是 7.5:1。

资本有机构成的提高，一般以个别资本的增大为前提。个别资本的增大有两条途径：一是资本积聚；二是资本集中。资本积聚是指个别资本依靠剩余价值的资本化来扩大资本总额。资本积聚是资本积累的直接结果。资本集中是指若干个中小资本合成少数大资本。竞争和信用是资本集中的两个强有力的杠杆。在激烈的竞争中大资本吞并中小资本，或者利用股份公司的形式把若干资本联合起来，从而实现了资本集中。

资本积累和资本集中既有区别，又有联系。其区别表现在：第一，资本积聚由于是通过剩余价值资本化的途径来增大资本总额，因而资本积聚不仅会增大个别资本，而且会增大社会资本总量；而资本集中不过是社会上原有资本的重新分配，它不会增大社会上现有资本的总量。第二，资本积聚要受社会财富增长的限制，因而，用资本积聚的办法增大资本是一个缓慢的过程；资本集中由于只是社会现有资本的重新组合，所以，它不受社会现有财富的限制，即使是社会财富一点也没有增长，个别资本仍然可以通过合并迅速地、成倍地增大。这一点，对于发展资本主义现代化大生产具有重要意义。资本积聚和资本集中又是有密切联系的。其联系表现在：一方面，资本积聚越多，个别资本的竞争能力越强。就越有利于大资本对中小资本的吞并，从而促使资本迅速集中。另一方面，资本越是集中，就越有条件利用先进技术，提高劳动生产率，提高剥削程度，生产出更多的剩余价值，这又会加速资本的积聚。资本积聚和资本集中相互促进，共同发展，使个别资本不断增大。这样，就为资本有机构成的提高创造了物质条件。

2. 相对人口过剩的必然性

资本有机构成在资本积累过程中不断提高，对工人阶级状况的一个严重影响，就是造成相对人口过剩，使大批工人失业。

资本对劳动力的需求，不是由资本家的全部资本决定的，而是由可变资本决定的。在资本积累过程中，随着资本有机构成的提高，用于购买劳动力的可变资本在总资本中的比重日趋下降，从而引起资本对劳动力的需求减少。资本对劳动力的需求减少，具体表现在两个方面：一是原有资本有机构成提高，引起资本对劳动力的需求绝对减少，造成机器排挤工人的现象。二是追加资本后，资本有机构成提高，引起资本对劳动力的需求相对减少，即资本对劳动力需求的相对减少。

资本对劳动力需求减少了，但是，劳动力的供应并没有减少，而是日益增多。原因是：第一，技术进步，使某些操作简单化，大量女工、童工加入雇佣劳动者的队伍。第二，农业的资本主义化，使大量的农民破产，沦为雇佣工人。第三，在激烈的竞争中，大量中小企业破产，企业主成为雇佣劳动者。

于是，资本积累引起了两种截然相反的趋势：一方面是资本对劳动力的需求减少，另一方面是劳动力的供应不断增加。其结果是劳动力的供应超过资本对劳动力的需求，大量工人找不到工作，处于失业、半失业状态，造成相对人口过剩。这种过剩人口，不是指工人人口绝对地超过了社会生产的需要，成为完全"多余"的人，而只是相对于资本对劳动的需求来说是过剩了。显然，相对人口过剩是资本积累的必然结果。

资本主义的过剩人口以三种基本形式存在：第一种是流动的过剩人口。这是指一定时期内失去工作的劳动者。他们大多处在近代工业的中心，随着资本主义生产的扩大或缩小，有时被吸收，有时被排斥，经常处于流动状态。第二种是潜在的过剩人口。这主要是指农村的过剩人口。随着资本主义在农业的发展，大批农民破产失业，但由于这一部分人表面上看来还有一小块土地，掩盖着失业的实质，因而称为潜在的过剩人口。第三种是停滞的过剩人口。这是指那些无固定职业，而靠干些零杂活为生的城市居民。此外，在过剩人口的最底层，还有被赶出工厂大门，完全失业，只有靠求乞和社会救济生活的人们。

相对过剩人口的存在，对工人来说是痛苦的事，但对资本来说是大好事。因为这个过剩人口构成资本主义的产业后备军，为资本主义的存在和发展提供了条件。资本主义生产是周期性的，时而扩大，时而缩小。生产缩小时，大批工人被抛向街头；生产迅速扩大时，又需要有大批劳动力。这单靠工人的自然增长就不能满足需要，因而需要失业大军的存在。失业大军如同劳动力的蓄水池，当资本对劳动力的需求减少时，多余的劳动力被蓄存起来；当资本对劳动力的需求增加时，失业大军的蓄水池又可以随时补充。失业大军的存在，不仅能够随时满足资本对劳动力的需求，同时，还是资本家加重对在业工人剥削的手段，因为它对劳动力市场是个压力，资本家可以迫使在业工人接受更加苛刻的条件，提高剥削程度。因此，相对人口过剩，不仅是资本主义经济制度的必然产物，而且是资本主义生产方式存在和发展的必要条件。只要资本主义制度存在，相对人口过剩就不可避免。相对人口过剩是资本主义生产方式所特有的人口规律。

3. 资本主义积累的一般规律和无产阶级的贫困化

资本积累和无产阶级失业、贫困之间的内在联系，构成资本主义积累的一般规律。马克思指出："社会的财富即执行职能的资本越大，它的增长的规模和能力越大，从而无产阶级的绝对数量和他们的劳动生产力越大，产业后备军也就越大。……但是同现役劳动军相比，这种后备军越大，常备的过剩人口也就越多，他们的贫困同他们所受的劳动折磨成反比。最后，工人阶级中贫苦阶层和产业后备军越大，官方认为需要救济的贫民也就越多。这就是资本主义积累的绝对的、一般的规律。像其他一切规律一样，这个规律在实现过程中也会由于各种各样的情况而有所变化"①。这一规律的后果是造成两极：一极是资产阶级占有的社会财富的积累；另一极是无产阶级贫困的积累。资本主义积累所产生的这双重结果，形成贫富两极分化，深刻地反映了资本主义积累的对抗性结果。

资本主义制度下的无产阶级贫困，具体表现为相对贫困和绝对贫困两种形式。

无产阶级的相对贫困是指在资本主义国家的全部国民收入中，无产阶级所占比重和资产阶级所占比重相比，日益相对地下降。例如，美国制造业工人的工资占该部门所创造的国民收入的比重 1947 年为 500%，1954 年为 47.4%，1963 年为 43.4%，1973 年为 41.8%，下降的趋势是十分明显的。

无产阶级的相对贫困表明，随着资本积累的扩大，无产阶级和资产阶级之间的贫富悬殊越来越大。

无产阶级的绝对贫困是指在资本主义制度下，无产阶级的生活状况，有时候或有的人会出现绝对的恶化。也就是说，有时会出现这种情况：工人的生活状况，这个时期比不上前一个时期，表现为绝对地下降。无产阶级的绝对贫困，主要表现在以下几个方面：(1) 失业和半失业人口的经常存在并且在增加。当前，资本主义各国失业现象极为严重，都不同程度地受到高失业率的困扰。例如，美国在第二次世界大战以后，失业和半失业人数一直很庞大，1991 年达到 1 500 万人，失业率（失业人数占劳动力数量的百分比）从 20 世纪 50 年代的 4.5%，提高到 1991 年的 6%。欧洲经济共同体 12 个国家在 1979 年经济危机开始时，失业率为 5.5%，自此以后直线上升，1992 年失业率达 9.4%。(2) 工人的实际工资有时会出现下降的情况。这是因为通货膨胀日益严重，物价、房租、医药费用不断上涨，而货币工资并未相应提高。特别是在经济危机爆发时，大批工人失业，工资被压低的情况下，都不可避免地引起工人的实际工资下降。例如，美国从战后到 1991 年为止，共发生过 9 次经济危机，除 1948～1949 年的战后第一次经济危机外，其余各次工人的实际工资都不同程度地下降了。其中 1968～1970 年的那次危机，下降幅度更大，达到了 11%。(3) 大量的工人生活在"贫困线"以下。资本主义国家官方所规定的"贫困线"是维持极低的消费水平的生活费用。而许多工人不得不生活在"贫困线"以下。例如，1991 年美国政府所规定的"贫困线"是，4 口之家的年收入低于 13 924 美元。而这一年美国生活在"贫困线"以下的人数竟高达 3 570 万，占该年美国总人口的 14.2%。

---

① 马克思：《资本论》第 1 卷，人民出版社 1972 年版，第 707 页。

3.4.3　资本积累的历史作用

通过资本的原始积累，资本主义生产方式取代了封建主义生产方式而建立起来。从封建社会过渡到资本主义社会，这是人类社会发展史上的一个巨大的进步。对于资本主义的历史进步作用，列宁曾经给予十分简洁而又正确的评价。他说："资本主义的进步的历史作用，可以用两个简短的论点来概括：社会劳动生产力的提高和劳动的社会化"。①

资产阶级革命的胜利，资本主义生产方式的确立，使社会生产力从封建社会的束缚下解放出来，获得了前所未有的发展，同时也为技术革命开辟了广阔的道路。正是在这种客观条件下，从 18 世纪中叶开始，首先在英国掀起了一场产业革命，随后又遍及欧美各国。

产业革命实质上就是生产技术的革命。它的特征是在工业生产中，以蒸汽机为代表的机器体系代替了手工工具，机器生产代替了手工劳动。可见，产业革命也就是资本主义的工场手工业转变为机器大工业的过程，同时也就是资本主义工业化的过程。

产业革命和由此导致的机器大工业的出现，是资本主义历史发展的转折点，它为资本主义奠定了强大的物质技术基础，随之而来的是劳动生产率的空前提高。从此，资本主义才彻底地战胜了封建主义制度和小商品生产者，成为占统治地位的生产方式。

随着商品经济的日益发展，以及资本主义积累的不断增长，生产资料以从未有过的速度和规模集中起来，社会分工和生产专业化也越来越获得广泛的发展，因而促进了生产规模的迅速扩大和产品数量的急剧增加。资产阶级为了不断扩大商品的销路和寻求廉价的原料，而奔走于全世界，把自己的触角伸到世界各个角落。于是，不仅分散的地方市场逐渐汇合成为统一的国内市场，而且又打破民族界限，联结成为世界市场。

所有这一切都极大地提高了生产社会化水平，并且使社会生产力获得了空前迅猛的发展。正如马克思和恩格斯在《共产党宣言》中所说："资产阶级在它不到一百年的阶级统治中所创造的生产力，比过去一切世代创造的全部生产力还要多，还要大。自然力的征服，机器的采用，化学在工业和农业中的应用，轮船的行驶，铁路的通行，电报的使用，整个整个大陆的开垦，河川的通航，仿佛用法术从地下呼唤出来的大量人口——过去哪一个世纪能够料想到有这样的生产力潜

---

① 《列宁全集》第 3 卷，人民出版社 1984 年版，第 549 页。

伏在社会劳动里呢?"①

　　资本主义积累一方面推动了资本主义社会生产力的巨大发展,另一方面也加深了资本主义社会所固有的各种矛盾,首先是加深了资本主义的基本矛盾。资本主义的基本矛盾,即生产社会化和生产资料资本主义私有制之间的矛盾。资本主义生产社会化表现在:第一,各个企业的生产都是以大规模的共同劳动为基础。在企业内部,实行复杂、细致的分工,生产过程变为许多劳动者共同使用机器体系的生产,产品也由个人的产品变为社会的产品。第二,随着社会分工和生产专业化的发展,各部门、企业之间相互依赖、相互制约的协作关系日益密切,彼此之间形成一个社会化生产过程。第三,随着资本主义的发展,形成统一的国内市场,进而形成了世界市场。这标志着生产社会化已突破国家和民族的界限,扩大到世界范围。

　　生产社会化要求生产资料公有制。但是,资本积累却带来了完全相反的结果,生产资料越来越集中到少数大资本家手中,这样,资本主义积累一方面促使资本主义生产社会化程度不断提高;另一方面生产资料越来越为少数大资本家私人占有,其结果,资本主义基本矛盾日益深化。资本主义社会生产力的巨大发展,以日益增长的威力要求消除这个矛盾。这就"迫使资本家阶级本身在资本关系内部一切可能的限度内,越来越把生产力当做社会生产力看待。"② 资产阶级不得不在资本主义私有制允许的限度内,对资本主义生产关系进行局部调整。资本主义生产关系的局部调整虽然能在一定程度上缓和资本主义基本矛盾,因而为资本主义社会生产力的发展提供新的可能性,但它不可能消除基本矛盾,资本主义社会生产力的进一步发展,必然促使资本主义基本矛盾进一步深化。因此,资本主义生产在其发展过程中,必然经常遇到困难,遭受挫折,以致爆发周期性的经济危机,这充分证明了资本主义生产关系的局限性和历史过渡性。

本章小结

　　1. 商品流通公式是:$W - G - W$。资本的流通公式是:$C - W - G'$。前者反映了 G 作为货币的性质;而后者表现了 G 作为资本的性质。

　　2. 资本总公式中包含着商品等价交换与价值增值的矛盾。劳动力成为商品是解决资本总公式矛盾的关键,也是货币转化为资本的前提。

　　3. 资本主义生产过程具有二重性,即是劳动过程和价值增值过程的统一。资本主义生产过程的二重性,是由生产商品的劳动的二重性决定的。

---

① 《马克思恩格斯选集》第 1 卷,人民出版社 1972 年版,第 256 页。
② 《马克思恩格斯选集》第 3 卷,人民出版社 1972 年版,第 317 页。

4. 依据资本不同部分在剩余价值生产过程中的不同作用，把资本区分为不变资本和可变资本，具有重要意义：第一，进一步揭露了剩余价值的源泉和资本主义剥削的实质；第二，揭示了资本家对工人的剥削程度；第三，这一区分对研究资本有机构成、资本积累的规律、剩余价值的分配和资本主义社会的基本矛盾的运动过程，都具有重要意义。

5. 剩余价值与可变资本的比率叫剩余价值率。剩余价值率是一种相对量，表示资本家对雇用工人的剥削程度。剩余价值量则是一个绝对量，表示资本家在一定时期内剥削他雇用的全部工人所创造的剩余价值的数量。

6. 绝对剩余价值生产和相对剩余价值生产，是资本家提高剥削程度、增加剩余价值生产的两种主要方法。在必要劳动时间不变的条件下，靠工作日的绝对延长而生产的剩余价值，叫绝对剩余价值；在工作日长度不变的条件下，由于缩短必要劳动时间而相应地延长剩余劳动时间所生产的剩余价值，叫相对剩余价值。相对剩余价值是全社会劳动生产率普遍提高的结果。全社会劳动生产率的提高是通过个别资本家追逐超额剩余价值实现的。超额剩余价值是商品个别价值低于社会价值的差额。

7. 剩余价值规律是资本主义自由市场经济的基本经济规律，它决定着资本主义生产的实质；决定着资本主义生产发展的一切主要方面和主要过程；决定着资本主义生产方式的产生、发展和灭亡的全过程。

8. 劳动不是商品，没有价值，不能出卖，工人出卖的不是劳动而是劳动力。资本主义工资的本质是劳动力的价值或价格的转化形式。资本主义工资掩盖了资本主义剥削关系。

9. 社会再生产，不仅是物质资料的再生产，同时又是生产关系的再生产。社会再生产按它的规模来划分，可分为简单再生产和扩大再生产。扩大再生产从其实现的方式来看，分为内含的扩大再生产和外延的扩大再生产两种类型。资本主义再生产的特征是扩大再生产。

复习思考题

1. 用劳动二重性的原理说明剩余价值的生产过程。
2. 怎样理解区分不变资本与可变资本的依据和意义？
3. 什么叫剩余价值率？增加剩余价值生产的基本方法有哪些？
4. 简要说明再生产的类型及其相互关系。
5. 什么叫资本积累？资本积累的必然性是什么？影响资本积累的因素有哪些？
6. 简要说明资本的技术构成、价值构成、有机构成之间的关系。
7. 怎样理解资本积聚、资本集中及其相互关系？

第4章 资本的流通过程

本章要点
◇产业资本循环的三个阶段、三种职能形式、三种循环形式
◇产业资本循环连续性的条件
◇资本周转的速度、影响因素、对剩余价值生产的影响
◇社会总资本再生产的实现过程及其运动的规律
◇资本主义再生产的内在矛盾
◇资本主义经济危机的实质和根源

上一章研究了资本的直接生产过程。资本生产的总过程是生产过程和流通过程的统一。资本要能够增值价值,就必须不断地运动,不断地从流通过程进入生产过程,再由生产过程回到流通过程。资本只有在运动中才能保存自己,扩大自己。本章将从生产过程和流通过程的结合上研究资本的运动过程,即研究资本的总流通过程。通过研究资本的总流通过程,揭示资本运动的特点和规律性,揭示资本主义经济危机的必然性,从而更深刻、更全面地理解资本的本质。

4.1 资本的循环

4.1.1 产业资本循环的三个阶段和三种职能形式

资本在现实运动中,要顺次经过三个阶段,并相应地采取三种职能形式。

资本循环的第一阶段,是资本的购买阶段。这一阶段,资本家是以购买者的资格出现在商品市场和劳动力市场上,用货币购买生产资料和劳动力。若用 G 代表货币,W 代表商品,A 代表劳动力,Pm 代表生产资料,则这一阶段用公式可以表示为:

$$G - W < \begin{matrix} A \\ Pm \end{matrix}$$

　　这一阶段是在流通领域中进行的。资本家垫支货币购买商品。资本家购买的商品在质和量的方面都有严格的要求，在质的方面，分为生产资料和劳动力；在量的方面生产资料和劳动力两者必须保持一定的比例关系，一般说来，二者的比例是由这个资本技术水平所决定的。这个原理，对任何社会的生产过程都是适应的。但是，在资本主义制度下，生产资料和劳动力二者之间存在着一种特殊的量的比例，这就是生产资料的数量，不仅能够吸收劳动者的必要劳动，而且能够足以吸收劳动者的全部剩余劳动。

　　这一阶段从形式上看，不过是一般的商品流通。货币或者执行购买手段，购买生产资料；或者执行支付手段购买劳动力，这都是货币本身的职能。在这里货币本身的职能却同时成为资本的职能，这一阶段也同时成为资本循环的一个特定阶段。货币的职能所以能够同时成为资本的职能，是因为它和资本主义生产过程相联系。它购买的不是一般商品，而是资本主义生产的要素，关键是 G – A 这一购买行为。马克思指出："G – A……是以货币形式预付的价值得以实际转化为资本，转化为生产剩余价值的价值的重要条件。"[①] 因为，只有劳动力这种特殊商品的使用价值才是剩余价值的源泉。至于 G – Pm，亦即资本家对生产资料的购买，只是生产剩余价值的条件，是为了吸收劳动者的劳动量。正是由于资本家购买了劳动力这种特殊的商品，使其货币成为资本的存在形式，即货币资本的形式，这一阶段也就成为资本循环的一个特定阶段。在这一阶段，资本执行货币资本的职能，即购买生产资料和劳动力，为生产剩余价值准备条件。

　　资本家购买了生产资料和劳动力之后，货币资本就转化为生产资本。这样，资本循环就进入第二阶段。

　　产业资本循环的第二阶段，是资本的生产阶段。资本家在流通领域购买了生产资料和劳动力以后，由于他只是购买了劳动力在一定时期的使用权，所以，他不能再把劳动力当做商品来出卖，只能将其当做生产要素消费。因此，作为流通阶段的直接结果，资本进入了生产过程。在这一阶段，资本家强迫劳动力和生产资料相结合，进行生产，于是，流通过程中断，生产过程开始。在生产过程中，劳动力被消费，机器设备被磨损，原材料被加工，其结果，生产出一个包含有剩余价值的新的商品。这种新的商品和原来购买的商品相比较，不仅物质形式不同，而且价值量也增大了。它不仅包含资本家原来垫付的资本价值，而且包含有

---

　　① 　马克思：《资本论》第 2 卷，人民出版社 1975 年版，第 36 页。

剩余价值。如果用 P 表示生产过程，W′ 表示生产出来的包含有剩余价值的商品，虚线表示流通过程中断和生产过程的开始，则这一阶段可以用公式表示为：

$$W < ^A_{Pm} \cdots P \cdots W'$$

这一阶段从形式上看，和一般的生产过程也没什么两样。因为在任何社会，生产资料和劳动力都是生产的要素，要进行生产，就必须把二者结合起来。在这里，作为一般生产要素的生产资料和劳动力，之所以成为资本的存在形式，是因为二者的特殊结合方式。生产资料和劳动力不是在直接形式上结合，而是在间接形式上，以雇佣劳动的方式相结合，即工人只有在得到资本家允许的条件下，受雇于资本家，才能与资本家占有的生产资料相结合。这种特殊的结合方式决定了，它不是生产一般的商品，而是生产包含剩余价值的商品，所以，生产资料和劳动力就成为资本的存在形式。这一阶段，也就成为资本循环的一个特定阶段。这一阶段，资本以生产资本的形式存在。生产资本的职能就是，在生产过程中生产价值和剩余价值。经过这一阶段，生产资本就转化为商品资本。于是，资本循环进入了第三阶段。

产业资本循环的第三阶段，是资本的售卖阶段。资本家以商品出卖者的资格重新回到市场，将商品卖出去，货币重新回到手中。回到手中的货币，价值量已增大了。若用 G′ 表示增大了的货币量，这个阶段用公式表示为：

$$W' - G'$$

从现象上来看，这一阶段也只是一般的商品流通，且在流通中，只是价值形式发生了变化，即由商品形式转化为货币形式，价值量也没有发生变化。那么，这里的商品怎么会成为资本呢？这里的商品之所以成为资本，是因为它是资本主义生产过程的直接结果。作为资本主义生产过程产物的商品，已经不是一般的商品，而是包含有剩余价值的商品，即商品资本。这样，W′ - G′ 也就不再是一般的商品流通，而是成本资本循环的一个特定阶段。这一阶段，资本采取了商品资本的形式。商品资本的职能，就是通过流通，实现价值和剩余价值。经过这一阶段，商品资本又转化为货币资本。

资本在运动中，顺次经过三个阶段，相应地采取三种职能形式，使价值得到增值，最后又回到出发点，这就叫资本循环。资本循环的全过程，用公式表示为：

$$G - W < ^A_{Pm} \cdots P \cdots W' - C'$$

资本循环的第一阶段和第三阶段是资本的流通过程，第二个阶段是资本的生产过程。在资本循环的三个阶段中，生产阶段起着决定性的作用，因为只有生产阶段才能生产价值和剩余价值。但是，资本增值也不能离开两个流通过程，如果离开流通过程，资本家就不能购买生产资料和劳动力，生产过程无法进行；同样，如果离开流通过程。资本家就不能售卖商品，那么，他榨取的剩余价值就不能实现。因此，流通阶段也是资本循环不可缺少的环节，资本循环不仅是生产过程和流通过程的统一，而且是资本循环三个阶段的统一，彼此是紧密衔接、互相联系的。要使资本循环能够顺利地进行下去，资本就必须不停顿的从一个阶段转到另一个阶段。如果资本在第一个阶段上遇到障碍，货币资本就会成为贮藏货币，那么，它就不能发挥资本的作用；如果资本循环在第二个阶段遇到障碍，生产资料和劳动力就会闲置起来。剩余价值就生产不出来；如果资本循环在第三个阶段上遇到障碍，已经创造出来的剩余价值就无法实现，商品资本不能复归为货币资本，那么，资本循环就不能重新开始。因此，无论在哪个阶段上遇到障碍，整个资本循环都要中断。

　　以上我们所分析的就是产业资本的循环。什么是产业资本呢？马克思说："在总循环过程中采取而又抛弃这些形式并在每一个形式中执行相应职能的资本，就是产业资本"。① 在资本主义社会，工业资本、农业资本、建筑业及交通运输业资本等，都是产业资本。因此，产业资本就是所有按资本主义生产方式经营的生产部门的资本。产业资本在运动中要顺次经过三个阶段，并相应地采取货币资本、生产资本、商品资本三种职能形式。显然，货币资本、生产资本、商品资本并不是指一些彼此孤立的资本形式，而都是产业资本的特殊职能形式，产业资本在运动中是依次采取这些形式的。

　　由于产业资本的循环不仅包括流通过程，而且还包括创造剩余价值的生产过程，因而，产业资本是不仅能够占有剩余价值，而且能够创造剩余价值的唯一资本形式。它不同于以前的商业资本和高利贷资本。产业资本体现着资产阶级和无产阶级之间对立和剥削关系。产业资本的产生标志着资本主义生产方式的出现，产业资本的发展，意味着资本主义生产方式的不断扩大，伴随资产阶级革命，资本主义生产方式确立了自己在社会中的统治地位，于是，资本主义社会代替了封建社会。因此，只有产业资本才能决定社会生产的资本主义性质。商业资本和高利贷资本虽然在历史上早已存在，但是，它们只是依附于奴隶社会或封建社会的生产关系而存在，因而不能决定社会生产的资本性质。在资本主义制度下，商业资本和借贷资本则是从产业资本中分离出来的，依附于产业资本，因而它们的性

----

① 马克思：《资本论》第 2 卷，人民出版社 1975 年版，第 63 页。

质也由产业资本决定。

4.1.2 产业资本的三种循环形式

为了实现资本的不断增值，产业资本只有在不断地运动中才能保存自己、扩大自己。因此，资本一次循环的结束，就意味着下一次循环的开始，资本循环表现为一个连续不断、周而复始地运动过程。这一过程可用如下公式表示：

②生产资本的循环

$$C-W\cdots P\cdots W'-G'\cdot G-W\cdots P\cdots W'-G'\cdot C-W\cdots$$

①货币资本的循环③商品资本的循环

在产业资本不断重复地运动过程中，它无论采取哪种形式，或者说，我们无论把哪种形式作为出发点，它都要经过三个阶段的运动，回到原先的出发点。因此，与产业资本的三种职能形式相适应，产业资本同时存在着货币资本、生产资本和商品资本三种循环形式，即：

（1）货币资本的循环：$G-W\cdots P\cdots W'-G'$

（2）生产资本的循环：$P\cdots W'-G'-W\cdots P$

（3）商品资本的循环：$W'-G'-W\cdots P\cdots W'$

货币资本的循环即 $G-W\cdots P\cdots W'-G'$（$G\cdots G'$）。从货币资本垫支开始，经过一系列的形式变化，货币重新回到手中，不过，回到手中的货币增大了。这一循环形式，始点是货币，终点是增大了的货币。在这里，资本价值的预付表现为整个行动的手段，已经增值的价值，则表现为整个行动的目的。因此，这一循环最明白地表达出资本主义生产的动机和目的，就是为生产剩余价值，为了赚钱，生产过程只不过表现为一个不可缺少的中间环节。正是因为货币资本的循环表明了资本主义生产的本质特征，所以，它就成为产业资本循环的一般形式。但是，货币资本的循环，作为产业资本循环的一种形式，又有其片面性。我们孤立地看这一循环形式，作为产业资本的决定形式的生产阶段，仅仅成为两个流通阶段的媒介。这就产生了一种假象，好似剩余价值是由货币本身带来的，货币本身生出了金蛋。因此，这一循环形式又掩盖了资本主义的剥削关系。所以，马克思说："货币资本的循环，是产业资本循环的最片面、从而最明显和最典型的表现形式"。①

生产资本的循环即 $P\cdots W'-G'-W\cdots P$（$P\cdots P$）。从生产过程开始，经过一

---

① 马克思：《资本论》第2卷，人民出版社1975年版，第71页。

系列形式变化，最后又回到生产过程。这一循环形式和货币资本的循环比较，有明显的特点：首先，在货币资本循环中，决定性的生产阶段成为两个流通阶段的媒介。在这里，流通阶段则表现为生产阶段的媒介，从而把生产阶段的决定性地位清楚地表现出来了。其次，货币资本的循环，生产过程仅进行了一次，所以，它不能表明再生产。在这里，起点和终点都是生产过程，因此，生产资本的一次循环就已经表明了再生产。如果是简单再生产，后一个生产过程和原生产过程一样；如果资本家把剩余价值用于积累，则终点的生产过程就要大于起点的生产过程。由以上两点可见，生产资本循环纠正了货币资本循环的片面性。

但是，生产资本循环作为产业资本循环的一种形式，又有自己的片面性。在这一循环形式中，由于流通阶段充当了两个生产阶段的媒介，所以，它就不能像货币资本循环那样，把价值增值明显地表示出来，好似资本主义生产本身就是目的。这就产生了一种假象，好似资本主义生产不是为赚钱，而是单纯地为生产而生产，这就把资本主义追逐剩余价值的生产目的掩盖起来了。

商品资本的循环即 $W' - G' - W \cdots P \cdots W'$（$W' \cdots W'$）。从包含了剩余价值的商品资本开始，经过一系列形式变化，又回到商品资本本身。这一循环和以上两种循环形式比较，又有自己明显的特点。首先，货币资本的循环，起点和终点都是货币，它既是流通的开始，又是流通的结果；生产资本的循环，起点和终点都处在生产过程中；商品资本的循环，起点和终点都表明是生产的直接结果，亦即起点和终点都是包含有剩余价值的商品。因此，商品资本的循环，不仅包含着资本价值的循环，还包含着剩余价值的运动。其次，由于商品资本的循环起点和终点都是生产过程的直接结果，因此，这一循环也表明了再生产。

但这一循环作为产业资本循环的一种形式，也有自己的片面性。在这里，占首要地位的是商品的流通过程，是商品的实现和消费，整个过程是以商品的全部消费为前提。这又给人造成一种假象，好似资本主义生产和再生产，不是为了赚钱而是为了消费，为了满足社会需要，这又掩盖了资本主义生产的实质。

通过以上的分析我们可以看出，产业资本的三种循环形式各有特点，又各有自己的片面性。每一种循环形式，只能反映产业资本运动某一方面的特征，而不能全面地反映资本主义生产的现实。如果只是孤立地考察某一种循环形式，都有可能陷入片面性，导致错误的结论。因此，只有把三种循环形式统一起来考察，才能全面了解产业资本的运动，把握产业资本的实质。

4.1.3　产业资本循环的连续性

把产业资本的三种循环形式统一起来考察，就会发现"连续性是资本主义生产的特征"。① 所谓产业资本循环的连续性，就是指产业资本价值在各种职能形式上和各个阶段上不间断地运动。当然，这种连续性并不是可以无条件地达到的。资本循环要保持其连续性，必须具备以下两个条件：

第一，空间上的并存性。这就是说，产业资本家要使生产连续不断地进行下去，他就必须把资本按照一定的比例分成三部分，同时并存于货币资本、生产资本和商品资本的形式上。如果不是这样，而是资本家把他的全部资本一次都投在一种形式上，那就会造成或者只有生产过程而没有流通过程；或者只有流通过程而没有生产过程，出现生产过程和流通过程交替中断的现象。连续性不能得到保持。

第二，时间上的继起性。这就是说，资本家要保持资本循环连续性，不仅把他的资本按照一定的比例同时并存在三种职能形式上，而且资本的每一种职能形式都要顺利地通过三个阶段，在时间上相互衔接，相继进行转化。当货币资本转化为生产资本的时候，生产资本必须同时转化为商品资本，商品资本也必须同时转化为货币资本。

如果不是这样，无论哪种形式的循环遇到障碍，都会使整个资本循环遭到破坏。

资本的三种职能形式在空间上的并存性和在时间上的继起性是互为条件、互为前提的，继起以并存为条件，而并存又是继起的结果，继起性和并存性的统一，构成产业资本循环连续性的条件。所以，马克思指出："产业资本的连续进行的现实循环，不仅是流通过程和生产过程的统一，而且是它的所有三个循环的统一"。②

在产业资本循环过程中，生产过程和流通过程，三种循环形式是相互依存、相互联系的，客观上要求统一。但是，在资本主义社会，由于资本主义的各种固有矛盾，使产业资本循环连续性的条件不可能经常具备，因此，产业资本循环的连续性经常地遭到破坏，资本的循环运动并不能始终顺利地进行。

4.2 资本周转

4.2.1 资本的周转时间和周转次数

资本家生产的目的是榨取最大限度的剩余价值。因此，资本循环不是进行一

---

① 马克思：《资本论》第2卷，人民出版社1975年版，第118页。
② 马克思：《资本论》第2卷，人民出版社1975年版，第119页。

次就结束了，而是要不断地反复地进行下去。不断重复、周而复始地资本循环就叫资本周转。考察资本周转，主要是研究资本周转速度对资本价值增殖的量的影响。

资本周转的快慢即周转速度可以用周转时间或周转次数来表示。资本的生产时间和流通时间之和，就是资本的周转时间。生产部门的性质不同，生产和流通的条件不同，资本的周转时间各不相同。例如，机器制造业、造船业、林业、畜牧业等部门，资本周转时间就比较长；而纺织业、食品业等部门的资本，周转时间一般就比较短。

由于资本的周转时间有长有短，各个资本的周转速度必然有快有慢。为了比较和衡量各个资本的周转速度，必须在时间上有一个共同的衡量单位，按照习惯，这个共同的衡量单位就是"年"。如果用 U 来表示"年"（可以是 12 个月，也可以是 365 天），用 u 表示资本周转一次的时间（可以是若干个月，也可以是若干天），用 n 表示资本在一年中的周转次数，则计算资本在一年中周转次数的公式为：$n = \dfrac{U}{u}$。

假定某资本家，资本周转一次的时间是 6 个月，那么该资本一年周转的次数 $n = \dfrac{12}{6} = 2$ 次。另一个资本家，资本周转一次的时间是 3 个月，那么该资本一年周转的次数 $n = \dfrac{12}{3} = 4$ 次。两个资本相比较，后一资本的周转速度是前一个资本的 2 倍。由此可见，资本周转一次的时间越短，一年内资本周转的次数越多，周转速度就越快；反之，资本周转速度就越慢。资本的周转速度与周转时间成反比，而与资本的周转次数成正比。

4.2.2 固定资本和流动资本

考察资本周转，目的就是揭示资本周转速度对剩余价值生产的影响。为了揭示这个问题，还必须对资本周转有一个更具体地理解。为此，我们有必要从另一个角度来考察资本家的资本构成，这就是把资本家的生产资本划分为固定资本和流动资本。

划分固定资本和流动资本的依据是生产资本不同部分的价值转移方式的不同。固定资本是指以厂房、机器设备、工具等形式存在的劳动资料部分。这部分资本在物质形式上全部参加生产过程，但其价值，则随它们在生产过程中的磨损程度，一部分一部分地转移到新的产品当中去，未转移的资本价值，仍然固定在原来的物质形式上，继续执行职能，直到劳动资料的实物形式全部报废，价值才能转移完毕。在生产过程中已转移的价值，随着产品的出售，逐渐收回。根据这部分资本价值转移方式的特点，我们把它叫做固定资本。流动资本是指以原材料、燃料、辅助材料等劳动对象形式存在的资本部分和投在劳动力上的资本部分。以原材料、燃料、辅助材料等劳动对象形式存在的资本部分，其实物形式全部投入生产过程，经过一次生产过程全部消费掉，其价值也全部转移到新的产品当中去，并随着产品的出售一次收回。根据这部分资本价值转移方式的特点，我们把它叫做流动资本。

投在劳动力上的生产资本部分，不存在价值转移问题，因为投在劳动力上的资本，即可变资本，作为工人的工资，被工人用于购买消费资料消费了。但是，用于购买劳动力的资本部分，会由工人在生产过程中重新创造出来，并在产品出售后重新回到资本家手中。它的价值周转方式与流动资本相同，即也是一次垫支，一次收回，因此，购买劳动力的资本部分，也叫做流动资本。

应当指出的是，只有生产资本才能划分为固定资本和流动资本，因为只有生产资本才存在价值转移问题。货币资本和商品资本只在流通领域内发生作用。这种作用也只限于使资本价值形式发生变化，不涉及价值转移的问题。因此，这两种资本形式不能划分为固定资本和流动资本，它们是和生产资本相对立的流通资本。

生产资本既可以划分为不变资本和可变资本，又可以划分为固定资本和流动资本。这两种资本划分方法有着根本不同的依据和意义。

生产资本的各个部分，依据其在剩余价值生产过程中所起作用不同，划分为不变资本和可变资本。划分不变资本和可变资本的重要意义在于揭露可变资本是剩余价值的真正来源。生产资本的各个部分，依据其价值转移方式不同，划分为固定资本和流动资本。划分固定资本和流动资本的意义在于揭示资本周转速度对剩余价值生产的数量的影响。资本的这两种划分方法如表 4 – 1 所示。

表 4 – 1 资本的划分方法

按照在剩余价值生产中的作用划分	资本的各个部分	按照价值转移方式划分
不变资本	厂房、机器设备、小工具等	固定资本
	原材料、燃料、辅助材料等	流动资本
可变资本	工资	

固定资本的价值是按照它的磨损程度逐步转移到新产品当中去的。固定资本的磨损分为有形磨损和无形磨损。

固定资本的有形磨损，也叫物质磨损，是指固定资本在物质要素上的磨损。引起固定资本有形磨损的原因：一是固定资本在生产过程中被使用的结果，使用的强度越大，持续的时间越长，物质磨损也就越重。二是自然力独立作用的结果。如厂房日晒雨淋会腐烂。固定资本的无形磨损，也叫精神磨损，是指固定资本在有效使用期内，由于技术进步引起的价值上的损失。引起无形磨损的原因：一是由于技术进步和劳动生产率的提高，生产同样的机器设备所需要的社会必要劳动时间减少，使原有机器设备价值降低。二是由于技术的进步，出现了效能更高的机器设备，从而引起原有机器设备贬值。马克思指出："在这两种情况下，即使原有的机器还十分年轻和富有生命力，它的价值也不再由实际物化在其中的劳动时间来决定，而由它本身的再生产或更好的机器的再生产的必要劳动时间来决定了。因此，它或多或少地贬值了"。① 资本家为了避免或者尽量减少由机器贬值造成的损失，便极力强化对工人的剥削。他们通过延长劳动时间，加强劳动强度，千方百计地提高机器设备的利用率，以加速固定资本周转，以便在较短的时间内收回固定资本的投资。

固定资本的无形磨损，对固定资本的实际寿命有极大的影响。所谓固定资本的实际寿命，就是指它的实际使用年限。它不单是指由固定资本的物质结构和有形磨损所决定的物质上的自然寿命，而且包含着由无形磨损所决定的价值上的寿命。例如，一台机器的自然寿命是 15 年，但是，由于科学技术的进步，它只使用了 10 年就被价格低廉、效率更高的新机器代替了，那么，它的实际寿命只有 10 年。固定资本的周转时间，决定于固定资本的实际寿命。

我们已经知道，固定资本的价值是随其在生产过程中的磨损程度，一部分一部分地转移到新产品当中去的。那么，为了保证再生产的顺利进行，就必须把固定资本转移的价值部分，从出售商品的收入中提取出来，并以货币的形式积累起来，以备在固定资本的实际寿命结束后进行更新。这种按固定资本损耗的程度进行补偿的办法，叫折旧。按照固定资本的磨损程度提取的货币额叫折旧费。每年提取的折旧费与固定资本原始价值的比率叫折旧率。例如，一台机器价值是 10 万元，每年提取的折旧费是 1 万元，折旧率就是 $\frac{1\,万元}{10\,万元}=10\%$ 。

4.2.3　预付资本的总周转

由于固定资本和流动资本的周转速度不同，因此，通常我们讲资本周转速

---

① 马克思：《资本论》第 1 卷，人民出版社 1975 年版，第 443～444 页。

度，是指预付资本的总周转速度。马克思说："预付资本的总周转，是它的不同组成部分的平均周转"。① 这就是说，所谓预付资本的总周转，就是指固定资本和流动资本各种不同组成部分的平均周转。其计算公式如下：

$$预付资本的总周转速度 = \dfrac{\dfrac{一年内固定资本}{周转价值总额} + \dfrac{一年内流动资本}{周转价格总额}}{预付总资本}$$

假定某资本主义企业拥有预付资本总额 40 万元，全部固定资本是 33 万元，其中，厂房价值是 20 万元，使用 20 年，机器设备价值是 10 万元，使用 10 年，小工具价值是 3 万元，使用 3 年；流动资本是 7 万元，一年周转 6 次。这样，该企业全部预付资本的总周转速度如表 4 − 2 所示。

表 4 − 2

生产资本的各种要素	价值（元）	一年周转的次数（次）	一年周转的价值总额（元）
固定资本	330 000	$\dfrac{1}{11}$	30 000
其中：厂房	200 000	$\dfrac{1}{20}$	10 000
机器设备	100 000	$\dfrac{1}{10}$	10 000
小工具	30 000	$\dfrac{1}{3}$	10 000
流动资本	70 000	6	420 000
全部预付资本	400 000	1.125	450 000

从表 4 − 2 可以看出这个资本家的预付资本的总周转速度为：

$$\frac{30\,000 + 420\,000}{400\,000} = 1.125（次）$$

即一年周转 1.125 次，因此，全部预付资本需要 10 个多月才能周转一次。

由此可见，预付资本的总周转速度，取决于两个方面的因素：一是生产资本的构成，即固定资本和流动资本的比例。固定资本在生产资本中占的比重越大，预付资本总周转速度越慢，反之越快。二是固定资本和流动资本的周转速度。在

---

① 马克思：《资本论》第 2 卷，人民出版社 1975 年版，第 204 页。

生产资本构成一定的条件下，固定资本和流动资本的周转速度越快，预付资本的总周转速度也就越快。

4.2.4　生产时间和流通时间

固定资本和流动资本的周转速度取决于生产时间和流通时间的长短。因此，预付资本的总周转还受生产时间和流通时间的影响。

生产时间是指资本处在生产领域的时间，包括：劳动时间、原材料的储备时间、自然力对劳动对象独立发挥作用的时间和停工时间。

劳动时间，是指制造一件产品所需要的连续工作日或劳动小时的总和，它是生产时间的主要部分。劳动时间的长短，首先取决于生产部门的性质。例如，纺纱厂每天都可以把一定数量的棉花纺成纱，棉纱直接可以作为商品出售，因而它的劳动时间就短。造船厂造一艘万吨巨轮则需要几个月。培育林木需几年甚至几十年。其次，劳动时间的长短，还取决于企业的技术水平、管理水平等。企业的技术水平越高、管理水平越高，劳动时间就越短，反之就越长。因此，劳动时间不是一成不变的，随着科学技术的进步，劳动生产率的提高，企业管理水平的不断改善，生产同一种产品所需要的劳动时间会逐渐缩短。

自然力对劳动对象独立发挥作用的时间，是指劳动过程中断，劳动对象受自然力的独立作用时间。例如，农作物的独立生长时间；酿酒厂的发酵时间；树木的自然生长时间；木制家具厂的木材干燥时间；翻砂厂铸件的冷却时间；等等。这部分时间，完全是由某些产品的生产过程的特点所引起的。随着科学技术的进步，也可以创造条件，使这部分时间缩短。

原材料的储备时间，是指为了保证再生产的正常进行，事先需要准备一定数量的原材料的时间。这对任何生产部门都是需要的，它是维持生产过程连续进行的必要条件。

停工时间，是指机器设备正常维修和工人夜间休息时而停止发挥作用的时间。

在生产时间中，劳动时间是最重要的部分，因为只有在这部分时间中才创造价值和剩余价值。其他几部分时间，虽然是生产正常进行所必需的，但它不创造价值和剩余价值。因此，资本家总是要千方百计地缩短劳动时间以外的生产时间部分，尽量使生产时间接近劳动时间。

流通时间是指资本处在流通领域的时间，它是由商品的购买时间和商品的销售时间构成的。流通时间的长短，主要取决于以下因素：

第一，市场的供求状况。资本家无论是购买生产资料和劳动力，还是出售商品，都要在市场上进行。这样市场的供求状况对流通时间有着非常重要的影响。市场的供求状况正好适合资本家的需要，那么，他就可以顺利地买到生产资料和劳动力，顺利地售出商品，流通时间就可缩短，反之流通时间就会延长。

第二，生产地点距离市场的远近。生产地点距离市场越近，产品生产出来运往市场所需要的运输时间越短，流通时间也就可以缩短；反之，流通时间就会延长。

第三，交通运输及通讯条件的优劣。通讯条件好，可以准确把握市场供求状况的变化，有利于产品的销售；交通运输条件好，可以缩短生产地点与市场的距离，从而，有利于流通时间的缩短。

总之，资本家为了加速资本周转，总是要千方百计地缩短生产时间和流通时间。

4.2.5　资本的周转速度对剩余价值生产的影响

资本周转速度的快慢，对剩余价值的生产有很大的影响。

首先，资本周转速度快，可以节省预付资本，特别是节省流动资本。例如，有甲、乙两个资本家，他们的生产规模相同，每月都需要预付流动资本 1 万元，每年都需要 12 万元。但二者的资本周转速度不同，甲资本家资本周转快，1 个月周转一次，乙资本家资本周转慢，2 个月周转一次。这样，甲资本家只需预付 1 万元就可以满足全年对流动资本的需要；而乙资本家则必须预付 2 万元，才能满足全年对流动资本的需要。显然，资本周转速度越快。维持同样生产规模所需要预付的流动资本数量就越少；反之就越多。

其次，资本周转速度快，可以增加年剩余价值量，提高年剩余价值率。因为，资本周转速度快，可变资本就周转快，在一年中，可变资本发挥作用的次数就多，剥削的工人数量也就越多，在剩余价值率不变的条件下剥削的剩余价值量就会增加。例如，甲、乙两个资本家，各预付可变资本 1 万元，剩余价值率都是 100%，但可变资本的周转速度不同，甲资本年周转 2 次，乙资本年周转 4 次。到年终，甲资本家可获得 2 万元剩余价值，乙资本家则可以获得 4 万元的剩余价值。由于乙资本家的可变资本周转速度是甲资本家的 2 倍，因此，在剩余价值率相同的情况下，一年中，他所获得的剩余价值量也是甲资本家的 2 倍。

一年内生产的剩余价值总量与预付可变资本的比率，叫做年剩余价值率。如以 V 代表资本家的预付可变资本量，M 代表年剩余价值量，M′代表年剩余价值率，m′代表剩余价值率，n 代表可变资本的周转次数，则年剩余价值率的计算公式是：

$$M = m' \cdot V \cdot n$$

$$M' = \frac{m}{v} = \frac{m' \cdot V \cdot n}{V} = m' \cdot n$$

根据年剩余价值率的计算公式，我们可以计算出甲乙两资本家的年剩余价值：

甲资本家 $M' = m' \cdot n = 100\% \times 2 = 200\%$

乙资本家 $M' = m' \cdot n = 100\% \times 4 = 400\%$

由此可见，可变资本周转速度越快，年剩余价值率越高，反之越低。年剩余价值率同可变资本的周转速度成正比。

应当指出的是，剩余价值是雇佣工人剩余劳动的凝结，因此，单纯的流通过程或资本周转速度本身并不能增加剩余价值总量。资本周转速度快，之所以能增加剩余价值量，是因为资本周转速度快，可变资本就周转快，一年中实际发挥作用的可变资本的数量就多，预付同样多的可变资本吸收的活劳动量就多，也就是说，剥削的工人数量多，从而能够创造出更多的剩余价值量。

年剩余价值率与我们前面讲的剩余价值率是有区别的。首先，二者体现的关系不同。剩余价值率是剩余价值与可变资本的比率，它能准确地反映资本家对工人的剥削程度，因而又叫剥削率；年剩余价值率是年剩余价值总量与预付可变资本的比率，它表示预付可变资本的增值程度。其次，年剩余价值率一般高于剩余价值率，因为可变资本一般一年不只周转一次，而是要周转多次。例如，我们上面举的甲乙两个资本家的例子，甲乙两资本家剩余价值率都是100%，但年剩余价值率分别是200%和400%。只有在可变资本一年周转一次的情况下，年剩余价值率和剩余价值率才相等。由于资本周转的快慢直接影响着预付资本量和年剩余价值率的高低，因此，资本家总是想尽一切办法加速资本周转。而资本家加速资本周转的各种措施，归根结底会加重对工人的剥削，从而加深资本主义的各种固有矛盾。

4.3 社会总资本的再生产和流通

4.3.1 研究社会总资本运动的出发点、核心和理论前提

在资本主义社会，有成千上万个资本主义企业，它们分别归不同的资本家所有，每个企业的资本，都独自发挥职能，走着自己循环和周转的道路，以实现价值增值。这种独立地进行循环和周转的资本就叫个别资本。由于资本主义是社会

化大生产，因此，各个个别资本虽然是彼此独立、相互分离的，但是，它们并不是彼此孤立、相互隔绝的，而是相互依赖、相互联系的。每一个资本主义企业，一方面要向其他有关的企业购买自己所需要的生产资料；另一方面又要向其他企业销售自己的产品。通过买卖这两方面的联系，成千上万个资本主义企业就形成一个有机的整体，这个整体就是社会总资本。所谓社会总资本，就是相互依赖、相互联系的个别资本的总和。社会总资本也叫社会资本。

个别资本既然是相互依赖、相互联系的，那么，它们的运动也必然是相互交错、互为前提、互为条件的。例如，当钢铁厂的商品资本转化为货币资本时，购买钢铁的机器制造厂的货币资本就转化为生产资本。如果机器制造厂的货币资本不从货币资本转化为生产资本，钢铁厂的商品资本就不能转化为货币资本。社会上所有互相交错、互为条件的个别资本运动的总和，形成社会总资本的运动，亦即社会资本的再生产和流通。

社会资本的再生产和流通与个别资本的再生产和流通具有不同的特点，对它们考察的目的也就不能一样。前面各章考察个别资本的再生产和流通时，目的是揭示资本如何在运动中保存并增值，因而只着重分析资本价值的各个部分如何得到补偿问题，至于资本家的产品卖到哪里，再从哪里购买消耗掉的生产资料，以及资本家和工人从哪里购买消费品等实物补偿问题，都假定这些问题能顺利的得到解决。但在研究社会总资本的再生产就不能再做这样的假定了。因为我们考察社会总资本运动的目的，是要分析社会总资本的再生产在什么样的条件下进行，怎样进行，从而揭示社会总资本运动的规律性。这样，社会总资本的运动，首先就要解决物质条件问题。由于社会总资本是各个个别资本的总和，再生产过程中所需要的生产资料和消费资料，只能由社会资本所生产的社会总产品中得到补偿。这样，考察社会资本的再生产，就不仅要说明社会总产品各部分的价值补偿问题，而且也要说明它的实物补偿问题。只有生产社会总产品时所消耗掉的生产资料和消费资料，能够正好从社会总产品中找到相应的物质资料加以补偿，社会资本再生产才能顺利进行。社会总产品的价值补偿和物质补偿，也就是社会总产品的实现问题，即实现论。所谓实现论，就是研究社会总产品的各个部分怎样在价值上得到补偿和在物质上得到补偿的理论。所谓社会总产品的价值补偿，是指社会总资本生产出来的总商品怎样才能卖出去，以实现其价值。所谓社会总产品的物质补偿或物质替换，是指社会总产品的价值转化为货币形式以后，怎样才能转化为再生产所需要的生产资料和消费资料，以替换已经消耗掉的生产资料和消费资料。社会总产品的实现问题，这是考察社会总资本再生产的核心问题。

社会总产品是指一个国家，在一定时期内（通常是指一年），社会各物质生产部门生产的物质资料的总和。社会总产品从价值形式上看，由不变资本 c、可变资本 v 和剩余价值 m 三部分构成。其中 c 是旧价值的转移，v + m 是劳动者在生产过程中新创造的价值。社会总产品从物质形式上看千差万别，但如按照产品的最终用途来看，可分为两种形式，即生产资料和消费资料。虽然有些产品既可以作为生产资料，又可以作为消费资料。例如谷物，既可以作为种子用于生产，这是生产资料，又可以作为食物用于消费，这是消费资料。但是，在再生产过程中，它在一定时间内终究只能用于一个方面，即或者当做生产资料，或者当做消费资料，只能归属在一种形式上。

与社会总产品的实物形式相适应，社会生产可以分为两大部类：

第一部类，制造生产资料的各个部门，即生产资料生产。例如采矿、冶金、机器制造等重工业部门属于这一部类。这一部类生产的产品只供生产消费。

第二部类，制造消费资料的各个部门，即消费资料生产。例如纺织、食品等轻工业部门和种植业、畜牧业、渔业等农业生产部门，属于这一部类。这一部类的产品只用于个人消费。

社会总产品按价值分为不变资本 c、可变资本 v 和剩余价值 m；社会生产分为生产资料生产和消费资料生产两大部类，是马克思再生产理论所依据的两个基本理论前提。这两个基本理论前提，对于科学地研究错综复杂的社会总资本的再生产和流通问题是极其重要的。

4.3.2 社会总资本的简单再生产

1. 简单再生产在考察社会资本再生产中的地位

资本主义再生产的特征不是简单再生产，而是扩大再生产。但是，考察社会资本再生产的实现问题，要从简单再生产开始分析。这是因为：第一，从社会资本再生产的实际运动来看，简单再生产是扩大再生产的基础和重要组成部分。扩大再生产只有在原有的生产规模能够保持的基础上才能得以进行，而且简单再生产所生产的剩余价值，为扩大再生产所需要的资本积累提供了前提。第二，从理论上看，分析扩大再生产条件下社会总产品的实现问题，主要困难在于社会资本的简单再生产。通过对简单再生产实现过程的分析，阐明两大部类的产品之间是怎样进行交换的，社会总产品的各个组成部分是在什么条件下实现了价值补偿和实物补偿的。这个难点解决了，分析扩大再生产的实现问题就容易了。

为了进行纯理论的探讨，在研究社会总资本简单再生产时，为方便起见，首先做如下的假定：（1）考察的是纯资本主义经济。（2）生产周期为一年，一年内不变资本价值全部转移到新的产品当中去。（3）一切商品都按其价值来交换，价格和价值相一致。（4）不存在对外贸易，全部社会总产品都在国内得到补偿和实现。（5）剩余价值率为100%。做以上假定的目的，就是为了排除一些非本质因素的干扰，便于揭示社会资本运动的规律性。

2. 社会总资本简单再生产的实现过程

社会总资本简单再生产是指生产规模不变的再生产，其特点是资本家把剩余价值全部用于个人消费，不进行资本积累。

考察社会资本简单再生产条件下社会总产品的实现过程，要从分析两大部类全年生产的社会总产品及其构成开始。假设两大部类全年生产的社会总产品的价值为9 000。其中第一部类的产品价值为6 000，第二部类的产品价值为3 000，那么全年的社会总产品的价值和实物构成图式如下：

$$
\left.\begin{array}{l}
\text{I} \quad 4\,000c + 1\,000v + 1\,000m = 6\,000 \\
\text{II} \quad 2\,000c + 500v \quad + 500m \ = 3\,000
\end{array}\right\} 9\,000
$$

为了使下一年的简单再生产能够继续进行，两大部类的全部产品都应当经过交换，在价值上得到补偿，在实物形态上得到替换。两大部类的产品是通过以下三个方面的交换而得到实现的：

（1）第一部类内部的交换。第一部类的4 000c代表本部类所消耗掉的生产资料的价值，为了维持简单再生产的正常进行，4 000c必须用新的生产资料来补偿。而这4 000c本身就是由生产资料构成的，因此，价值4 000的生产资料只要通过第一部类内部各个生产部门之间的交换，就可以得到实现。

（2）第二部类内部的交换。第二部类的500c + 500m代表本部类工人和资本家用于个人消费的消费资料的价值，为了维持工人和资本家的消费需要，它必须用消费资料来补偿。而这500v + 500m本身就是由消费资料构成的，因此，500v + 500m的消费资料只要通过第二部类内部的工人和资本家购买消费品，就可以得到实现。

（3）两大部类之间的交换。第一部类的1 000v + 1 000m代表本部类工人和资本家用于个人消费的消费资料的价值，但这部分产品的实物形态是生产资料，而第一部类的工人和资本家用于个人消费的只能是消费资料。因此，1 000v + 1 000m的生产资料必须和第二部类的消费资料相交换才能得到补偿。第二部类的2 000c代表本部类所消耗掉的生产资料的价值，需要用生产资料来补偿，但它本身的实物形态是消费资料。因此，2 000c的消费资料必须和第一部类的生产资料相交换才能得到补偿。第一部类的1 000v + 1 000m所代表的生产资料的价值与第二部类2 000c所代表的消费资料价值正好相等，因此，通过二者相交换，第一部类的工人和资本家得到了个人消费所需要的价值2 000的消费资料，第二部类的资本家得到再生产所需要的价值 2 000 的生产资料，从而使第一部类价值为 2 000 的生产资料（1 000v + 1 000m）和第二部类价值为 2 000 的消费资料（2 000c）都得到实现。

通过以上三种交换，两大部类的全部产品都得到实现，在价值上和实物上都得到补偿。上述三个方面的交换关系可用图式表示如下：

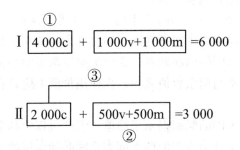

经过这三个方面的交换后，下一年的简单再生产就可以继续进行了。

3. 社会资本简单再生产的实现条件

从对社会资本简单再生产实现过程的上述分析可以看出，社会资本简单再生产的实现，不仅要发生三个方面的交换关系，而且相互交换的产品之间必须保持一定的比例关系。这种比例关系便是社会总资本简单再生产的基本实现条件。从上述分析可知这一基本实现条件是第一部类的可变资本和剩余价值之和，必须等于第二部类的不变资本。可用公式表示为：

$$I(v + m) = IIc$$

这一公式表明，要使社会资本简单再生产得到顺利进行，第一部类生产资料的生产和第二部类对生产资料的需求之间，以及第二部类消费资料的生产和第一部类对消费资料的需求之间，必须保持一定的比例关系，两大部类之间存在着相互依赖、相互制约、互为市场、互为条件的关系。这个基本条件要求两大部类彼此为对方生产的产品，不仅在价值上相等，而且在使用价值上也应符合对方进行实物补偿的需要。否则，社会总产品就不能或不能全部实现，社会资本的简单再生产就不能顺利进行。

从 $I(v + m) = IIc$ 这个基本实现条件中，我们可引申出社会资本简单再生产的另外两个实现条件：

第一个条件是：第一部类所生产的全部生产资料价值，必须等于两大部类所消耗的不变资本价值之和。用公式表示为：

$$I(c + v + m) = IIc + Ic$$

这个公式体现了简单再生产条件下，生产资料的生产同整个社会对生产资料的需求之间的内在联系。它要求第一部类的全部产品在价值上应等于两大部类消耗的不变资本的价值之和，在使用价值上应符合两大部类简单再生产进行实物补偿的需要。

第二个条件是：第二部类的全部产品，在价值上必须等于两大部类的可变资本和剩余价值之和。用公式表示为：

$$\text{II}(c+v+m) = \text{I}(v+m) + \text{II}(v+m)$$

这一公式体现了简单再生产条件下，第二部类的消费资料的生产，同整个社会对消费资料的需要之间的内在联系。它要求第二部类的全部产品，在价值上应等于两大部类可变资本与剩余价值之和，在使用价值上应符合两大部类的工人和资本家的消费需要。

以上三个公式从不同的侧面揭示了简单再生产过程中社会生产和社会消费之间的内在联系，表明了社会生产的两大部类之间必须保持的基本比例关系。

4.3.3 社会总资本的扩大再生产

1. 扩大再生产及其前提条件

所谓扩大再生产，是指生产在扩大的规模上重复进行。资本主义扩大再生产是以内含扩大再生产为特征的，但是，马克思研究资本主义社会扩大再生产是以外延扩大再生产为对象的。这是因为，马克思研究社会总资本的扩大再生产，是为了揭示社会总资本扩大再生产的条件、形式及其规律性，把技术进步、劳动生产率提高的因素抽象掉，对这里要研究的问题，不但不会受影响，反而会更加有利。

外延扩大再生产必须有积累。在社会总资本扩大再生产条件下，资本家就不能把剩余价值全部用于个人消费，而是必须把其中的一部分用于积累，作为追加的不变资本和可变资本，购买追加的生产资料和劳动力，为此，还要提供追加劳动力所需要的消费资料。因此，社会总资本的扩大再生产要能够进行，必须具备两个物质前提条件：

第一，要有追加的生产资料。生产资料只有第一部类能够提供，这就要求第一部类生产的全部产品，在补偿了两大部类已经消耗掉的生产资料之后，还有一个余额，以便满足两大部类扩大再生产对追加生产资料的需求。为此，第一部类的可变资本与剩余价值之和就必须大于第二部类的不变资本，用公式表示就是：$\text{I}(v+m) > \text{II}c$，这是社会总资本扩大再生产的基本前提条件。如果 $\text{I}(v+m) = \text{II}c$，则第一部类生产的生产资料只能维持两大部类简单再生产的需要；如果 $\text{I}(v+m) < \text{II}c$，则

两大部类连简单再生产也不能进行；只有 Ⅰ（v + m）> Ⅱc 才能为两大部类扩大再生产提供追加的生产资料。

第二，要有追加的消费资料。消费资料只能靠第二部类提供。这就要求第二部类生产的全部产品，在补偿了两大部类工人和资本家已经消耗掉的消费资料之后，还有余额，才能满足两大部类对追加消费资料的需求。为此，第二部类的不变资本加上用于积累的那部分剩余价值之和，必须大于第一部类的可变资本加上资本家用于个人消费的那部分剩余价值之和。如果用 $\dfrac{m}{x}$ 代表剩余价值中供资本家个人消费的部分，以 $m - \dfrac{m}{x}$ 代表剩余价值中用于积累的部分，那么，社会总资本扩大再生产的这个前提条件，用公式表示就是：

$$\text{Ⅱ}\left(c + v - \frac{m}{x}\right) > \text{Ⅰ}\left(v + \frac{m}{x}\right)$$

如果 $\text{Ⅱ}\left(c + v - \dfrac{m}{x}\right) = \text{Ⅰ}\left(v + \dfrac{m}{x}\right)$ 则第二部类生产的产品只够补偿两大部类已经消耗掉的消费资料，维持简单再生产；如果 $\text{Ⅱ}\left(c + v - \dfrac{m}{x}\right) < \text{Ⅰ}\left(v + \dfrac{m}{x}\right)$，则第二部类生产的产品连两大部类的简单再生产都不能维持；只有 $\text{Ⅱ}\left(c + v - \dfrac{m}{x}\right) > \text{Ⅰ}\left(v + \dfrac{m}{x}\right)$，才能为两大部类的扩大再生产提供追加的消费资料。

2. 社会总资本扩大再生产的实现条件

具备了以上两个前提条件，社会总资本的扩大再生产就具备了可能性。但是，要使社会总资本扩大再生产的可能性变为现实性，社会总产品还要按照上述两个前提条件，进行重新组合，也就是说，简单再生产过渡到扩大再生产不在于产品数量的多少，"规模扩大的再生产所需要的前提是，既定产品的各种要素已经有了不同的组合"。① 同时社会总产品的各个组成部分还要全部得到实现。因此，我们还要分析社会总资本扩大再生产的实现过程和实现条件。

马克思根据扩大再生产的前提条件的要求，制定了社会总资本扩大再生产开始时，社会总产品的构成图式为：

$$\text{Ⅰ}\quad 4\,000c + 1\,000v + 1\,000m = 6\,000$$
$$\text{Ⅱ}\quad 1\,500c + 750v + 750m = 3\,000$$

在这个图式中，Ⅰ（1 000v + 1 000m）> Ⅱ（1 500c），具备扩大再生产的基本

---

① 马克思：《资本论》第 2 卷，人民出版社 1975 年版，第 571 页。

前提条件。第二年开始时，假定第一部类的资本家把剩余价值的 50 010 即（500m）用于积累，剩下的用于个人消费。按照 4∶1 的资本有机构成，则资本家用于积累的 500 剩余价值要分成两部分，其中 400 作为追加的不变资本（Δc），100 作为追加的可变资本（Δv）。这样第一部类的全部产品就重新组合为：

Ⅰ（4 000c + 400Δc）+（1 000v + 100Δv）+ 500m = 6 000，即：Ⅰ 4 400c + 1 100v + 500m = 6 000。

第一部类积累要求第二部类相应地积累，而第二部类积累的规模决定于第一部类能够为其提供多少追加的生产资料。在该图式中，第一部类积累后，第一部类有 1 100 的可变资本和 500 的剩余价值共计 1 600 的生产资料需要同第二部类以消费资料形式存在的 1 500 的不变资本相交换，前者比后者大 100。这就使得第二部类的资本家有可能从 750 的剩余价值中拿出 100 作为追加的不变资本，用于购买追加的生产资料，并且按照第二部类原来 2∶1 的资本有机构成，再拿出 50 作为追加的可变资本。这样，第二部类的全部产品就重新组合为：

Ⅱ（1 500c + 100Δc）+（750v + 50Δv）+ 600m = 3 000。两大部类进行积累以后，社会总产品的实现过程与简单再生产一样，也需要经过三个方面的交换过程，就是两大部类之间的交换，即 1 100v + 500m 与第二部类的 1 600c 相交换；第一部类内部的交换，即第一部类 4 400c 在该部类内部各资本主义企业之间的交换；第二部类内部的交换，即第二部类的 800v + 600m 在该部类内部的交换。上述三个交换过程用图式表示为：

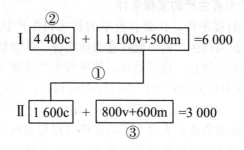

通过三个方面的交换过程，社会总产品完全实现，社会总资本的扩大再生产顺利进行。假定剩余价值率仍然是 100%，那么，第二年年终，两大部类生产出来的全部社会产品价值构成将是：

Ⅰ　4 400c + 1 100v + 1 100m = 6 600

Ⅱ　1 600c + 800v + 800m = 3 200

社会总产品由第一年的 9 000 增加到 9 800，实现了社会总资本的扩大的再生产。至于第二年以后各年社会总产品的实现情况，都可以依据上述图式的计算方法推算出来。

由上面的分析，我们可以得出社会总资本扩大再生产的基本实现条件，即第一部类原有的可变资本加上追加的可变资本，再加上资本家用于个人消费的剩余价值之和，必须等于第二部类原有的不变资本加上追加的不变资本之和。如果用 Δc 代表追加的不变资本，Δv 代表追加的可变资本，则社会总资本扩大再生产的基本实现条件的公式就是：

$$I\left(v + \Delta v + \frac{m}{v}\right) = II\left(c + \Delta c\right)$$

这个基本实现条件表明了扩大再生产条件下，两大部类之间的内在联系。扩大再生产条件下，两大部类同样存在着互相供求、互相依存的关系，第一部类提供给第二部类的生产资料与第二部类提供给第一部类的消费资料，客观上要求保持一定的比例关系。

社会总资本扩大再生产除了基本实现条件，也有两个派生实现条件。

第一，$I\left(c + V + m\right) = I\left(c + \Delta c\right) + II\left(c + \Delta c\right)$，即第一部类全部产品价值，应当与两大部类原有不变资本价值和追加不变资本价值之和相等。这个公式表明扩大再生产条件下，生产资料生产与社会对生产资料需求之间的关系，即第一部类生产的全部生产资料，不仅要补偿两大部类已经消耗掉的生产资料，而且还要满足两大部类对追加生产资料的需求。

第二，$II\left(c + v + m\right) = I\left(v + \Delta v + \frac{m}{x}\right) + II\left(v + \Delta v + \frac{m}{x}\right)$，即第二部类生产的全部产品价值，应该等于两大部类原有可变资本价值加追加可变资本价值，再加资本家用于个人消费的剩余价值之和。这个公式说明，扩大再生产条件下消费资料生产与社会对消费资料需求之间的关系，即第二部类生产的全部消费资料，应该满足两大部类的原有工人加追加工人，以及资本家对消费资料的需求。

以上三个公式，从不同的侧面反映了在社会总资本扩大再生产条件下，两大部类相互联系、相互制约的辩证关系。第一部类积累要求第二部类积累，并且决定第二部类积累的规模；第二部类对第一部类也有制约作用。如果第二部类因为某种原因不能进行相应地积累，那么，第一部类就会发生生产过剩，一部分产品不能得到实现，同时，第一部类的扩大再生产也就得不到足够的追加的消费资料，从而使第一部类的积累受到限制。因此，我们既要看到第一部类对第二部类的决定作用，又要看到第二部类对第一部类的制约作用，只有这样才能处理好两大部类之间的比例关系，保证社会总资本扩大再生产的顺利进行。

4.3.4 生产资料生产优先增长的规律性

上面我们考察扩大再生产的实现条件，是把技术进步、有机构成提高的因素舍象掉了。列宁把技术进步和资本有机构成提高的因素引进马克思再生产的图式，揭示出两大部类具有不同的增长速度，从而论证了生产资料生产优先增长的规律性。

假定扩大再生产的发端图式仍如上述，是：

$$Ⅰ \quad 4\,000c + 1\,000v + 1\,000m = 6\,000$$
$$Ⅱ \quad 1\,500c + 750v + 750m = 3\,000$$

第一部类仍然从剩余价值中拿出一半（500）用于积累，但由于技术的进步，有机构成提高了，由原来的 4:1，提高到 9:1。那么，在 500 的剩余价值中，就要有 450 用于追加不变资本，其余的 50 用于追加可变资本，第一部类的全部产品价值就重新组合为：$Ⅰ \quad 4\,450c + 1\,050v + 500m = 6\,000$。

第一部类积累要求第二部类积累，且决定着第二部类积累的规模。在此条件下，第一部类要与第二部类交换的产品价值是：$1\,050v + 500m = 1\,550$，比 $1\,500c$ 多 50。因此，第二部类必须从 750 的剩余价值中拿出 50 作为追加的不变资本。假定第二部类的资本有机构成也随技术的进步提高了，由原来的 2:1 提高到 5:1，则第二部类还要从剩余价值中拿出 10 作为追加的可变资本，第二部类的全部产品价值则重新组合为：

$$Ⅱ \quad 1\,500c + 760v + 690m = 3\,000$$

实现条件仍然是要经过三个方面的交换过程，如下式：

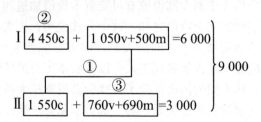

全部社会产品实现后，扩大再生产顺利进行。如果第二年剩余价值率仍然是 100%，则第二年年末，社会总产品为：

$$Ⅰ \quad 4\,450c + 1\,050v + 1\,050m = 6\,550$$
$$Ⅱ \quad 1\,550c + 760v + 760m = 3\,070$$
$$\left. \right\} 9\,620$$

上一年社会总产品价值是 9 000，第二年社会总产品价值是 9 620，显然，实现了规模扩大的再生产。现在我们计算一下社会总产品各个构成部分的增长率，首先，第一部类的不变资本，是制造生产资料的生产资料，它由 4 000 增长到 4 450，增长率是 11.25%；其次，第一部类的可变资本和剩余价值，是通过与第二部类交换后用于制造消费资料的生产资料，它由 2 000 增长到 2 100，增长率为 5%；最后，第二部类全部是消费资料，它由 3 000 增长到 3 070，增长率是 2.3%。由此我们得出如下结论：在技术进步，有机构成提高的情况下，"增长最快的是制造生产资料的生产资料生产，其次是制造消费资料的生产资料生产，最慢的是消费资料生产"。[①] 简单地说，在技术进步、有机构成提高的情况下，生产资料生产比消费资料生产优先增长，这就是生产资料生产优先增长的规律性。为什么会产生这种现象呢？这是因为，在技术进步，有机构成不断提高的前提下，意味着资本家的资本有越来越多的部分用于购买生产资料方面去了，那么，购买劳动力的可变资本部分就相对地减少了，于是，整个社会对生产资料的需求，必然比对劳动者所需要的消费资料的需求增长的快，而且，在资本主义社会，工人的个人消费又总是要受到限制，因而，生产资料生产就必然比消费资料生产增长得更为迅速。那么，为什么用于制造生产资料的生产资料生产，又比用于制造消费资料的生产资料生产增长得更快呢？这是因为，在技术进步的情况下，第一部类的资本有机构成比第二部类资本有机构成提高更快，因而，第一部类的不变资本增长最快，亦即社会对制造生产资料的生产资料的需求，增长更为迅速。因此，制造生产资料的生产资料生产增长最快。

　　生产资料生产优先增长，是技术进步、资本有机构成提高情况下必然引申出来的结论，但是，我们应该正确认识这一规律。

　　第一，这一规律是有经济条件的。任何经济规律都是在一定的经济条件的基础上产生并发挥作用的，这一规律同样如此。这一规律发生作用的经济条件就是技术不断进步，有机构成提高，如果离开这一经济条件，片面强调生产资料生产优先增长，那就是错误的。

　　第二，归根结底，生产资料生产和消费资料生产是相互依存，相互制约的。也就是说，生产资料增长要受到消费资料增长的限制。首先，生产资料的增长要受第二部类提供消费资料现实能力的制约。因为，第一部类扩大再生产，必须追加消费资料，这就要看第二部类能够为它提供多少消费资料。如果是第一部类扩大再生产所需要的消费资料的数量得不到满足，那么，生产资料的扩大再生产也就不可能达到预期的规模。其次，生产资料扩大再生产的最终目的，还是为了生

――――――――――

[①] 《列宁全集》第 1 卷，人民出版社 1984 年版，第 66 页。

产更多的消费资料，如果是离开这个目的，那么，生产的生产资料再多也是没有意义的。因此，生产资料生产的增长，还要受消费资料生产增长的限制，这也就是说，生产资料生产不能脱离消费资料生产孤立地、片面地增长，它要由消费资料的相应增长作为保证。如果没有消费资料生产增长的相应扩大，必然会出现生产资料供应过剩，那么，生产资料生产的增长必然遇到阻碍，继续增长就成为不可能。最后，这一规律不排除个别时期消费资料的优先增长，这就是当生产资料已经过剩，两大部类的比例关系已经失调，或者第一部类生产资料生产的增长已经受到第二部类消费资料生产的限制，这时，消费资料就必须优先增长，才能恢复已经失调的比例关系，保证整个社会再生产的顺利进行，同时这一规律不排除个别时期生产资料生产与消费资料生产的同步增长。这就是，当生产资料生产的增长已经达到一定的程度，技术进步相对缓慢，在这种情况下，生产资料生产和消费资料生产就有可能平行发展。

4.4 资本主义经济危机

4.4.1 资本主义经济危机的实质和根源

经济危机是指资本主义社会每隔一定时期就爆发一次的生产过剩的危机。从19世纪初起，即资本主义经济进入机器大工业以后，每隔一定时期就发生一次经济危机。经济危机一来临，整个社会的经济生活就像受到一次瘟疫和战争的剧烈破坏一样，陷入瘫痪、衰退和混乱的状态之中。其具体表现是：在商品流通领域，商业萧条，商品严重积压或人为地毁掉，物价猛跌，商店关闭；在货币信用方面，利率上升，银根极紧，有价证券价格暴跌，银行纷纷倒闭，信用关系遭到严重破坏；在生产领域，工厂减产、停工，大批工人失业，收入锐减，生活困苦不堪；等等。

在经济危机期间所呈现出来的复杂现象中，生产过剩是最基本的现象，生产和流通领域的其他混乱现象都是由生产过剩引起的。由于生产过剩，使得商品堆积如山，无法销售；商品销售困难导致资本周转困难，利润率急剧下降，资本家被迫缩小生产规模，企业减产停工甚至倒闭，生产猛烈下降；为了转嫁危机，资本家便大批解雇工人，压低工资，致使工人生活贫困不堪；商品销售困难，资本周转受阻，债务不能如期偿还，致使整个信用制度遭到破坏，许多资本家出售商品不愿赊销而要求以现金购买，从而对现金需求激增，银行利率上扬，资本家为取得现金，纷纷向银行提取存款，致使许多银行因现金准备不足而纷纷破产。正如列宁指出的那样："危机是什么？是生产过剩，生产的商品不能实现，找不到需求"。① 可见，资本主义经济危机的实质是生产相对过剩的危机。

经济危机的根源在于资本主义的基本矛盾，即生产的社会化和资本主义私人占有制之间的矛盾。当这个矛盾充分展开、激化到一定程度时，就会导致经济危机的爆发。

首先，资本主义的基本矛盾表现为个别企业内部生产的有组织性和整个社会生产的无政府状态之间的矛盾。

就资本主义的单个企业来说，生产资料归资本家私人占有，每个资本家对自己企业的一切生产经营活动有完全的自主权。为了获得尽可能多的利润，他们总是想尽各种办法来改善生产计划性。因此，资本主义个别企业内部可以做到有计划、有组织地进行生产。但从整个社会来看，资本主义私人占有制却把互相联系的各个部门和各个企业分割开来。资本家生产什么，生产多少和如何生产，完全以资本家的个人意志为转移。他们的生产不可能服从社会的统一支配；同时，他们谁也不能确切知道市场上需要什么产品和需要多少产品，自己的产品能否销售出去。因而，整个社会生产处于无政府状态之中。应当指出的是，第二次世界大战以后，大多数发达资本主义国家也通过制定经济发展计划，来指导、协调社会经济发展。这些经济发展计划，在一定程度上缓和了资本主义的经济矛盾，因而，对资本主义社会经济发展发挥了积极作用。但是，资本主义的经济计划，并不能消除资本主义的基本矛盾，因而，也就不能消除个别企业生产的有组织性和整个社会生产的无政府状态之间的矛盾。这种矛盾不断激化，势必造成社会资本再生产的实现条件遭到严重破坏，从而导致经济危机的爆发。

其次，资本主义基本矛盾还表现为资本主义生产无限扩大的趋势同劳动群众有支付能力的需求相对缩小之间的矛盾。

在资本主义制度下，生产具有无限扩大的趋势，这是由资本主义剩余价值规律和竞争规律所决定的，追逐更多剩余价值的欲望，决定着资本家竭力进行资本积累，扩大生产规模。而且，竞争也迫使资本家不断地改进技术，采用先进的技术设备，不顾市场的限制而盲目地扩大生产。同时，资本主义的社会化大生产也为生产的无限扩大和迅速发展提供了物质基础。因此，资本主义生产本身存在着无限扩大的趋势。但是，在资本主义制度下，与生产无限扩大的趋势同时并存的却是劳动群众有支付能力的需求相对缩小的趋势。这是因为：为

---

① 《列宁全集》第 2 卷，人民出版社 1984 年版，第 139 页。

了追逐更多的剩余价值，资本家在扩大生产的同时，必然加强对工人的剥削，使工人在新创造的价值中所占的份额相对减少；伴随着资本积累和资本有机构成的提高，必然出现更多的相对过剩人口，会有更多的手工业者和农民贫困破产，沦为无产者。可见，资本主义生产扩张的过程，同时就是劳动群众有支付能力的需求相对缩小的过程。这样，生产和消费的矛盾、剩余价值生产和剩余价值实现的矛盾就产生了。当这种矛盾发展到一定程度，引起大量商品无人购买时，就会使社会再生产无法进行下去，生产过剩的经济危机就不可避免地爆发了。马克思说："一切真正的危机的最根本的原因，总不外乎群众的贫困和他们有限的消费"。①

总之，资本主义经济危机的深刻根源在于资本主义制度本身，在于资本主义制度所固有的基本矛盾，是资本主义特有的经济现象。

4.4.2 资本主义再生产的周期性

资本主义条件下生产相对过剩的经济危机，是由资本主义的基本矛盾引起的。这个基本矛盾在资本主义社会中始终存在，但经济危机却并非持续存在，而是如同春夏秋冬的四季更迭一样，每隔一定时间，周期地爆发一次。

从一次危机开始到下次危机开始之间的间隔时期，便是一个再生产的周期。每一个再生产的周期一般包括危机、萧条、复苏、高涨四个阶段。

危机阶段。这是再生产周期的决定性阶段，它既是前一个周期的终点又是下一个周期的起点。危机爆发时，市场上大量商品找不到销路，物价猛跌；企业开工不足，甚至倒闭破产；贷款利息高昂，货币市场紧张，信用关系被破坏，金融市场一片混乱和恐慌；工人失业增加，生活更加贫困，购买力更加低下；等等。其中，生产下降是主要标志。

危机持续一段时间以后，由于资本家销毁存货，缩减生产，商品供求矛盾有所缓和，于是，危机阶段便转入萧条阶段。

萧条阶段。在此阶段，物价不再下跌，企业不再倒闭，失业不再增加，但仍处于停滞状态，商业很不景气，物价低落，失业者仍然大量存在。在这种情况下，资本家为了摆脱困境，便设法恢复生产，他们千方百计地改进技术，提高劳动生产率，并利用这时的工资低、商品便宜等条件，进行固定资本的更新。这样，生产资料和劳动力的需求逐渐增加，生产资料部门的生产开始回升，整个社会生产开始恢复。于是，萧条阶段便转入复苏阶段。

---

① 马克思：《资本论》第3卷，人民出版社1975年版，第548页。

复苏阶段。在这个阶段，投资继续增加，对生产资料和劳动力的需求日益增多，工人就业随之增长，社会购买力逐步提高，物价相继回升，工商业和信用开始活跃，有力地促进了生产规模的扩大。整个社会生产逐渐恢复到危机爆发以前的水平。当社会生产超过危机以前的最高点时，复苏阶段便进入了高涨阶段。

高涨阶段，也称繁荣阶段。在这个阶段，商品买卖十分兴旺，市场不断扩展，利润急剧增长。这时，资本家竭力投资，原有企业扩大，新企业也纷纷成立，生产能力越来越大，商业和信用也异常活跃。但是好景不长，随着资本主义生产的猛烈扩张，竞争和无政府状态更加严重；生产的产品越来越多，很快超过劳动群众有支付能力的需求，生产与消费的矛盾尖锐起来。而且，资本主义商业和信用的活跃又掩盖了商品已经过剩的真实情况，造成了虚假的社会需求，资本家被经济繁荣的表面现象所迷惑，仍在盲目地扩大生产，从而加剧了生产与消费的矛盾。这一矛盾发展到尖锐程度时，在经济高涨的顶点上又会爆发新的危机。于是，资本主义生产就进入了下一个周期。

以上说明的是资本主义再生产周期各个阶段的一般性。但并不是说资本主义再生产的每一个周期都必然经过以上四个阶段，例如，1929 ~ 1933 年的危机过去后，转入特种萧条阶段，随后只有一定程度的复苏，在生产刚刚恢复到接近或略为超过危机前的最高水平时，接着又爆发了 1937 ~ 1938 年的经济危机。这个再生产周期就没有出现高涨阶段，这反映了资本主义基本矛盾进一步深化。但不论危机周期的间隔长短，也不论周期的各个阶段会出现什么特点，危机总是资本主义再生产周期的必经阶段，是它的决定性阶段。没有危机，也就没有资本主义再生产的周期性。

4.4.3 战后资本主义经济危机的特点

第二次世界大战以后，由于资产阶级政府对经济生活的干预和第三次科技革命的刺激，再加上其他社会经济因素的影响，使资本主义经济危机出现了一些新的特点：

第一，周期明显缩短，危机更加频繁。战前的危机，一般周期为 10 年左右。而战后，危机的周期明显缩短，次数增多。如美国从 1948 ~ 1993 年，就爆发了 9 次经济危机，平均 5 ~ 6 年爆发一次。同时期，主要资本主义国家都发生过 7 ~ 9 次经济危机。

第二，危机期间，生产下降的幅度较小。如战前美国发生的 1920 ~ 1921 年危机，1929 ~ 1933 年危机和 1937 ~ 1938 年危机，工业生产分别下降 22.7%、

46.2% 和 21.7%；而战后的几次经济危机中，工业生产下降的幅度，小的仅为 6% ~8%，多的也只有 13% ~15%。其他国家的情况也大体相同。

第三，危机的同步性不如战前明显。战前的经济危机在各资本主义国家总是差不多同期爆发，危机具有明显的同步性。战后各资本主义国家发生的危机，除了 1957~1958 年危机、1973~1975 年危机和 1979~1982 年危机具有较明显的同步性外，其他各次危机都是非同步的。但 20 世纪 70 年代以后，同步性又有加强的趋势。

第四，危机期间，出现"滞胀"局面。所谓"滞胀"，是指生产停滞下降与通货膨胀、物价上涨并存的局面。战前的历次危机，由于生产过剩，商品价格总是下跌。如 19 世纪后半期发生的几次危机，物价下跌都在 20% 以上 . 1929 年的特大危机，物价竟下跌 47%。但战后历次危机中，一方面是商品滞销，生产下降，另一方面物价不断上涨。如美国战后除了 1948~1949 年危机外，其余危机期间的物价均在不断上涨。这种现象表明资本主义再生产进程中的矛盾更加尖锐化了。

战后资本主义经济危机的新特点，既反映了危机比战前缓和的一面，也反映了危机比战前加深的一面，这种两重性是现代资本主义国家经济调节和干预的必然结果，也表明战后经济危机更加深化、更加复杂了。

本章小结

1. 产业资本循环依次经过三个阶段：购买阶段、生产阶段、销售阶段，相应的采取三种职能形式：货币资本、生产资本、商品资本。产业资本循环的过程是购买、生产、销售三个阶段的统一，同时也是生产过程和流通过程的统一。

2. 产业资本循环的三种形式：货币资本循环、生产资本循环、商品资本循环。产业资本循环的连续进行，必须具备两个条件：三种职能形式在空间的并存性和每一种职能形式在时间上的继起性。

3. 生产资本的不同构成部分按其价值周转方式不同，区分为固定资本和流动资本。

4. 资本周转速度对剩余价值生产的影响：加速资本周转，可以节省预付资本；可以增加剩余价值量，提高年剩余价值率；可以提高固定资本的投资效益。

5. 研究社会资本再生产的出发点是社会总产品，社会资本再生产的核心问题是社会总产品的实现，社会总产品的实现包括价值补偿和实物补偿两个方面。从价值形式上，社会总产品的价值分为不变资本（c）、可变资本（v）和剩余价值（m）三个组成部分；从实物形式上，社会总产品按其最终用途不同，分为生产资料生产和消费资料生产两大类。

6. 资本主义经济危机的实质是生产相对过剩的危机，经济危机的根源在于资本主义的基本矛盾，即生产的社会化和资本主义私人占有制之间的矛盾。

7. 资本主义基本矛盾在社会再生产中具体表现在两个方面：个别企业内部生产的有组织

性和整个社会生产的无政府状态之间的矛盾；资本主义生产无限扩大的趋势同劳动群众有支付能力的需求相对缩小之间的矛盾。

复习思考题

1. 简要说明资本循环的三个阶段和三种职能形式。
2. 资本循环连续性的条件是什么？
3. 简述资本两种划分方法的区别。
4. 怎样理解资本周转速度对剩余价值生产的影响？
5. 试述社会总资本简单再生产的实现条件及说明的原理。
6. 扩大再生产有哪两种类型？扩大再生产的前提条件是什么？
7. 怎样理解生产资料生产优先增长的规律性？

第5章　资本和剩余价值的
各种具体形式

本章要点

◇剩余价值转化为利润、利润率转化为平均利润率、利润转化为平均利润、价值转化
为生产价格

◇商业资本的形成以及商业利润的质和量

◇借贷资本的特点、利息的来源以及资本主义信用的作用

◇资本主义地租的本质、来源及基本形式

前面几章分别考察了资本主义的直接生产过程和流通过程，揭示了资本的本质，阐明了剩余价值的生产和资本的流通。本章将在前几章基础上考察资本主义生产总过程中资本和剩余价值所采取的各种具体形式。即资本除产业资本外，还存在商业资本和借贷资本；剩余价值也并非由产业资本家独家占有，而要被分割为产业利润、商业利润、利息、地租，等等。通过对这些复杂的经济现象的分析，进一步揭示资本主义各个剥削集团对无产阶级劳动者的剥削。

5.1　利润和平均利润

5.1.1　剩余价值转化为利润

资本主义企业生产的商品的价值包括三个部分：不变资本的价值（c）、可变资本的价值（v）和剩余价值。用公式表示就是：$W = c + v + m$。商品价值的这三部分，是生产商品时实际耗费的劳动量。

但是，在资本主义条件下，商品生产中实际耗费的劳动量，同资本家在生产商品时所耗费的费用是两个完全不同的量。对资本家来说，生产商品所耗费的只是资本，因此，资本家在计算生产商品的费用时，只计算他所耗费的资本数量，

即不变资本加可变资本。商品价值中的不变资本和可变资本的总和，便构成商品的成本。商品价值大于成本，两者之间的差额就是剩余价值。剩余价值虽然也是生产商品时实际耗费的一部分劳动量所形成的，但因为它无须资本家破费，因此资本家不把它计算在成本之内。

成本这一范畴掩盖了不变资本和可变资本的根本区别，掩盖了它们在价值增值过程中的不同作用。剩余价值的源泉是可变资本，但当不变资本和可变资本被归结为成本这一范畴时，它们之间的区别就消失了，剩余价值就被看做是商品价值在成本以上的增加额，即资本家所费资本的产物。

不仅如此，对资本家来说，剩余价值不仅是成本所消耗资本的一个增加额，而且是资本家全部预付资本的一个增加额。因为预付资本中未被消耗的那部分不变资本虽然不构成成本，但同样参加了商品的生产过程，同样也是剩余价值生产所不可缺少的物质要素，因而也被资本家看做是剩余价值的源泉。当剩余价值被看做全部预付资本的产物时，剩余价值就转化为利润。马克思指出："剩余价值，作为全部预付资本的这样一种观念上的产物，取得了利润这个转化形式"。[1]

剩余价值转化为利润，商品价值就等于成本加利润。用 k 代表成本，p 代表利润，商品价值的公式就由 $W = c + v + m$ 转化为 $W = k + p$。

利润本质上就是剩余价值。但两者也有区别，剩余价值是利润的本质，利润是剩余价值的表现形式：剩余价值是可变资本的产物，而利润表现为全部预付资本的产物。因此，剩余价值转化为利润就掩盖了资本主义的剥削关系。

剩余价值与全部预付资本的比率，叫利润率。利润率是剩余价值率的转化形式，是同一剩余价值量用不同的计算方法计算出来的另一种比率。剩余价值率是剩余价值与可变资本的比率；利润率是剩余价值与全部预付资本的比率。用 p′ 代表利润率，C 代表全部预付资本，利润率的公式是 $p' = m/C \left(\dfrac{m}{c + v} \right)$。剩余价值率和利润率是两个完全不同的范畴，具有明显的区别：第一，剩余价值率揭示的是资本家对工人的剥削程度，而利润率是表示全部预付资本的增值程度。第二，由于全部预付资本总是大于可变资本，因此，利润率在量上也总是小于剩余价值率。假定全部垫支资本为 10 000，其中不变资本为 8 000，可变资本为 2 000，生产中工人创造的剩余价值为 2 000，则 $W = 8\,000c + 2\,000v + 2\,000m = 12\,000$，$m' = 2\,000m/2\,000v = 100\%$，而 $p' = 2\,000m/8\,000c + 2\,000v = 20\%$。由于利润率是资本增值程度的标志，因此，资本家十分关心利润率的高低。资本主义生产的

---

[1]　马克思：《资本论》第 3 卷，人民出版社 1975 年版，第 44 页。

目的就是追求尽可能高的利润率，实现资本的增值。

不同企业、不同时期的利润率是不一样的。影响利润率的因素主要有：(1) 剩余价值率的高低。在其他条件相同的情况下，剩余价值率高，利润率就高；剩余价值率低，利润率低。两者按相同的方向发生变化。因此，一切提高剩余价值率的因素同时也是提高利润率的因素。(2) 资本的有机构成的高低。在其他条件不变的情况下，资本有机构成高，同量资本所使用的劳动力就少，生产出来的剩余价值就少，利润率就低；反之，资本有机构成低，利润率就高。两者按相反的方向发生变化。(3) 不变资本的节约。在可变资本量和剩余价值率已定时，不变资本的节约，使同量剩余价值与较小的总资本相比，利润率就高；反之则低。因此，资本家总是力图通过各种途径节约不变资本，其中包括以损害工人健康为代价，克扣劳动保护方面的不变资本，来提高利润率。(4) 资本的周转速度快慢。资本周转速度影响年利润率。在其他条件不变下，资本周转速度快，一年中可变资本周转次数多，年剩余价值量大，资本年利润率就高；反之资本年利润率就低。两者按相同的方向发生变化。

5.1.2 利润转化为平均利润

在资本主义制度下，影响利润率的各种因素在不同生产部门不可能按同样的程度发生作用，因此，不同生产部门的利润率总是不同的。例如，不同的生产部门，剩余价值率相同，但由于资本有机构成或资本周转速度不同，它们的利润率就不一样。投在资本有机构成低或周转速度快的生产部门的资本，利润率就高；反之，就低。但在资本主义的现实生活中，投在不同生产部门的资本得到的利润率却大体相等，即趋于平均。各部门高低不同的利润率趋于平均化，是资本主义部门间竞争的结果。我们以下面的例子说明各部门的不同利润率到平均利润率的转化过程。

以机械、纺织、食品三个部门为例。假定这三个部门其他条件相同，仅资本有机构成不同，分别为：$90c:10v$、$80c:20v$、$70c:30v$。每个部门同样投入100资本，剩余价值率都是100%，并假定全部不变资本都转移到商品价值中去。这时，由于资本有机构成不同，三个部门生产物的价值就不一样：机械工业部门是110，纺织工业部门是120，食品工业部门是130。如果商品按价值出售，它们的利润率分别为10%、20%、30%。这就是说，在不同生产部门投入等量的资本不能得到等量的利润。

但是，资本主义生产的目的就是为了追求更多的利润，资本家都愿意向利润率高的部门投资，因此，在各部门的资本家之间为取得更有利的投资场所必然展开激烈的竞争。这种竞争是通过资本在不同部门之间的转移进行的，其结果就形成平均利润率。就上面的例子来说，机械工业部门利润率低，为了获得更高的利润率，这一部门的资本家就会将资本从本部门转移到利润率最高的食品工业部门去。投入食品工业部门的资本增加了，产量就会相应增加。在需求不变的情况下，食品工业部门由于供给增加，发生供过于求，价格下跌，使利润率下降。而机械工业部门则由于原有资本被部分转移走了，产量下降，产生求过于供，价格上升，使利润率提高。当机械工业部门的利润率提高到食品工业部门利润率以上时，资本又会向相反的方向转移。正是由于部门之间的竞争和资本在各部门间的自由转移，使各部门不同的利润率逐渐趋于平均，形成了平均利润率。各部门的资本家按照平均利润率获得的利润，即一定量的预付总资本按照平均利润率所获得的利润，叫做平均利润。用公式表示为：平均利润 = 预付资本 × 平均利润率。

可见，平均利润是不同部门的资本家通过竞争重新瓜分剩余价值的结果，其源泉仍然是剩余价值。平均利润的形成过程，实际上是全社会的剩余价值总额在各个部门的资本家之间的重新分配的过程。平均利润率从本质上看就是把社会总资本作为一个整体看待时所得到的利润率，即剩余价值总额和社会总资本的比率。用公式表示为：$平均利润率 = \dfrac{社会剩余价值总额}{社会预付总资本}$。它揭示的是整个资产阶级剥削整个无产阶级的关系。马克思指出："就利润来说，不同的资本家在这里彼此只是作为一个股份公司的股东发生关系，在这个公司中，按每 100 资本均衡地分配一份利润"。[①]

平均利润率形成以后，商品就不是按价值出卖，而是按生产价格出卖。生产价格就是商品的成本加平均利润，它是价值的转化形式。

商品价值转化为生产价格的过程，可以用表 5 - 1 表示。

表 5 - 1

生产部门	资本有机构成	剩余价值率（%）	剩余价值	平均利润率（%）	平均利润	价值	生产价格	生产价格与价值之差
机械	90c + 10v	100	10	20	20	110	120	+ 10
纺织	80c + 20v	100	20	20	20	120	120	0
食品	70c + 30v	100	30	20	20	130	120	- 10
合计	240c + 60v		60		60	360	360	0

① 马克思：《资本论》第 3 卷，人民出版社 1975 年版，第 177 ~ 178 页。

从表 5 - 1 可以看到，有两个部门的生产价格和价值是背离的。资本有机构成高于社会平均有机构成的部门，生产价格大于价值；资本有机构成低于社会平均有机构成的部门，生产价格小于价值；只有具有社会平均有机构成的部门，它的生产价格才符合价值。

随着价值转化为生产价格，价值规律作用的形式发生了变化。在生产价格出现以前，市场价格围绕着价值上下波动；生产价格出现以后，市场价格围绕着生产价格上下波动，生产价格成了市场价格波动的中心。

生产价格和价值的背离，以及商品按照生产价格而不是按照价值出卖，并没有否定价值规律。这是因为：（1）从各个生产部门看，资本家获得的平均利润可以高于或低于本部门工人创造的剩余价值，但从全社会看，整个资产阶级获得的平均利润总额仍然等于整个无产阶级所创造的剩余价值总额。（2）由于全社会平均利润总额等于剩余价值总额，商品的价值总额也必然和生产价格总额相等。因此，从整个社会来看，商品按照生产价格出卖，实际上仍然按照价值出卖。（3）生产价格的变动，归根到底取决于价值的变动。商品价值包括 c + v + m，其中，c 和 v 的变动，会引起成本的变动；m 的变动，会引起平均利润率的变动，从而引起平均利润的变动。因此，价值的任何一部分发生变动都会相应地引起生产价格的变动，两者变动的方向也是一致的。

平均利润率的形成和商品按生产价格出售，并不排斥资本家可以取得超额利润。这是因为部门之间的竞争并不能排除或代替部门内部的竞争，而部门内部竞争的存在，资本家就会通过改进技术，降低成本，使自己产品的个别生产价格低于社会生产价格，以获取超额利润。超额利润是超额剩余价值的转化形式。

马克思的平均利润和生产价格的理论具有十分重要的意义。首先，这一理论科学地解决了劳动价值论同等量资本得到等量利润之间表面上的矛盾。它表明，生产价格只是价值的转化形式，它的基础仍然是生产商品所耗费的社会必要劳动时间即价值。因此，只有在劳动价值论的基础上，才能说明平均利润和生产价格变动的规律，平均利润和生产价格学说在理论上是劳动价值学说的进一步丰富和发展。其次，这一理论也具有十分重大的实际意义。它揭示了整个资产阶级和整个无产阶级之间的对立。整个资产阶级都参加了社会总剩余价值的瓜分。每个资本家得到多少利润，不仅取决于他对本企业工人的剥削程度，而且取决于全体资本家对全体雇佣工人的剥削程度。剩余价值总量越大，平均利润也越高。因此，资本家之间在瓜分剩余价值上虽然也有矛盾，但在剥削无产阶级这一根本问题上，他们的利益却是完全一致的。所以，无产阶级要摆脱资产阶级的剥削，必须整个阶级团结起来，推翻整个资产阶级的统治，消灭资本主义制度。

5.1.3　利润率下降趋势的规律

在资本主义发展过程中，从较长时期看，平均利润率存在下降的趋势。

引起平均利润率下降的基本因素，是社会资本平均有机构成的提高。在资本主义制度下，资本家一方面为追逐超额利润的动机所推动，另一方面为外在的竞争规律所强制，必须要不断改进技术，提高劳动生产率，降低生产费用。而改进技术的结果，则使社会资本有机构成的平均水平提高，同量资本所推动的活劳动便会减少，从而导致平均利润率趋于下降。所以，平均利润率下降趋势是资本主义制度下劳动生产率提高的必然结果。

但是，平均利润率的下降，决不意味着对雇佣工人剥削程度的减轻和剩余价值率的降低。在剩余价值率不变甚至提高的情况下，平均利润率仍可以下降。例如，社会资本 100，原来社会资本平均有机构成是 50c：50v，剩余价值率是 100%，剩余价值是 50，平均利润率是 50%。如果社会资本平均有机构成提高到 80c：20v，剩余价值率也提高到 200%，但由于剩余价值降低到 40，平均利润率就由原来的 50% 下降到 40%。

平均利润率的下降，也不意味着资本家获得的利润量的减少。这是因为伴随着资本积累，一方面是技术的改进，资本有机构成的提高，在资本总量中可变资本占的比重的缩小；另一方面，资本的总量在增大，因此，可变资本在相对量缩小的同时绝对量仍然可以增大。例如，社会资本有机构成从 50c：50v 提高到 80c：20v。但与此同时，社会总资本从 100 增加到 1 000，假定剩余价值率不变，这时，平均利润率虽由 50% 下降到 20%，利润量仍可由 50 增加到 200。事实上，在资本主义的发展中，利润率的下降和利润量的增大通常是相伴发生的。

在资本主义社会中，平均利润率下降是很缓慢的，只是从长期来看存在着下降的趋势。因为在平均利润率下降的同时，还存在着一系列起反作用的因素阻碍着它的下降。这些因素包括：（1）对工人剥削程度的提高。（2）大量相对过剩人口的存在。这一方面使劳动力商品经常供过于求，资本家借此可以把劳动力价格压低到价值以下；另一方面因工资下降可以引起某些生产部门采用手工劳动，从而增加剩余价值量，提高平均利润率。（3）生产资料价值的降低。由于劳动生产率的提高，使机器、设备、原料等不变资本的价值降低，放慢了资本有机构成提高的速度，延缓了利润率的下降。（4）对外贸易的发展。它可以使资本家从落后国家攫取高额利润，从而阻碍利润率下降。以上这些因素的存在，减慢了平均利润率下降的速度，使平均利润率下降的趋势经过相当长的时间才显示出来。平均利润率的下降趋势，并不排斥个别时期平均利润率可以上升。

5.2 商业资本和商业利润

5.2.1 商业资本

产业资本在它的循环过程中要顺次采取货币资本、生产资本、商品资本这三种不同的形式，分别完成三种不同的职能。在资本主义初期，这些不同的职能都是由产业资本家自己来执行的。由于当时企业的规模不大，市场范围比较狭小，产业资本家一般自己推销商品，完成 W′–G′。随着资本主义的发展，客观上产生了把商品资本从产业资本中分离出来的要求。因为随着生产的迅速增长和市场的不断扩大，流通中商品资本的数量大大增加，流通的时间也相应延长。这时，如果产业资本家仍要自己经营商品，就必须大量增加流通领域中的资本，否则，就要缩小已有的生产规模，使生产资本和流通资本相适应。这两种情况，都会降低产业资本的利润率。于是，就产生了把商品资本的职能独立出来，交给专门的资本家去完成的必要性。这样，就出现一部分资本家把自己的资本专门用来为产业资本的流通服务，推销产业资本家的商品，这就是商业资本家。

商业资本从产业资本中分离出来以后，它所执行的职能，仍然是商品资本的职能。所不同的只是以前这些职能由产业资本家自己去完成，是产业资本循环的一个环节，现在则成为商业资本家的专门业务，成为一种与产业资本相并列的独立的资本形态了。

商品资本转化为商业资本，变成一种独立的资本形式，对于促进资本主义的发展起着重要的作用。商业资本的产生有利于缩短流通时间，节约流通费用，减少流通中资本的数量，这样就会扩大直接用于生产的那部分资本，从而有助于增加剩余价值的生产，提高利润率。同时，商业资本的存在和发展还促进分工的发展和市场的扩大，从而促进资本主义生产的发展。但是，随着商业资本的独立化，也使资本主义生产、流通和消费之间的脱节现象更加严重，进一步加深了资本主义再生产的矛盾。

5.2.2 商业利润

商业资本家投资于商品经营，其目的也是为了攫取利润，而且他们所获得的利润不能低于平均利润，否则商业部门中的资本就会转移到生产部门去。当然，商业利润也不能高于平均利润，否则，生产部门的资本也会转移到商业部门中来，资本主义的竞争使商业利润大体上符合平均利润。

商业资本既然不从事生产活动，那么，商业利润是从哪里来的呢？从表面上看，商业利润似乎是产生于流通领域，实际不然。流通领域发生的只是价值形式的变化，并不能产生价值的增值。因此商业利润仍然是生产领域中产业工人创造的剩余价值的一部分，是由产业资本家转让给商业资本家的。由于商业资本家投资于商业，替产业资本家销售商品，实现剩余价值，产业资本就不能像过去自己经营商品时那样独自占有全部剩余价值，而必须把剩余价值的一部分以商业利润的形式转让给商业资本家。

产业资本家转让给商业资本家的剩余价值是通过价格差额实现的。产业资本家以低于生产价格的价格把商品出售给商业资本家，商业资本家再按生产价格把商品出卖给消费者，这两种价格之间的差额就是商业利润。举例来说，假定社会预付的产业资本是 $720c + 1\,800v = 900$，剩余价值率为 100%，一年内生产的商品总价值 $= 720c + 180v + 180m = 1\,080$（假定不变资本的价值在一年内全部转移），社会总产业资本的平均利润率是 $180 \div 900 = 20\%$。为了销售商品，流通领域内还必须垫支一定量资本。假定是由商业资本家垫支了 100，这时社会总资本就不是 900，而是 1\,000 了。现在，180 的剩余价值必须在 1\,000 的社会总资本之间平均分配，平均利润率就变为 $180 \div 1\,000 (900 + 100) = 18\%$。按照这个平均利润率，产业资本家获得的平均利润为 $900 \times 18\% = 162$，商业资本家获得的平均利润为 $100 \times 18\% = 18$。在这种情况下，产业资本家就不是按照商品生产价格卖给商业资本家，而是按生产成本加产业利润的价格，即 $900 + 1\,162 = 1\,062$ 的价格把商品卖给商业资本家。商业资本家再加上商业利润，也就是 $1\,062 + 18 = 1\,080$ 的生产价格卖给消费者，从而获得产业资本家让渡给他的那部分剩余价值。这部分剩余价值便形成商业利润，所以，商业利润的实质就是商业资本家参与瓜分产业资本家无偿占有的、产业工人所创造的一部分剩余价值的转化形式。

既然产业资本家让渡一部分剩余价值给商业资本家是必然的，那么让渡多少呢？商业利润率应有多高呢？这当然是不以人们的主观意志为转移的，而是取决于资本主义的经济规律，包括竞争规律以及由它决定的平均利润率规律。既然商业资本是一种与产业资本并列的独立资本形式，因而也要和产业资本一样获得平均利润，商业利润的多少，同样受平均利润率规律的支配，取决于产业资本家和商业资本家两大部门之间的竞争。这种竞争最终在商业资本家和产业资本家之间形成了统一的平均利润率。当然，商业资本和产业资本取得相同的利润率，也像各个不同的产业部门的资本获取平均利润一样，指的是一种基本的趋势，而不是绝对的简单的平均。

由商业利润的来源可知，产业工人不仅受产业资本家的剥削，而且受商业资本家的剥削。在剥削产业工人方面，产业资本家与商业资本家有着共同的利益。

5.2.3　商业流通费用

商业资本家经营商业，除了需要垫付一定数量的资本购买商品外，还需要在商品流通过程中支付一定的费用，这种费用称为商业流通费用。流通费用分为生产性流通费用和纯粹流通费用两种。

由于商品具有二因素，商品在流通领域里的运动也是两重的：一方面是商品体本身即商品的使用价值的运动，另一方面是商品的价值形态变化的运动。

由商品的使用价值运动而引起的费用，如运输费、保管费、包装费等，是同生产过程在流通领域内的继续有关系的费用，属于生产性流通费用。从事运输、保管、包装等的劳动，也是生产性的劳动。这种劳动不仅能把劳动过程中消耗掉的物质资料的价值转移到商品中去，而且能创造新价值，既增加商品的价值和剩余价值，这部分流通费用可以从已经增大了的商品价值中得到补偿。

由商品价值的运动引起的流通费用，即在商品买卖过程中，由商品变为货币和货币变为商品而支出的费用，是纯粹流通费用。这种费用包括：商业店员的工资、广告费、办公费、簿记费、设备费和商店的建筑费等方面的开支及其他一些费用开支。纯粹流通费用属于非生产性开支。这部分劳动是非生产性劳动，它不能增加商品的价值。但商业资本家垫支纯粹流通费用，不仅要求得到补偿，而且要求按照平均利润率带回一份相应的利润。纯粹流通费用是从剩余价值总额中得到补偿，它是剩余价值的一种扣除。所以，纯粹流通费用的补偿及这部分利润归根到底是来源于产业工人所创造的剩余价值的一部分。

5.3　借贷资本和利息

5.3.1　借贷资本的形成和特点

借贷资本是为了取得利息而暂时贷给职能资本家（包括产业资本家和商业资本家）使用的货币资本。借贷资本是从职能资本运动中独立出来的特殊资本形式，它的形成同资本主义再生产过程中的资本循环有密切联系。

借贷资本的主要来源是产业资本和商业资本在其循环和周转过程中，不断出现的大量暂时闲置的货币资本。这些货币资本由以下三个部分构成：第一，固定资本的周转，其价值是逐渐转移到新商品中去的，并且是随着商品的出售一部分一部分地收回。而在固定资本需要更新以前，这部分价值会以货币的形式暂时被闲置起来。第二，流动资本在周转过程中也会形成一部分暂时闲置的货币资本。当商品已经销售出去，但还不需要立即购买原材料和支付工资时，就会有一部分流动资本变为暂时闲置的货币资本。第三，在资本积累过程中，资本家用于积累的那一部分剩余价值只有达到一定数额时，才能变为追加资本。当这一部分剩余价值还未达到足够数量用来扩大再生产以前，用于积累的剩余价值也会以货币的形式暂时闲置起来。

这些暂时闲置的货币资本既然停止发挥机能，也就不能为它的所有者提供利润。这样，闲置资本就同它作为资本的本性发生矛盾。货币资本的所有者自己不能运用它，就要为它寻找发挥作用的出路。而在资本主义再生产过程中，有的资本家确实需要补充货币资本。因为，各个个别资本的循环是相互交错的，当某些资本家的资本循环中出现闲置资本时，另一些资本家由于相反的情况恰恰需要补充自己的货币资本，如需要固定资本更新；需要购买原材料或支付工资；扩大再生产需要追加的资本，但自有资本尚有欠缺，等等。于是，拥有闲置货币资本的资本家，就把它们贷给需要补充货币资本的职能资本家去使用，使之重新发挥资本的职能。职能资本家借入的资本到一定时期必须归还原主，而且要将剥削来的剩余价值的一部分以利息形式作为报酬支付给贷方。这样，从职能资本的运动中游离出来的货币资本，由于进行了为获取利息而贷放的特殊运动，便转化为借贷资本。

综上所述，借贷资本的本质在于，它是适应于资本主义生产和流通的需要而产生的，是在职能资本运动的基础上形成并且服务于职能资本的。归根到底，借贷资本是从产业资本运动中独立出来的特殊资本形式，利息也是产业资本在生产过程中所生产的剩余价值的一部分。借贷资本一方面体现着资本家剥削雇佣工人的关系，另一方面还体现着借贷资本家和职能资本家之间的关系。

借贷资本既然从职能资本的运动中独立出来，成为一种特殊的资本形式，就在许多方面不同于职能资本，具有自己的特点。

第一，借贷资本是一种作为商品的资本，即资本商品。在资本主义制度下，货币作为资本使用时，能带来利润。这样，作为资本的货币除了充当一般等价物外，又多了一种使用价值，即生产利润的能力。借贷资本家把货币资本贷给职能资本家时，实际上他转让的是货币作为资本的使用价值，利用它可以生产利润。职能资本家之所以借入货币资本，也不是由于它可以作为一般的购买手段和支付手段，用来购买消费品，而是由于它能实现价值增值，可以用来获取利润。因此，货币资本在借贷中作为可能的资本，作为生产利润的手段，是作为一种特殊商品让渡的。它的转让方式有特殊性。普通商品是以买卖形式转让的，卖方转让商品，买方按等价支付货币。而资本商品是以借贷形式让渡的。借贷资本家在贷出货币资本时，没有同时收回它的等价物。借贷资本家并不放弃他对资本的所有权，只是暂时让渡资本的使用权，到期他要收回资本，并带来一定的利息。同时，在普通商品的买卖中，买方支付的是商品的价格。而在资本商品的借贷中，借方支付的是利息。利息不是资本商品的价格，而是使用借贷资本的报酬。

第二，借贷资本是作为一种所有权资本，即财产资本而与职能资本相对立。借贷资本在借贷资本家手里并没有发挥资本的职能，但他拥有的货币，对于他来说是资本而不是普通的货币，因为他凭借资本的所有权获得利息。这部分货币资本在转到职能资本家手中以后，就实际执行资本的职能，生产剩余价值或者实现剩余价值。所以在借贷资本上发生了所有权和使用权的分离。资本的所有权属于借贷资本家，使用权属于职能资本家。这样，同一个资本就具有了双重存在：对于借贷资本家来说，它是所有权资本，对于职能资本家来说，它是职能资本。

第三，借贷资本具有不同于职能资本的特殊运动形式。职能资本运动的一般形式是：$G-W-G'$。而借贷资本的运动公式是 $G-G'$。就是说，借贷资本家把货币资本贷放出去，经过一定时期收回更多的货币，包括原有资本和利息。这种特殊的运动形式造成一种假象，似乎不经过任何的生产过程和流通过程，货币本身可以生产出更多的货币。借贷资本的这一特点，进一步掩盖了资本主义剥削的实质，使资本拜物教达到了顶峰。当然，货币本身并不能生出更多的货币。实际上，货币资本只有在产业资本家手中，投入生产过程，榨取雇佣工人生产的剩余价值，才能使自己的价值增值，从而借贷资本家才可能以利息的形式获得一部分剩余价值。

5.3.2 借贷利息

借贷资本家把货币资本贷给职能资本家使用，但是这种使用不能是无偿的。职能资本家在归还贷款时，必须向借贷资本家支付一定数量的货币作为使用这笔货币资本的报酬，这就是利息。利息是职能资本家使用借贷资本而让给借贷资本家的一部分剩余价值，它是剩余价值的特殊转化形式。

利息是由职能资本家支付的，其来源归根结底是产业工人创造的剩余价值的一部分。职能资本家从借贷资本家那里借到货币资本，用它经营产业或经营商业，取得平均利润。由于借贷资本的所有权和使用权的分离，使得同一资本具有双重的存在，借贷资本家和职能资本家对利润都有占有权。但是，同一资本却不可能因此而获得双份利润。这样，平均利润就不能由任何一方独占，而要分割为两部分：一部分是借贷资本家让出资本使用权而得到的利息，另一部分是职能资本家得到的企业利润。企业利润是存在着利息的情况下，产业利润和商业利润的总称，它在数量上就是平均利润和利息的差额。利息是平均利润的一部分，而平均利润是剩余价值的转化形式，所以利息就是剩余价值的特殊转化形式。

平均利润分割为利息和企业利润，实质上是剩余价值在借贷资本家和职能资本家之间的分割。所以，利息既体现着借贷资本家和职能资本家共同剥削雇佣工人的关系，也体现着借贷资本家和职能资本家之间的共同瓜分剩余价值的关系。利息的高低是由利息率来表示的。利息率是一定时期内利息量与借贷资本的比率，即：利息率 $= \dfrac{\text{一定时期的利息量}}{\text{借贷资本总量}}$。例如，1 000 元的借贷资本一年带来 30 元的利息，则年利率为 3%。借用贷款的职能资本家要按预先确定的利息率向借贷资本家支付利息。

在一般情况下，利息率要低于平均利润率，否则，职能资本家得不到任何利益，就不借款了。利息率也不能等于零，否则就没有人愿意贷出货币资本。因此，利息率总在平均利润率和零之间波动。当平均利润一定时，利息率的高低就取决于金融市场上借贷资本的供求关系。供给大于需求，利息率就下降；反之则会上涨。当借贷资本的供求平衡时，利息率是由习惯和法律等等因素决定的。

5.3.3 资本主义信用及作用

资本主义信用是借贷资本运动的形式。资本主义信用有两种：商业信用和银行信用。商业信用是指职能资本家之间用赊账方式买卖商品而发生的信用；银行信用是银行以贷款方式向职能资本家提供的信用。

信用，尤其是银行信用的发展，对资本主义的经济生活有着两重作用。

1. 信用促进了资本主义经济的发展

这表现在：（1）信用促进了利润率的平均化。利润率的平均化以资本在各部门间的自由转移为条件，而货币形态上的资本比较容易自由地在各部门间转移。信用制度和银行正是实现货币资本再分配的最灵活的机构。依靠银行的贷款或投资，能使资本迅速地由利润率低的部门转向利润率高的部门，因而促进了各部门利润率的平均化。（2）信用能够节省流通费用，缩短流通时间。由于信用的发展，商品买卖可以采用赊账的方式，这就大大加快了商品流通，缩短了资本周转的时间，并节省了与商品流通有关的一切费用。另外，在使用金属货币的条件下，信用还可以节约流通中的金属货币量，减少金属货币的铸造和磨损。（3）信用可以促进资本的集中，加速资本的积聚。信用是资本集中的强大杠杆，它加速了资本集中的重要形式之一的股份公司的发展。因为股份公司的股票很大一部分要通过银行来发行，而且银行还常常是股份公司的主要投资者。信用还大大加速了大资本剥夺中小资本的过程，加强了大企业竞争的力量，因为大资本往往能得到较多的银行贷款，这样就使它能更有力地压倒和吞并中小资本。信用还加速了资本的积累，它把各种闲置资本汇合成巨额货币资本，缩短了个别资本家逐渐积累资本所需要的时间；同时，又把社会上各阶层的零星收入集中起来，供资本家使用，从而扩大了资本积累的规模。

2. 资本主义信用的发展又促进了资本主义基本矛盾的发展和经济危机的爆发

这是因为信用制度的发展，使资本主义的生产规模可以不受资本家自有资本的限制而不断扩大，促进了生产的社会化；同时，信用还加速着资本集中和积聚，使生产资料和产品日益集中到少数大资本家手里，这就使资本主义的基本矛盾进一步尖锐化。与此同时，信用又造成了对商品的虚假需求，加剧了各生产部门之间发展的不平衡，从而促进和加深了资本主义的经济危机。

5.3.4 股份公司、股息和股票价格

随着资本主义生产技术的发展，为了开办某种企业所必需的资本最低限额越来越大。此外，某些事业的经营，如铺设铁路等，需要投入巨额资本，这是个别资本家无力经营的。因此，在资本主义生产增长和信用制度日益发展的基础上，产生了股份公司。

以发行股票的方式，集中很多单个资本进行股份联合经营的资本，称为股份资本。采取这种方式经营的企业，称为股份公司。股份公司的主要组织形式有：（1）有限责任公司和股份有限公司。有限责任公司的股东对公司债务的清偿责任以其出资额为限，公司以其全部资产对公司的债务承担清偿责任。股份有限公司的全部资本分为等额股份，股东以其所持股份为限对公司承担责任，公司以其全部资产对公司的债务承担责任。（2）股份无限公司。由两个以上的股东组成，股东对公司的债务负连带无限清偿责任的公司。（3）股份两合公司。由无限责任股东和有限责任股东组成的公司。其无限责任股东对公司债务负连带无限清偿责任，有限责任股东以其所认购的股份对公司的债务负责。

股份公司最高权力机构是股东大会，公司的重大决策都要由股东大会决定。董事会是由股东大会选举产生，它是股东大会闭会期间行使权力的常设机构，是股份公司的权力机构和经营决策机构。日常经营管理则由董事会聘任总经理承担。总经理组建各种必要的职能机构，聘用各种管理人员，形成以总经理为核心的管理体系，实现董事会制定的战略决策和经营目标，对董事会负责。公司规范化的组织制度和管理制度构成公司治理结构。

　　股份公司内部各股东的权力集中表现在股东大会的表决权上，原则上实行一股一权。但股东拥有的股票数量是不一样的，大股东占有的股票多，取得表决权大，实际上支配着整个公司的经营。取得对一个股份公司控制权所必需的股票数量限额，称为股票控制额。从理论上说，需要占有股票总额半数以上才能取得控制权，即占有股票总额的51%，但实际上由于股票持有者分散，持有少量股票的股东人数多，大股东拥有的股票控制额，不必达到股票总数的半数。股票越分散，股票控制额就越小。通常只掌握股票总额的30%~40%，有时甚至只掌握股票总额的3%~10%，即可取得对股份公司的控制权。随着资本主义的发展，股份公司的形式越来越普及，资本家还通过发行小额股票吸收游资，这样，使劳动阶级的成员也可能购买小额股票。资产阶级的辩护士以此为根据大肆散布资本"民主化"，宣扬劳动与资本的鸿沟将会填平等。实际上，小额股票无非是将劳动人民手里的少量积蓄集中起来归大资本家支配，而股份公司的经营管理权仍然操纵在少数大资本家手里。劳动者购买小额股票丝毫不会改变他们的经济地位。更不会危及资产阶级的统治和利益。

　　股票持有者根据股票的票面额从企业盈利中分得的收入，叫做股息。股息实质上是雇佣工人创造的剩余价值。股东可以凭股票领取股息，但不能凭股票从股份公司中抽回资本。股东可以把股票拿到证券市场上出卖。

　　股票本身没有价值，它所以能在证券市场上出卖，可以有价格，是因为持有股票的人每年可根据企业盈利的情况从股份公司取得一笔固定的股息收入，这就等于有一笔相当的货币资本存入银行取得利息一样。股票价格取决于股息和利息率；它和股息高低的变化方向相同，和银行存款利息率的变化方向相反。股票价格＝股息/利息率。例如，票面额为100元的股票，一年可分得股息6元，而银行年利息率是3%，那么这张股票的价格就是200元。因此股票的价格无非是股息的资本化：

　　股息和利息率是制约股票价格的最根本的因素。但在日常的股票市场上，股票的价格由于供求关系而不断上下波动。影响股票供求关系的有经济因素、政治因素及人为投机因素。经济因素，如经济周期、通货膨胀、金融政策、税收政策等；政治因素，如战争、国内外重大政治事件、政府领导的更迭等；人为投机因素是指一些大的股票持有者利用制造谣言、大量抛出或大量购入来造成虚假的供求，使股票价格大涨大落，以达到他们从中牟取暴利的目的。

　　资本主义社会的股票只是定期获得收入的凭证，只要股息率高于利息率，它就可以按高于票面价值的价格出卖。假定一个股份公司投资100万元，发行100万元的股票，如果一年后获利10万元。当时的利息率为5%，100万元的股票就可卖200万元，中间的差额，称为创业利润。可见，创业利润就是股份公司创办人发行股票价格总额同实际投入企业的资本总额之间的差额。

由于股票能给它的持有者定期带来一定的收入，又能像商品一样，按一定的价格出卖，所以对股票持有者来说，似乎股票本身就是资本。其实，股票本身没有价值，不是实际资本，只是想象的资本，或者说，是由于股票收入的资本化而虚拟出来的资本，即虚拟资本。虚拟资本是以有价证券形式存在的、能给持有者带来一定收入的资本。属于虚拟资本的，除股票外，还有公司债券，国债券，以及不动产抵押债券等。

虚拟资本和实际资本，不论从质还是从量的方面来说都是不同的。从质的方面来说，实际资本本身有价值，并且在资本主义生产过程中发挥职能作用。而虚拟资本本身既无价值，又不在生产过程中发挥资本职能。它只不过是资本所有权的证书，是"资本的纸制复本"。① 从量的方面来看，首先，由于资本掺水，股票票面价值大于投入企业的实际资本。同时，股票价格通常又比它的票面价值高，所以虚拟资本的数量总量大于实际资本。其次，虚拟资本数量的变化取决于各种有价证券的发行量和它们的价格水平，它的变化不一定反映实际资本数量的变化。比如股票，假定商品价值不变，昨天因为价格上涨引起虚拟资本增加，今天虚拟资本数量如何变化，资本主义企业中的实际资本始终一样。最后，随着资本主义的发展，利息率的下降趋势引起股票价格上涨，以及独资企业改为股份公司和国家债务的增长，使虚拟资本的增长速度有日益快于实际资本增长速度的趋势。

股份公司的发展和虚拟资本的迅速增长，使资本所有权和使用权进一步分离。资本所有者把企业的经营管理委托给经理人员，他们自己专靠剪息票为生，变成了十足的寄生虫。

5.4 资本主义地租

5.4.1 资本主义土地私有制和资本主义地租

1. 资本主义土地私有制的形成和特点

资本主义社会的大量土地被大土地所有者私人占有，这种土地所有制是作为资本主义关系在农村中发展的结果而形成的。为了使资本主义土地所有制迅速发

---

① 马克思：《资本论》第3卷，人民出版社1975年版，第540页。

展，在西欧一些国家是通过采取暴力手段，掠夺土地，强制农业小生产者与土地分离来实现的，这就是农业中的资本原始积累过程；这个过程在英国表现得最为典型。在其他一些国家，由于各自的具体历史条件不同，资本主义土地所有制的建立有多种形式，但概括起来有两种类型：一种是封建地主经济通过改良方式，采用雇佣劳动，按照资本主义经营方式改造地主庄园，逐步转变为资本主义土地所有制。这种类型在西欧的普鲁士表现得最为典型，所以称为普鲁士式的道路。另一种类型是通过资产阶级革命，摧毁封建地主经济，在建立起大量小农经济后，通过小农经济的两极分化，逐渐形成资本主义土地私有制。这种类型在美国表现得最为典型，所以称为美国式的道路。

资本主义土地私有制的典型特点是土地所有权同农业的经营权相分离，又同劳动者人身依附于土地的关系相分离。在资本主义土地私有制条件下，大土地所有者手中掌握和集中了大量土地，他们不直接从事农业生产经营，而是把土地租给农业资本家，建立起以租赁土地为基础的资本主义农场。农业资本家雇佣农业工人，采取雇佣劳动剥削方式从事农业生产经营，然后把剥削雇佣劳动者的剩余价值的一部分，即超额利润，以地租形式缴纳给土地所有者。此外，也有少数其他经营方式。

2. 资本主义地租的本质和特征

资本主义地租是农业资本家租种地主的土地而向地主缴纳的地租。它是农业工人所创造的超过平均利润以上的那一部分剩余价值，即超额利润。

资本主义地租的主要特征是：第一，资本主义地租是以资本主义土地私有制为前提，它建立在剥削有人身自由的农业雇佣工人基础之上，摆脱了劳动者对地主的人身依附关系，体现着一种表现为纯粹契约关系的经济关系。第二，农业雇佣工人所创造的剩余价值，由土地所有者和农业资本家共同瓜分，土地所有者必须获得地租，农业资本家必须获得平均利润。所以，资本主义地租只能是农业工人所创造的超过平均利润以上的那一部分剩余价值，即由超额利润所构成。第三，资本主义地租体现了资本主义社会的三个阶级之间的对立关系，即农业资本家和土地所有者共同剥削农业雇佣工人所创造的剩余价值的经济关系，以及农业资本家和土地所有者之间瓜分剩余价值的关系。

5.4.2　资本主义级差地租

土地是农业生产的基本生产资料，肥沃程度和地理位置各不相同。农业资本家租种面积相等而质量不同的土地，要缴纳不同数量的地租，这种地租与土地的等级相联系，具有级差性，所以称为级差地租。级差地租是投在不同地块上的等量资本或连续投在同一地块上的等量资本，具有不同生产率而引起的超额利润的转化形式。

级差地租形成的原因是土地的资本主义经营垄断权。由于土地的有限性，形成了资本主义的土地经营垄断权。当有限的优中等地被一些资本家租种之后，就排除了他人对这些土地的使用，形成了对这些土地经营的垄断。这就使各个农业资本家在使用较好生产条件方面的竞争受到了一定的阻碍。因此经营较好土地的农业资本家就可以长期保持生产条件上的优势，从而能使农业中的超额利润具有相对稳定的性质，成为农业资本家的固定收入。再者，土地的资本主义经营垄断权还使农产品的社会生产价格由耕种劣等土地的生产条件来决定。由于土地的有限性，单靠优中等土地上生产的农产品满足不了社会需要，劣等地也必须投入生产。如果农产品的社会生产价格也由社会平均生产条件来决定，经营劣等地的农业资本家就得不到平均利润，而优中等地的经营又已被别人垄断，这种资本就会转移到其他部门，造成农产品的短缺和价格上涨，直到价格上涨到经营劣等地也可以获得平均利润为止。这样，经营优中等地块的农业资本家就能由于个别生产价格低于社会生产价格，经常获得数量不等的超额利润。

农业资本家由于租种较好的土地而获得的稳定的超额利润，一般要被土地所有者收去，形成级差地租。可见，级差地租产生的原因是土地的资本主义经营垄断权，而土地好坏的差别，则是形成级差地租的条件或基础。

需要特别指出的是，土地的好坏差别和土地经营权的垄断，只是产生级差地租的条件和原因，二者都不是产生级差地租的源泉。级差地租的源泉是耕种优中等地块的农业雇佣工人创造的超额剩余价值。所以级差地租的实质是农业工人创造的剩余价值的转化形式，是剥削雇佣工人的结果。

级差地租由于形成的具体条件不同而具有两种形式，即级差地租第一形式（级差地租Ⅰ）和级差地租第二形式（级差地租Ⅱ）。

级差地租Ⅰ是由于土地肥沃程度及位置优劣的不同所引起的超额利润转化成的地租。它的形成条件就是土地肥沃程度的差别和不同地块地理位置的差别。

由于土地肥沃程度的差别，使得投入面积相等的不同地块的等量资本产生不同的劳动生产率。投在优中等地块上的资本具有较高的生产率，其产品的个别生产价格低于社会生产价格，就可以获得数量不等的超额利润，形成级差地租Ⅰ。由于不同地块地理位置的差别，不同地块距市场的远近和交通条件各不相同，这使得农产品的运输费用各不相同。农产品的社会生产价格由劣等土地的生产条件来决定，其中就包括要由地理位置和交通条件最差的土地来决定。这样，距市场近、交通条件好的地块就能因运费少而成本低，农产品的个别生产价格低于社会生产价格，从而获得超额利润，这个超额利润也形成级差地租Ⅰ。

级差地租Ⅱ是由于在同一块土地上连续追加投资的劳动生产率不同而形成的级差地租。这里连续投资劳动生产率的差别，指的是连续追加投资的生产率同决定农产品社会生产价格的劣等地的生产率相比较而言的差别。所以，只要追加投资比劣等地的原有投资具有较高的劳动生产率，农业资本家就可以获得超额利润，形成级差地租Ⅱ。

在同一块土地上连续追加投资所获得的超额利润，并不立即全部转化为级差地租Ⅱ流入土地所有者的腰包。一般说来，由于追加投资所产生的超额利润是在租约缔结之后发生的。因而在租约期内归农业资本家占有。在租约期满、签订新租约时，就会通过提高地租额作为级差地租Ⅱ落到土地所有者手里。农业资本家与土地所有者在租期长短的问题上存在着尖锐的矛盾，其实质就是争夺追加投资带来的超额利润。由于这种利益上的矛盾，使得农业资本家往往不愿进行长期性的投资，而且力求在租期内收回全部的投资利益，于是就尽力掠夺地力，造成土地肥力的破坏。

级差地租两种形式的形成条件虽然不同，但实质上都是农业工人创造的剩余价值的一部分，都是超过平均利润以上的超额利润。级差地租的唯一源泉是农业工人的剩余劳动。

5.4.3 资本主义绝对地租

在分析级差地租时，我们以农产品的社会生产价格由劣等地的农产品的个别生产价格来决定作为前提。因此，劣等地的投资只提供平均利润，不缴纳地租。但是，在资本主义社会，农业资本家租种任何土地都必须缴纳地租，否则大土地所有者绝不会白白地将土地交给农业资本家使用。我们把这种由于土地私有权的存在，无论租种好地还是坏地都必须缴纳的地租，称为绝对地租。

由于租种各种土地都必须缴纳绝对地租，因此，农产品必须高于社会生产价格出售，只有这样，租种劣等地的农业资本家在获得平均利润之外才能有一个超额利润用来缴纳绝对地租。但这个超额利润不是来源于农产品价格以上的单纯加价，而是包含在农产品价值之内。这个超额利润的形成，是和农业资本有机构成低于社会平均水平相联系的。在资本主义自由市场经济时期，农业的生产技术落后于工业，农业资本有机构成比工业低，相同的投资可雇佣较多的工人，在剩余价值率一定的条件下，它所创造的剩余价值必然大于它所占有的平均利润，产品价值也就高于其生产价格。如果农产品按价值出售，那么，在农产品价值和生产价格之间，在剩余价值和平均利润之间，就会产生一个差额，这个差额就是绝对地租的来源。

农产品价值高于生产价格的差额，为什么不参加利润率的平均化而能够留在农业部门形成绝对地租呢？其根本原因在于农业中存在着土地私有权的垄断。在工业中，不同部门资本有机构成不同，产品价值与生产价格之间存在着差额，但由于工业部门之间的竞争，资本的自由转移，必然使这个差额即超额利润参加利润的平均化，从而使它们的产品价值转化为生产价格，大家只能获得平均利润。但农业部门的情况不同，土地是有限的并且不能由资本自由地去创造，土地一旦被私人占有后，就形成了对土地的私有权垄断，阻碍着工商部门的资本向农业部门自由转移，从而也阻碍农业部门的超额利润参加利润的平均化，使农产品的价值不能转化为生产价格。这样，农产品就能按高于社会生产价格的价值出售，使农产品价值高于社会生产价格的这一部分超额利润，长期留在农业部门并转化为绝对地租。

以上分析表明，农业资本有机构成低于社会平均资本有机构是绝对地租产生的条件。土地私有权的垄断，则是绝对地租产生的原因。

绝对地租既然是农产品价值的一部分，因此，绝对地租的源泉必然是农业工人所创造的剩余价值的一部分，是剩余价值的转化形式。

需要说明的是，随着资本主义的发展，农业生产技术的进步，农业资本有机构成在有的国家已接近甚至高于工业资本有机构成。这一变化并没有导致绝对地租的消失，因为只要土地私有权的垄断存在，绝对地租存在的直接原因就不会消失，变化的只不过是其形成条件。

在资本主义社会里，大土地所有者不仅凭借土地私有权攫取大量地租，而且在必要时，还通过出售土地获得巨额收入。

原始土地是自然物，不是劳动产品，因此，没有价值。但在资本主义社会里，随着商品的普遍化，土地也成了买卖的对象，具有价格。土地价格并不是土地价值的货币表现，土地之所以有价格，是因为土地所有者有权收取地租。所以，土地价格实质上是地租的购买价格，是地租收入的资本化。

在资本主义制度下，土地价格取决于两个因素；地租数量和银行存款利息率高低。土地价格与地租量成正比，与银行利息率成反比。具体说来，土地价格相当于这样一笔资本的价值，如果把它存在银行，每年获得的利息和这块土地的地租收入相等。用公式表示：土地价格 $= \dfrac{\text{地租}}{\text{利息率}}$。假定某块土地每年收租 200 元，当时银行存款利息 5%，这块土地价格就是 $\dfrac{200}{5\%} = 4\,000$（元）。

马克思对地租问题的研究，是从批判资产阶级古典政治经济学，特别是李嘉图的地租理论开始的。地租理论，在古典政治经济学中，尤其是李嘉图经济理论中，占有重要地位。

当时，资产阶级和地主阶级之间，在按什么比例分配剥削所得的问题上，斗争十分激烈。李嘉图作为工业资产阶级利益的代表，对地主阶级极为憎恨。在斗争中，他研究创立的地租论，达到了资产阶级限度内所有达到的最高科学水平。他在地租理论中最大的贡献就是将地租理论与劳动价值论联系起来。但仍存在严重错误，马克思在批判资产阶级地租理论的基础上，吸取了其科学的成分，创立了真正科学的地租学说。

马克思的地租学说具有重大的意义。首先，它是劳动价值论和剩余价值论的进一步运用和发展；其次，彻底揭露了土地私有制的危害性，为消灭土地私有制提供了理论依据。马克思指出："在一定的发展阶段，甚至从资本主义生产方式来看，土地所有权也是多余而且有害的。"① 所以，在资本主义初期，资产阶级的激进派曾提出过土地国有化的口号。但是随着资本主义的发展，一些大资产阶级也成了大土地所有者，他们不仅不再提土地国有化，反而积极维护土地私有制。这说明，在资本主义制度下真正的土地国有化是不可能实现的，只有无产阶级才能去完成。

本章小结

1. 成本这一范畴掩盖了不变资本和可变资本的根本区别，掩盖了它们在价值增值过程中的不同作用，剩余价值被看作是商品价值在成本以上的增加额，即资本家所费资本的产物，成本价格掩盖了剩余价值的源泉。

2. 当剩余价值被看作全部预付资本的产物时，剩余价值就转化为利润。利润本质上就是剩余价值，剩余价值是利润的本质，利润是剩余价值的表现形式；剩余价值是可变资本的产物，而利润表现为全部预付资本的产物。因此，剩余价值转化为利润，就掩盖了资本主义的剥削关系。

3. 部门之间的竞争使利润率趋于平均化，形成平均利润率。平均利润率是社会剩余价值总额与社会预付资本总额的比率。平均利润是按照平均利润率获得的利润。平均利润进一步掩盖了资本主义的剥削关系。

4. 生产价格就是商品的成本加平均利润，它是价值的转化形式。生产价格和价值的背离，以及商品按照生产价格而不是价值出卖，并没有否定价值规律。

5. 在资本主义发展过程中，从较长时期看，平均利润率存在下降的趋势。引起平均利润率下降的基本因素是社会资本平均有机构成的提高。

----

① 马克思：《资本论》第 3 卷，人民出版社 1975 年版，第 702 页。

6. 商业资本是从产业资本中分离出来独立从事商品买卖以攫取利润为目的的资本。商业利润仍然是生产领域中产业工人创造的剩余价值的一部分。

7. 借贷资本是为了取得利息而暂时贷给职能资本家使用的货币资本。借贷资本的本质在于，它是适应于资本主义生产和流通的需要而产生的，是在职能资本运动的基础上形成并且服务于职能资本的。借贷资本是一种资本商品；是一种财产资本；是最具有拜物教性质的资本。

8. 资本主义地租是农业资本家租种地主的土地而向地主缴纳的地租，它是农业工人所创造的超过平均利润以上的那一部分剩余价值，即超额利润。

复习思考题

1. 简要说明剩余价值率与利润率的关系。
2. 影响利润率高低的因素有哪些？
3. 试述平均利润与生产价格的形成过程。
4. 简要说明商业资本的职能与作用。
5. 借贷资本是怎样形成的？它有什么特点？
6. 什么叫股份公司、股票、股票控制额、股票价格、虚拟资本？
7. 资本主义地租有哪两种基本形式？简要说明级差地租形成的条件和原因。

第6章　垄断资本主义的形成和发展

资本主义经历了两个发展阶段：从 16 世纪后期至 19 世纪后期是自由竞争资本主义阶段，19 世纪末至 20 世纪初以来是垄断资本主义阶段，即帝国主义阶段。垄断形成以后，资本主义经济继续发展，到第二次世界大战后，在发达的资本主义国家中发生了新的科学技术革命，推动了生产力的进一步发展，促使垄断资本主义变为国家垄断资本主义，即现代垄断资本主义，本章将集中阐述生产和资本的社会化与垄断，以及国家垄断资本主义的有关问题。

6.1　资本社会化和垄断的形成

6.1.1　生产集中和垄断的形成

1. 自由竞争引起生产集中

资本主义生产是社会化的生产。伴随着资本主义生产的发展，生产社会化的程度不断提高，生产集中的趋势也不断加强。生产集中，指社会的生产资料、劳动力和产品日益集中于少数大企业，它们在社会生产中所占份额日益增大。它分为行业范围内的集中与全社会范围内的跨部门集中两种形式。

生产集中是生产力发展和自由竞争的必然结果，是生产社会化和资本社会化的重要表现。生产的大规模集中要以巨额资本的积累为前提，资本积累受着资本主义社会客观经济规律的支配。首先是资本主义基本经济规律，即剩余价值规律的支配。它是资本主义生产的内在动力，驱使着资本家永无休止地去追逐剩余价值，并将所获得的剩余价值的一部分再转化为资本。其目的就是要通过扩大生产规模，从而获得更多的剩余价值或利润，但在资本主义社会，这个过程进行得十分缓慢。资本主义社会生产的集中主要是通过资本主义的自由竞争来进行的。马克思指出："竞争，使资本主义生产方式的内在的规律当作外部的强制的规律支配着每一个别的资本家，它强迫每一个要维持他的资本的人不断去扩大他的资本……"因为在自由竞争中，大企业比小企业有很多优越性，一是大企业资本雄厚，能够广泛使用机器，能够有效地采用先进技术，实行分工和生产专业化，能够节省各种物化劳动和活劳动，因而大企业劳动生产率比较高，商品成本低，在竞争中总是大企业排挤和吞并中小企业，造成大企业的生产规模愈来愈大，从而大大加速了生产的集中过程。二是在自由竞争中，信用制度加速了生产集中。由于大企业竞争实力强，不容易破产，因而信用较高，可以获得较多的贷款，从而使资本更加迅速地扩大；同时，随着信用制度的发展，通过创办股份公司，发行股票，将分散的资本联合成巨型资本，把许多企业联合成一个大型企业，加快了生产和资本的集中。三是由于资本主义经济危机的冲击，不易破产。而一小部分中小企业经济实力较弱，在危机中纷纷破产。这就加速了大企业吞并中小企业的进程，促进了生产和资本的集中。所以，竞争是生产集中最强有力的杠杆。

2. 生产集中产生垄断

当生产高度集中时，就必然会形成垄断。垄断就是独占，就是少数资本主义大企业或若干企业为了获得高额利润通过一定的形式联合起来，对某一部门或几个部门的商品生产、销售及价格进行操纵和控制的一种经济关系。列宁深刻地指出："生产集中发展到一定阶段，可以说，就自然而然地走向垄断"。这是因为当一个部门的生产还由成千上万家企业分散地进行时，要使它们联合起来控制某个部门的生产和销售是不可能的。随着一个部门的生产愈益集中到少数大企业手中时，生产规模的扩大和市场狭小之间的矛盾便愈加尖锐。大企业为了维护自身的利益，避免因竞争中两败俱伤，常常不得不谋求暂时的妥协，以这种或那种形式联合起来，结成垄断同盟，垄断或控制一个部门或几个部门的生产和市场，以保证大家都能获得高额利润。由此可见，垄断是在自由竞争的基础上形成的，是和自由竞争相对立的产物。在生产领域表现为同类产品的生产要素和产品的绝大部分被一个或几个生产者排他性地占有。在流通领域则表现为在同类商品市场上通过控制供给量或需求量引起价格变动。垄断的实质就是垄断资本家通过对生产和市场的操纵和控制，以保证获得大大高于一般平均利润的垄断高额利润。

生产集中必然引起垄断，当垄断形成以后又必然会加快生产的集中过程。在这里起决定作用的是生产力的发展。在自由资本主义时代是以小规模生产的个体经济为主体，没有生产集中，更不会形成垄断。19世纪末20世纪初，第二次科技革命的开展，促进了规模经济的发展，但这时的规模经济表现为按单一化、标准化的要求，用流水线进行大规模生产，生产集中首先在同一部门内发展起来。同一部门内的几个资本或几个企业联合为更大的资本或企业，然后以某一部门为主要活动范围，向其他部门扩张，形成跨部门的资本联合，使生产集中推进到一个新的高度。

3. 金融资本和金融寡头

生产规模越大，需要的资本也越来越多，因此，生产集中必然要求资本的集中，为适应生产和资本集中的要求，银行业通过建立股份银行，使银行资本迅速集中起来，形成若干个庞大银行。每个银行拥有密布全国的分支机构，形成一个庞大的银行资本集团。这些大银行资本集团通过星罗棋布的分支机构，把千千万万个分散的企业联系起来，集中着全国的周转资金，成为资本主义经济生活的神经中枢。

银行业的集中，大银行的形成，使银行的地位和作用发生了根本的变化。过去，在分散的中小企业占优势时，银行的主要作用是充当信贷和支付的中介。银行一方面吸收存款，一方面发放贷款。一家银行向许多家企业发放贷款，每家企业也可以从几家银行得到贷款。那时的银行对工业企业的贷款数量小、期限短，银行对工业企业的关系不固定。银行关心的是企业能否偿还贷款和支付利息，并不直接过问工商企业的经营活动。所以，银行和工业企业的关系还纯粹是一种借贷关系。

但是，当银行资本高度集中以后，情形就大不相同了，一方面，由于工业生产集中，生产规模扩大，需要的资本数量也大，工业企业常常需要银行提供数量较大，时间较长的贷款，从而形成了工业企业对银行的依赖；另一方面，由于银行业的集中，大银行吸收了社会上大量的存款，有足够的资本为企业提供数量大、期限长的贷款。所以，工业资本家在金融业务方面基本上没有选择的余地，往往只和少数银行发生固定的联系。银行向工业企业大量长期贷款以后，为了保障自己资本的安全和利润，自然需要关心、了解和掌握企业的生产经营情况对它加以监督和干预，并通过扩大或减少信用的办法影响企业，甚至决定企业的命运。这就使工商企业越来越依赖少数大银行。于是银行成了工商企业的支配者，银行的作用也就由普通的中介人变成了万能的垄断者。

银行新作用的产生，使银行和工业企业之间的关系日益密切，彼此逐渐地融合起来。一方面，银行资本通过购买工业企业的股票和开办新工业企业，把自己的资本渗入工业中去，成为工业资本的所有者；另一方面，工业资本也通过购买银行的股票和投资开办新的银行，成为银行资本的所有者。资本参与的结果，互相成为对方的股东。同时在银行资本和工业资本互相渗透的基础上，所谓"个人联合"也发展起来了。他们互派人员参加对方的领导机构，担任要职，以便相互影响。这样通过金融联系，银行垄断资本和工业垄断资本日益溶合在一起形成一种新型资本，这就是金融资本。掌握这种庞大的金融资本的最大资本家或资本家集团（又称财团）就是金融寡头。金融资本和金融寡头的形成标志着资本主义已从自由竞争阶段过渡到垄断阶段，即帝国主义阶段。金融寡头凭借强大的经济实力，控制着国家的经济命脉，操纵着国家的政治，是帝国主义国家的真正统治者。

金融寡头在经济领域的统治，主要是通过参与制来进行的。所谓"参与制"，就是垄断资本家通过掌握一定数额股票对企业实行控制的一种制度。金融寡头通过自己掌握的总公司作为"母亲公司"去收买其他公司一定数额的股票，使之成为自己控制的"子公司"，"子公司"又以同样的方法控制其他更多的公司，使之成为"孙公司"。如此逐级参与控制，在经济上就形成了像金字塔式的控制体系，站在塔顶上的就是极少数的金融寡头。金融寡头就是利用这种层层"参与"的制度，达到控制和支配比自己的资本大几倍、几十倍甚至上百倍的他人资本，大大加强了自己在经济上的统治地位。

随着金融资本的形成和"参与制"的发展，使资本的占有和资本的使用相分离，借贷资本与生产资本相分离，那些全靠货币资本的利息收入为生的"食利者"同企业家的分离达到了极大的限度。金融资本不仅直接剥削雇佣工人，而且还掠夺其他资本家。因此，"参与制"的发展突出地表现了金融资本的寄生性和掠夺性。

金融寡头不仅操纵了国家的经济，而且还操纵着国家的政治，把垄断势力渗透到上层建筑的各个领域。从政府官员的人选，国家内外政策的制定，以及新闻、出版、广播、通讯、科学、教育、文艺、体育等无一不受金融寡头的操纵和影响，特别是对国家政权的控制越来越紧，国家政府的总统、总理、部长、大臣、议员等等，往往就是大垄断组织的经理、董事等，正如列宁指出的，"这些人今天是部长，明天是银行家，今天是银行家，明天是部长。"

6.1.2 垄断组织与垄断利润

垄断是通过垄断组织来实现的。因此，自由竞争资本主义发展到垄断资本主义的历史过程，就表现为垄断组织产生并居于统治地位的历史过程。这个过程大致经历了三个时期：19世纪60～70年代，是垄断组织的萌芽时期。当时自由竞争在欧美国家发展到顶点，垄断组织开始出现。从1873年世界经济危机以后到19世纪90年代，是垄断组织广泛发展但还不稳定的时期。1873年世界经济危机使生产集中加强，卡特尔形式的垄断组织有了广泛的发展；19世纪末20世纪初，是垄断确立统治地位的时期。在此期间，工业高潮和经济危机交替作用，资本和生产集中加速进行，垄断组织急剧增加并在经济领域取得了统治地位。

　　垄断组织的形式在各个国家和各个时期，不尽相同。比较重要的垄断组织形式有卡特尔、辛迪加、托拉斯和康采恩。

　　卡特尔是由一系列生产类似产品的企业组成的联盟，通过某些协议或规定来控制该产品的产量和价格，但联盟的各个企业在生产、经营、财务上仍旧独立，这些情况造成了卡特尔不稳定的本质。这种垄断组织形式最早产生于德国并得到广泛发展，所以德国被称为卡特尔国家。

　　辛迪加比卡特尔发展程度高、较稳定的资本主义垄断组织形式。辛迪加指同一生产部门的少数大企业为了获取高额利润，通过签订共同销售产品和采购原料的协定而建立的垄断组织。参加辛迪加的企业在生产上和法律上有自己的独立性，但在商业上已失去了独立地位。它们采购原材料和销售商品的业务均由辛迪加的总办事处统一办理，总办事处统一接受商品订单和统一采购原材料，按照协议在辛迪加所属企业之间进行分配，参加辛迪加的企业不再与市场发生直接联系。企业一旦加入了辛迪加很难随意退出，如果要退出，必须花一笔资本重新建立购销机构、重新安排与市场的联系，但是这要受到辛迪加的阻挠和排挤。因此，同卡特尔相比，辛迪加具有稳定性。这种垄断组织形式曾在法国最为流行。

　　托拉斯垄断组织的高级形式之一，是指在同一商品领域中，通过生产企业间的收购、合并以及托管等形式，由控股公司在此基础上设立一巨大企业来包容所有相关企业来达到企业一体化目的的垄断形式。通过这种形式，托拉斯企业的内部企业可以对市场进行独占，并且通过制定企业内部统一价格等手段来使企业在市场中居于主导地位，实现利润的最大化。托拉斯的垄断组织形式可分为两种：一种是以金融控制为基础的托拉斯。参加的企业形式上保持独立性，实际上从属于掌管托拉斯股票控制额的总公司，这种总公司是一种持股公司，通过持有其他公司的股票控制额对它们进行金融控制；另一种是以生产同类商品的企业完全合并为基础的托拉斯。这种托拉斯所从属的总公司是一种业务公司，直接经营产销业务。在总公司下按产品类别或工序、工艺设立若干分公司来管理。美国较流行这种垄断组织形式，被称为"托拉斯之国"。

　　康采恩是高级垄断组织形式，晚于卡特尔模型、辛迪加、托拉斯出现，规模更为庞大。是一种通过由母公司对独立企业进行持股而达到实际支配作用的垄断企业形态。一般情况下，基本是由集团中的银行以及其他金融企业来担当控股公司这一角色。这种垄断形态与卡特尔以及托拉斯不同，它的直接目的不是支配市场。在资本集中方面上，康采恩比卡特尔和托拉斯更加进步。参加康采恩的不仅有单个资本家的企业，而且有集团资本家的垄断企业如辛迪加、托拉斯等；不仅包括许多工业企业、运输公司、矿业公司等生产性单位，而且还包括银行、保险公司、商业公司、其他服务性公司等非生产性单位。大工业企业和大银行是该组织的核心，它们除了经营本身的业务外，还把一部分资本投入参加康采恩的其他企业中去，通过参与制掌握这些企业的股票控制权。参加康采恩的企业形式上虽然具有独立性，但实际上却受居于核心地位的大工业企业或大银行的控制。垄断资本家通过这种形式，控制着比其本身资本大几倍甚至几十倍的资本，以加强垄断统治，攫取高额垄断利润。第一次世界大战后，这种垄断组织形式在德国、日本和欧洲其他国家迅速发展。

资本家建立垄断组织，其目的是为了攫取垄断利润。垄断利润是指垄断资本家凭借其垄断地位而获得的超过平均利润的高额利润，它是垄断资本所有权在经济上的实现。从性质上来看，垄断利润不是一般地占有本企业工人创造的剩余价值，也不是凭资本份额的大小从社会剩余价值总量中分割的，而是垄断资本家凭借生产和市场的垄断地位而占有的一种特殊的超额利润。从数量上看，垄断利润是垄断企业所获利润中超过平均利润以上的超额利润。但事实上，垄断企业的超额利润和平均利润是融为一体的。同时与自由竞争资本主义企业暂时的超额利润不同，垄断利润较长期较稳定。因此，广义的垄断利润包括超额利润和平均利润，狭义的垄断利润仅是超过平均利润以上的那部分超额利润。

垄断利润的来源：一是加深对本企业雇佣工人的剥削。垄断组织通过各种办法提高剥削程度，特别是对新技术的垄断，使雇佣工人以较高的劳动生产率生产的全部剩余价值转化为垄断利润。二是来自对非垄断企业的劳动者和小生产者的商品，以垄断高价出售自己的商品，这样，非垄断企业和小生产者创造的一部分价值就转移到垄断企业。三是加强对国外劳动人民的剥削。垄断组织通过资本输出和不等价商品交换，剥削和掠夺国外劳动者创造的一部分价值。此外，资产阶级国家还会通过财政和信贷，对国民收入进行有利于垄断资本家的再分配。如通过国家采购、财政补贴、减免税收等，把国民收入的一部分转化为垄断利润。

垄断利润主要是通过垄断组织规定的垄断价格来实现的。垄断价格是垄断企业为获得垄断利润，凭借其垄断地位，在购买生产资料或销售产品时规定的一种旨在保证最大限度地获取利润的市场价格。垄断价格等于生产成本加垄断利润。垄断价格包括垄断高价和垄断低价。垄断高价是垄断企业出售产品的价格，垄断低价则是垄断企业收购原材料的价格。垄断价格是垄断企业获得垄断利润的重要手段。它得以维持的前提条件是垄断企业对市场的控制、对资本流入的阻碍和对产量的限制。

虽然垄断价格是由垄断组织规定的，但是垄断组织并不能够随心所欲的无限制抬高或压低价格，而要受到诸多因素的制约。一是受竞争规律的制约，价格过高会使竞争对手以较低的价格来侵蚀自己的市场；二是受商品供求关系的制约，价格过高一方面会使人们对这种商品的需求降低，同时又会引来更多的竞争对手转向生产该产品，导致供过于求而价格下跌；三是受生产价格规律的制约。

垄断价格的这些制约因素表明，垄断价格的形成并没有否定价值规律。这是因为：第一，垄断价格不可能完全脱离价值。垄断企业不能任意提高和降低商品价格，商品价格在不同程度上要受到市场竞争和供求关系的制约。第二，垄断价格并没有完全改变全社会商品价格和价值总额的一致性。垄断企业通过垄断价格多得的利润，正是其他商品生产者和消费者失去的价值部分。第三，垄断价格的制定和变动，归根到底取决于生产该商品所耗费的社会必要劳动时间及其变化。垄断价格进一步改变价值规律作用的表现形式，即价值规律的作用表现为大部分商品的市场价格采取了垄断价格的形式。

6.1.3　垄断条件下的竞争

1. 垄断与竞争并存

垄断是作为自由竞争的直接对立物而发展起来的。自由竞争引起生产集中与资本集中，生产与资本集中达到一定高度，自然而然的走向了垄断。但是，垄断的产生并没有也不可能消除竞争，而使竞争变得更加复杂与剧烈，具有不同于自由竞争的一些新特点。

垄断并没有消除竞争，而与竞争并存。其原因主要是：一是垄断并没有消除产生竞争的条件。竞争是商品经济的产物，只要存在商品生产，就存在着竞争。竞争机制是价值规律的要求和作用得以贯彻的重要机制。垄断的形成和发展不仅没有消除商品经济，反而在深度和广度上促进了商品经济的发展。二是垄断并没有改变资本的本质。垄断仍然建立在商品生产基础上，目的是为了追求高额垄断利润。因而，垄断统治下的利害冲突和竞争是不可避免的。三是"绝对的垄断"是不存在的。垄断产生后并在社会经济生活中占据了统治地位，但是，垄断组织不可能控制一切，绝对的垄断不存在。在垄断组织之外，仍存在着大量的非垄断企业，这些企业的生存与发展是垄断统治的需要。只要垄断组织和非垄断企业并存，它们之间就存在着竞争。同时，即使在一个部门中存在着垄断程度极高的垄断组织，各垄断组织为了巩固自己的地位，获得更多的垄断利润，他们也必然会参与竞争。所以，垄断的形成不仅没有消除竞争，反而使竞争更加的复杂和激烈。

垄断竞争是以垄断资本为主体而展开的竞争，它与自由竞争的区别主要表现在：（1）竞争的目的和性质发生了变化。自由竞争条件下，各部门企业数量多，规模较小，资本间的竞争相对平等与自由。竞争的目的是为了获得平均利润和超额利润。垄断竞争是建立在生产和资本高度集中的基础上，竞争的目的不是平均利润，而是为了获得高额的垄断利润。垄断资本和非垄断企业及中小企业资本的关系不再是平等、自由的竞争关系。（2）竞争的内容和手段发生了变化。自由竞争是以价格竞争为主要内容的，基本手段是改进技术，降低生产成本，提高劳动生产率。而垄断竞争则以争夺生产和销售上的控制权为主要内容，竞争手段多样化，以非价格竞争为主，如促销竞争、产品质量竞争、服务质量竞争、人才的竞争、优惠贷款等方面的竞争更加激烈。（3）竞争的范围不同。自由竞争的范围主要是国内经济领域，而垄断竞争的范围，从国内扩大到国外，从经济领域延伸到政治、军事、文化等各领域。并且竞争的后果也更为严重，影响也更为广泛和深刻。

2. 垄断竞争的形式

（1）垄断组织内部的竞争。每个垄断组织都由若干个大企业联合组成，它们为了共同操纵市场，保持垄断价格，攫取高额垄断利润，可以达成暂时的协定。但同时，由于各自的私利，它们又会围绕市场配额、产销份额、利润、领导权等进行激烈的斗争。特别是在成员企业间实力对比发生变化时，斗争尤为尖锐。

（2）垄断组织之间的竞争。为了争夺有利的投资场所，获得稳定的原料来源，控制商品的销售市场，操纵某个经济部门或地区，各垄断组织之间进行着激烈的竞争。如当某个垄断组织与另一个提供原材料或半成品的垄断组织发生纵向经济联系时，它们之间就会形成双边垄断竞争关系。垄断组织的垄断地位不是一成不变的，有的垄断组织在竞争中，积累了大量财富后，需要向别的垄断组织控制的部门投资时，会发生争夺投资场所的竞争。由于垄断组织不仅自身拥有雄厚的经济实力，而且背后往往还有大银行的支持，竞争更为激烈。发展到现代，大垄断组织之间的混合兼并成为竞争的主要形式。

（3）垄断组织与非垄断企业之间的竞争。垄断组织依靠其雄厚实力，形成强大的垄断壁垒，阻碍着非垄断企业的进入，并且控制本部门或相关部门的中小企业。垄断组织通过和中小企业订立购销合同，转包生产任务，把中小企业纳入自己的生产体系。利用中小企业因专业化分工而带来的生产效率和较廉价的劳动力，以降低自己的生产成本，提高利润率。或通过压低价格，收购中小企业的原材料或半成品。但是，中小企业既然作为资本存在，绝不会甘心受制于垄断组织的支配。因此，垄断组织与它们之间也存在着控制与反控制的斗争。

（4）非垄断的中小企业间的竞争。非垄断的中小企业或一些较大的企业，在垄断组织尚未触及的"夹缝"市场和生产领域里围绕原材料采购、商品销售、劳动力等进行着激烈的竞争。它们之间的竞争是自由竞争，只不过在垄断占统治地位的条件下，这种自由竞争不仅意义有限，而且常常会被垄断组织用来作为控制、分裂非垄断企业的手段。

综上所述，竞争产生垄断，垄断加剧竞争，自由竞争过渡到垄断并没有改变资本主义的性质。恰恰相反，垄断与竞争的同时并存，使资本主义所固有的各种矛盾更加尖锐和突出。资本主义社会的各个领域、各个方面也由此打上了垄断的烙印，以垄断为基础发生了相应的改变。

6.2　国家垄断资本主义

第二次世界大战以前，垄断资本主义的经济特征是私人垄断。第二次世界大战以后，国家在经济生活中的作用越来越大，资本主义垄断已由私人垄断为主转变为国家垄断为主，资本主义进入国家垄断资本主义阶段。

6.2.1　国家垄断资本主义的产生与发展

1. 国家垄断资本主义的产生与发展

国家垄断资本主义是国家资本同私人垄断资本相结合的一种垄断资本主义。这种结合形成的新型垄断资本，高于一般私人垄断资本，是在社会再生产过程中形成的新的垄断资本主义生产关系体系，成为现代资本主义国家的经济基础。自由竞争发展为垄断，私人垄断发展为国家垄断，这是资本主义发展的一般规律。

国家垄断资本主义从开始萌芽到在整个经济生活中占据统治地位，经历了一个复杂的发展过程。这个过程大致可分为四个阶段。

第一阶段，19 世纪末到第一次世界大战爆发以前，国家垄断资本主义尚处于萌芽状态。这时的国有经济主要是国营铁路、兵工厂及某些公共事业和基础设施等。而这些早就是国家的财产，只是在私人垄断确立后他们才转变成国家垄断资本主义的一种早期形式。

第二阶段，第一次世界大战爆发到 20 世纪 30 年代大危机以前，国家垄断资本主义开始出现。战争期间，各交战国空前地加强了国家队经济的干预，对生产和分配普遍实行了国家监管，一些交战国还由国家投资建立钢铁厂和兵工厂。事实上，这是一种战争时期发展起来的军事性国家垄断资本主义，以德国的情况最为典型。战争结束后，这种国家垄断资本主义也就削弱了。

第三阶段，20 世纪 30 年代到第二次世界大战结束初期，国家垄断资本主义不稳定发展时期。1929 ~ 1933 年的世界资本主义经济危机，严重冲击了资本主义制度。为了渡过危机，摆脱经济困难，各国纷纷颁布干预经济的法令，成立各种管制经济的机构，加强了国家队经济的干预和调节，国家垄断资本主义再度有了显著发展。例如，美国推行"罗斯福新政"；英法等国对私人企业实行国有化的举措。第二次世界大战后，国家垄断资本主义又一次得到广泛的发展，各交战国普遍建立了许多直接管理经济的专门机构，国家调节几乎包括了所有经济部门。但是，这个时期的国家垄断资本主义是同经济危机和战争相联系的，具有行政性和不稳定性。随着经济危机和战争的结束，国家垄断资本主义又退回到私人垄断资本主义。

第四阶段，20世纪50年代开始直到现在，国家垄断资本主义进入全面、持续、迅速发展的阶段。国家垄断资本主义遍及经济发展的各个领域，涉及所有发达资本主义国家，成为当代资本主义国家经济基础最重要的组成部分，它标志着垄断资本主义发展到一个新的阶段。战后国家垄断资本主义迅速而稳定的发展，是因为战后科学技术革命的迅速发展促进了生产社会化程度不断提高，这就要求在全社会范围内对国民经济进行宏观管理。同时，战后主要资本主义国家面临国内外经济和政治斗争形势的变化，也极大地促进了国家垄断资本主义的发展。

2. 第二次世界大战后国家垄断资本主义迅速发展的原因

第二次世界大战后，国家垄断资本主义得到了迅速而持续的发展，最根本的原因是生产社会化的发展，导致资本主义基本矛盾加剧的结果。战后，由于新的科学技术革命极大地推动了社会生产力的发展，生产社会化程度有了很大的提高，使其与垄断资本主义私人占有的矛盾尖锐起来，由此而引起的一系列矛盾日益加剧。这些矛盾是私人垄断资本所不能解决和缓和的，这就促使垄断资本同国家机器结合起来，凭借资本主义国家的力量，对社会经济生活进行干预和调节，以暂时解决或缓和这些矛盾，保证资本主义再生产正常进行和高额垄断利润的获得。因此，从私人垄断资本主义过渡到国家垄断资本主义，意味着在资本主义关系内部可能的范围内进行的一种自我调整，它是垄断资本主义发展的必然趋势。

第二次世界大战后，垄断资本所面临的需要由资产阶级国家出面加以解决的矛盾，主要表现在以下方面：（1）市场问题日趋严重。在现代科学技术革命推动下，急剧膨胀起来的社会生产力，使社会产品大幅度增加，而国内外市场日益相对狭小。要缓和和解决这一矛盾，就要借助国家的力量进行干预和调节，开拓国内市场，刺激需求增长，对过度膨胀的生产加以控制。同时，随着经济的全球化，国际市场的竞争更加激烈，需要依靠国家的力量来争夺国际市场。（2）规模巨大的社会化大生产和一系列新兴工业的建立以及对传统工业进行大规模的设备更新和技术改造等，都需要投入巨额的资本，单靠私人垄断资本是不能承担的，特别是有些新兴工业部门，如航天工业，投资大，风险大，需要由国家资助和进行投资。（3）随着新科学技术的发展，生产社会化程度日益提高，客观上要求对整个国民经济的结构进行调整，尤其是国民经济中新兴工业部门不断增多，各部门之间的联系日益错综复杂，需要进行社会规模的调节与协调，这只有国家干预经济才能实现。（4）科学技术开发与研究的社会化，使私人垄断资本无力承担开发与研究项目。某些科学技术的开发和研究，往往需要跨学科、跨部门的数量众多的科研人员的协同配合，某些不能直接获利的基础理论研究，防止和消除现代化生产对自然环境的污染等，往往都是私人垄断资本所不能或者不愿意承担的，只能由国家来承担。上述种种矛盾和问题的解决是垄断资本利益的需要，但必须借助于国家的力量。因此，私人垄断资本主义便日益发展成为国家垄断资本主义。

6.2.2　国家垄断资本主义的形式

国家垄断资本主义的具体形式是多种多样的。在不同的国家，不同的历史阶段表现出来的形式也因政治经济条件不同，而有很大的差异。但不论采取什么形式，其本质都是相同的，即都是资产阶级国家与垄断资本的结合。这种结合包含两重含义：第一，国家直接占有垄断资本。就是国家与垄断资本已融合为一体，形成一种新型的垄断资本，即国有垄断资本。国家是国有垄断资本的所有者，并以真正的总垄断资本家的身份参与再生产的全部过程。第二，国有垄断资本与私人垄断资本在再生产过程中的结合运动。国有垄断资本一经形成，就成为社会总资本的一个有机组成部分，在社会总资本的再生产过程中与私人垄断资本紧密地结合在一起混合运动。

由于国家与私人垄断资本结合的渠道不同、程度不同，就形成了国家垄断资本主义的三种不同的形式。

1. 国有垄断资本

国有垄断资本是国家财政资金中转化为资本的那个部分。国家集中的财政资金并不全部转化为资本，如其中用于维持国家机关的行政开支，因没有投入价值增殖过程，就不能称作国有垄断资本。

国有垄断资本的组织形式，是国家所有制企业，即国有企业。它包括国家直接经营的国有企业事业，租让供私人垄断组织经营的国有企业。国有企业一般是通过两个途径建立起来的：一是"国有化"，即国家用高价收购或其他补偿损失的办法，把某些私人企业收归国有；二是国家用财政拨款直接投资建立的新企业。在国有企业里，国家已经是生产资料、垄断资本的直接所有者，国有企业的各种经营活动由国家调节，在社会资本再生产过程中，同私人垄断企业的各种经营活动相结合。

战后，英、法、意等西欧国家先后对电力，煤炭、铁路运输等许多部门或企业实行"国有化"，建立了不少的国有企业。但也有一些国家，如美国、日本等则没有实行"国有化"。一个国家是否实行国有化，要取决于国有化能否保证垄断资本的利润，当"国有化"能保证垄断资本获得高额利润时，可以实行国有化。反之，则可以将国有企业私营化。

2. 国私共有的垄断资本

国私共有垄断资本是国有垄断资本和私人垄断资本在一个企业范围内的结合，即国家以资本所有者的身份与私人垄断资本合作。这种国家垄断资本主义的形式，可以通过国家购买私人垄断企业的部分股票；或私人垄断组织购买国有企业的部分股票；或国家和私人垄断企业共同出资建立新企业。不论通过什么途径建立起来的国私共有垄断资本，它们都包含了国家资本和私人资本的结合。

国私共有垄断资本在形式上表现为股份公司，但它不同于单纯私人垄断资本组成的股份公司。因为，这种股份公司有国家的参与，国家便直接干预了私人资本的再生产过程。可见，国私共有的垄断资本实质上不过是国家为私人垄断资本追求高额利润提供了国家的保证。

3. 国私密切联系的垄断资本

国私密切联系的垄断资本是指与国家有密切联系的私人垄断本。这种资本在外部形式上表现为现代资本主义经济中的大量私人垄断资本，但是这些私人垄断资本在资本的整个运动过程中，却不能离开国有垄断资本的参与，国家垄断资本对私人垄断资本起着支持和保证的作用。

首先，从可变资本再生产的参与来看。在现代条件下，工人的收入一部分是资本家支付的工资；另一部分是国家支付的社会费用。如国家支出的劳动的训练与教育经费，社会救济基金与保险费、卫生保健费等。这些费用多是私人不愿意或无力承担的，只好由国家来解决。而国家则要从全社会范围来保障符合垄断资本需要的劳动力供给，要从整个资产阶级的根本利益考虑，来支出这些费用。这些费用虽然采取的是政府支出的形式，但它最终的来源还是广大劳动群众创造的剩余价值的一部分。它反映了可变资本再生产形式在资本关系限度内的社会化。

其次，从不变资本投资的参与看。这主要指的是国家投资和补贴，其目的是为私人资本的扩大再生产提供有保障的外部条件。如国家投资建设基础设施，国家投资进行的科研等。如果没有这些投资，或是这些基础设施和科研项目无法开展，那么，就要由私人资本预付更大的资本价值。国家无论是无偿或低价向私人资本提供生产要素或基础设施，都意味着国家投资代替了部分私人投资。

国家的补贴有直接补贴和间接补贴两种。直接补贴是国家无偿地给私人企业一定的资金，间接补贴是指减免税收、加速折旧等。间接补贴的作用在于降低企业成本、增加利润或增加企业自己支配的资本。

国家的投资和补贴代替一部分私人资本的投资和成本支出，这意味着不变资本再生产方式在资本界限内的社会化。

最后，国家垄断资本还参与了私人垄断资本剩余价值的分配和使用。如国家通过各种税收政策、财政金融政策、工资政策等影响剩余价值在企业内的分配以及在国家与企业之间的分割等。

以上这些都说明了在现代垄断资本主义条件下，私人垄断资本已经不能离开国家垄断资本而独立完成它的再生产运动了。国家垄断资本的三种形式，构成了国家垄断资本主义生产关系总体，这就意味着垄断资本主义已经发生了部分质变。

6.2.3　国家垄断资本主义的宏观调控

现实表明市场机制不是万能的，它存在着市场失灵。市场失灵主要表现在：（1）难以解决外部性问题。（2）市场主体行为目标具有短视性。（3）市场调节具有自发性、盲目性和滞后性。（4）市场调节只以效率原则为标准，会造成个人收入分配不公。（5）市场调节不能解决社会资本再生产的矛盾。这就需要资产阶级国家对经济进行调节，主要是通过各种强制手段来进行的。主要的有以下几个方面：

1. 实行财政政策

财政政策调节是指资本主义国家通过财政收支，调节社会需求，以维持经济的稳定增长。其特点是资产阶级政府根据经济周期的需要，经常调整经济政策，以直接影响消费需求和投资需求，使总需求与总供给达到平衡。如在经济萧条时期，总供给超过总需求，政府则一方面增加财政支出，包括增加政府的商品劳务采购、公共工程投资等，以促进企业投资，直接扩大总需求水平。另一方面实行减免税收，让居民留下较多的可支配收入，来增加消费，使得总需求扩大，这两方面都有助于克服经济萧条。反之，如果当经济过度膨胀，出现总需求大于总供给时，政府则实行增税和缩减财政开支，包括减少政府购买、减少公共工程等，同时限制了公司的投资，以降低过旺的需求，最终使总供给与总需求趋于平衡。

但是应当看到，资产阶级政府的财政收支和税收的变动，总是有一定局限性的。如国家财政支出的增加，势必增加广大劳动人民的赋税负担，使得他们有支付能力的需求相对缩小，从而不可避免地进一步加深生产与消费的矛盾，为新的经济衰退创造了条件。财政调节的过程实际上是充满矛盾和困难的过程，它使资产阶级政府陷入进退维谷的困境。

2. 货币政策

这是指资产阶级国家通过参与金融活动控制货币供用量来影响社会再生产。资产阶级国家通过建立以中央银行为中心的货币金融体系，作为直接控制国民经济体系的神经中枢。中央银行主要是通过调节货币供给量和伸缩信用规模，间接影响投资，改变需求水平，从而对整个再生产过程产生影响。其过程大体上是这样的：当经济出现过度膨胀或萎缩时，中央银行则相应的减少或增加货币供应量，从而促使信贷扩张或收缩，最终使总需与总供给达到平衡，整个经济活动趋于活跃或受到抑制。实行金融调节也是矛盾重重的。首先由于资本主义国家经济的不稳定性，使得确定金融政策本身就十分困难。货币与信用的扩大和收缩在一定时期内对生产有相当影响，但它无法阻止经济危机的爆发。每当经济出现剧烈波动时，资产阶级政府便进退两难，束手无策。其次，中央银行的货币政策也无法完全左右信贷规模，因为信贷规模归根结底要受再生产过程的制约。

3. 收入政策

它的基本内容是国家通过工资政策，调节工资、利润和其他收入之间的比例关系，克服物价与工资的螺旋式上涨，做到所谓"公平"分配。这方面的问题同样是很多的。国家要达到充分就业、稳定物价的目标，本身就是与垄断资本攫取高额垄断利润的望相违背的。就业人数增加，企业工资支出也必然增加，这必然引起物价上涨。如要稳定物价，就要控制工资的增长，否则工人要求增加工资，企业就要提高物价，所谓"公平"分配事实上是很难做到的。

4. 计划管理

这也是战后资本主义国家普遍采用的一种调节经济的方式。计划调节是指主要资本主义国家通过编制短期、中期和长期计划及其实施来对整个国民经济实行综合调节。

资本主义国家的经济计划不是指令性的，而是指导性和参考性的。它对资本主义各个私人企业没有法律约束力。国家计划只是通过种种经济杠杆和各种经济措施去诱导和影响私人企业，把私人企业的生产经营活动纳入国家计划的轨道。资本主义国家计划只不过是运用市场机制的作用，对资本、劳力、物资在全社会范围内进行的一种调度。计划调节的目的是为了整个垄断资产阶级的利益。如果计划对垄断资产阶级不利，计划是得不到贯彻的。由于资本主义生产社会化发展的客观要求，国家计划对不同国家不同历史时期在缓和资本主义生产无政府状态带来的各种矛盾，以及对资本主义经济的发展起了一定的作用，但从根本上说来，资本主义经济同国家计划管理是根本对立的，它不可能根本消除资本主义生产的盲目性和无政府状态。

6.2.4　国家垄断资本主义对经济发展的影响

国家垄断资本主义的形成和发展表明私人垄断向国家垄断的转变，垄断资本在全国范围内确立了统治，这对资本主义经济的发展起了重要的作用。

1. 国家垄断资本主义对经济发展的促进作用

第二次世界大战后国家垄断资本主义的迅速发展，有利地促进了资本主义经济的发展。

（1）国家垄断资本主义为社会在生产的顺利进行创造了必要的宏观环境。一是政府运用其掌握的巨额资本投入社会资本再生产过程，可以兴办那些私人垄断资本无力兴办的、适应新科技发展要求的巨大新兴工业企业，从而部分地克服了社会化大生产与私人垄断资本之间的矛盾；二是政府通过财政货币政策刺激或抑制有效需求，增加或减少社会供给，在一定程度上有助于缓和社会生产的无政府状态；三是政府利用经济法规有效地调整和规范了私营企业的利益与行为，使社会再生产得以保持相对平稳的顺利进行；四是国家经济计划在一定程度上为私营企业调整经营决策提供参考，并对产业结构和地区结构的规模、方向做出调整，减少私营企业投资的盲目性。可见，国家调节是私人垄断企业获取高额利润的必要外部条件。

（2）国家垄断资本主义对科学技术进步产生巨大的推动作用。国家垄断资本主义通过税收等途径在全国范围集中了大量的资金投入科技研究，投入私人无力承担或不愿承担的大型工程或耗资巨大、技术密集的新兴工业部门，使战后新技术、新产业迅速发展起来。国家垄断资本主义使竞争在更大的范围内展开，促使垄断资本加强科技的研究和在生产中的应用，提高产品质量，降低成本，加强竞争能力，以便在竞争中立于不败之地，从而加快了资本主义经济的发展。

（3）国家垄断资本主义还在一定时期内和一定程度上缓和了劳资矛盾、垄断资本与中小资本的矛盾。垄断资产阶级国家通过财政对国民收入进行再分配，通过社会福利制度对工资收入者的收入进行再分配，这种福利制度使劳动人民在一定程度上得到基本生活保障，使那些无劳动能力和低收入的家庭生活有所改善，起到缓和劳资矛盾的作用，有利于维护资本主义雇佣劳动制度。

（4）战后垄断资本对发展中国家的垄断统治方式也发生了重大变化，即从野蛮侵略转变为经济投资。虽然剥削的实质没有变，但是对发展中国家发展民族经济，促进国际经济合作与交流有一定的正面作用，也有利于国际经济活动的专业化协作。

2. 国家垄断资本主义对经济发展的局限性

国家垄断资本主义是适应私人垄断资本利益的需要、为维护和巩固资本主义制度而产生的，因而国家垄断统治必然会加深资本主义社会的经济矛盾。

（1）国家垄断导致生产技术的停滞趋向。国家垄断可以通过制订国家垄断价格，通过限制产量，通过政府的商品和劳务的采购等办法，使垄断资本家获得有保障的可靠的高额利润，因此推动技术进步的动因就在一定程度上消失了，甚至有可能通过收买科技发明，将它封存不用等办法，人为地阻止技术的进步，结果导致经济停滞，甚至倒退的趋势。

（2）国家垄断资本的积累归根结底是使无产阶级和其他劳动人遭受更加沉重的剥削。这不仅限制了广大劳动人民消费的增长，加深了生产与消费的矛盾，同时还必然加深无产阶级同资产阶级的矛盾。

（3）国家垄断资本主义与帝国主义国家的国民经济军事化密切地联系在一起，使国家大量的人力、物力和财力用于军事方面，大量的社会财富游离出社会再生产过程之外，造成社会财富的巨大浪费，影响资本积累和经济发展。

本章小结

1. 资本主义在经历了自由竞争资本主义后，生产力得到迅速发展。伴随着资本主义生产的发展，生产社会化的程度不断提高，生产集中的趋势也不断加强。

2. 资本主义生产集中和资本的集中，私人垄断资本主义产生，产生了各种各样的垄断组织，如托拉斯、辛迪加、康采恩等垄断组织。

3. 资本家通过建立垄断组织，攫取垄断利润。垄断是作为自由竞争的直接对立物而发展起来的。但是，垄断并没有消除竞争，而与竞争并存，存在四种垄断竞争的形式。

4. 第二次世界大战以后，国家在经济生活中的作用越来越大，资本主义垄断已由私人垄断为主转变为国家垄断为主，资本主义进入国家垄断资本主义阶段。国家垄断资本主义从开始萌芽到在整个经济生活中占据统治地位，大致可分为四个阶段。

5. 国家垄断资本主义的具体形式是多种多样的，但不论采取什么形式，其本质都是相同的，即都是资产阶级国家与垄断资本的结合。国家垄断资本主义对经济的宏观调控手段，通过这些手段对资本主义经济发展起着巨大的推动作用，但从长远看对社会进步起着阻碍作用。

复习思考题

1. 资本主义垄断是怎样形成的？
2. 简述垄断竞争的形式。
3. 简述国家垄断资本主义的形式。
4. 简述资本主义国家宏观调控的手段。
5. 简述国家垄断资本主义对经济发展的影响。

第7章 社会主义初级阶段的
基本经济制度

┌─ 本章要点 ─
◇社会主义经济制度的建立
◇中国社会主义发展的初级阶段
◇中国社会主义初级阶段的所有制结构
◇中国社会主义初级阶段的个人收入分配和消费
└

以上各章，我们分析了资本主义生产关系发展变化的规律性。从本章开始，我们将分析社会主义生产关系发展变化的规律性。本章主要阐述社会主义经济制度建立的必然性，中国社会主义发展的初级阶段理论，中国社会主义初级阶段的所有制结构，中国社会主义初级阶段的个人收入分配和消费等问题。

7.1 社会主义经济制度的建立

7.1.1 社会主义经济制度建立的必然性和政治前提

经济制度是指国家的统治阶级为了反映在社会中占统治地位的生产关系的发展要求，建立、维护和发展有利于其政治统治的经济秩序，而确认或创设的各种有关经济问题的规则和措施的总称。经济制度表现为各类显性的或者隐性的规则和契约，在本质上反映了一定社会生产关系的某些特征。它是一个具有阶级性和层次性的概念。此外，经济制度也指一定社会各个经济部门和领域的各种具体规章制度。

资本主义市场经济制度是以私有制为基础，以私人剩余价值规律为其基本经济规律的一种社会经济制度。在这种经济制度下，一方面受到价值规律、剩余价值规律、竞争规律及平均利润下降等规律的制约和影响，生产必然具有无限扩大的趋势；另一方面受到资本积累规律和资本主义财富与分配的规律的制约和影响，有支付能力的需求必然出现相对缩小的趋势，从而产生生产与消费、供给与需求的矛盾。此外，社会化大生产要求社会要有比例地分配社会总劳动，然而受到私有制的制约和影响，这一客观要求却难以实现。在资本主义私有制条件下，由于私人企业决策的高度分散化以及受到微观企业资本、信息、人才等因素的制约难以满足市场有效地运营、资源有效配置所需要的完全信息假定和价格充分灵敏假定。从而产生个别企业生产的有组织性与整个社会生产无政府之间的矛盾。通过量变到质变的过程，上述各种矛盾最终以危机的形式爆发出来。历史上 1825 年的英国大危机，1929～1933 年的大危机，以及 21 世纪初一些国家接连发生的金融危机和经济危机等，都充分说明了资本主义经济制度的历史过渡性。

　　在资本主义经济制度产生和发展的数百年历史长河中，资产阶级的思想家、经济学家和政治家出于维护资本主义利益的需要，自觉或者不自觉地运用马克思主义的"生产关系一定要适应生产力发展需要的规律"。对资本主义的生产关系进行不懈的调整和改革。股份制的产生、私人垄断向国家垄断的转变、国家垄断向国际垄断的转变，以及经济全球化，所有这一切从根本上说都是对资本主义生产力的发展，但经济的社会化和全球化所改变的，主要是私有制的实现形式和私有资本的运行方式，这种变革没有，也不可能改变资本主义私有制的根本性质。资本主义条件下的"国有经济"，"国有"是名义和手段，实质上是为全体资本家的共同利益服务的。因此，资本主义的生产关系和生产力之间的矛盾是无法在资本主义范围内根本解决的。资本主义国家一再产生矛盾、冲突和危机，充分证明了只有以社会主义经济制度代替资本主义经济制度，才能最终解决以私有制为基础的生产关系与生产力之间的矛盾。

　　社会主义经济制度代替资本主义经济制度，虽然是生产关系一定要适合生产力发展需要规律作用的必然结果，但这一历史发展的客观必然性的实现，必须有自己的政治前提。社会主义经济制度的产生过程同上述私有制的更迭过程存在根本不同。表现在：一方面，社会主义公有制不可能在以资本主义私有制为基础的旧经济制度内部自发地产生。这是因为，社会主义公有制的产生和建立，意味着对资本主义私有制的否定，从而直接威胁到作为统治阶级的资产阶级的根本利益；另一方面，社会主义公有制的建立，必先通过无产阶级剥夺资产阶级的生产资料才能实现。对于这种剥夺，资产阶级必然要进行反抗，并利用所掌握的国家机器来维护资本主义私有制、镇压无产阶级推翻资产阶级的斗争。因此，社会主义公有制的建立，迄今为止，只能通过无产阶级政权的力量，消灭生产资料资本主义私有制来实现。马克思在《共产党宣言》中指出："工人革命的第一步，就是使无产阶级上升为统治阶级","无产阶级将利用自己的政治统治,一步一步地夺取资产阶级的全部资本,把一切生产工具集中在国家即组织成为统治阶级的无产阶级手里。"可见,社会主义经济制度产生的上述特点,决定了社会主义经济制度建立的政治前提——无产阶级专政的建立。

7.1.2 社会主义建设的长期性、艰巨性与过渡时期

社会主义革命的成功和社会主义经济制度的建立,为社会主义经济的建设与发展奠定了基础。但这仅仅是一个开端,要把社会主义国家建设成一个繁荣昌盛的高度发达国家,任务还极其艰巨,道路还很漫长。要完成这个任务,需要一个特殊的过渡时期。

新中国成立前我国是一个半殖民地、半封建制度的社会,我们的革命是分两步走的。第一步是新民主主义革命,第二步是社会主义革命。因此,我国的过渡时期是从新民主主义社会向社会主义社会转变的时期。这个时期,从 1949 年 10 月中华人民共和国成立开始,大体上到 1956 年"三大改造"基本完成结束。过渡时期在经济结构上的特征是多种经济成分并存。基本任务是建立和发展社会主义公有制,把生产资料私有制占统治地位的经济结构改变为生产资料公有制占统治地位的经济结构,从而在全国范围内建立起社会主义经济制度。

7.1.3 我国社会主义经济制度建立的途径和发展

一切从实际出发、具体问题具体分析是马克思主义的精髓。由于旧中国是一个半殖民地、半封建的国家,存在着多元的所有制结构和多种经济成分,这就决定了我国必须从实际出发,依据多种经济成分的性质、规模、特点和作用,采取不同的方针政策和具体途径建立起社会主义经济制度。社会主义革命胜利后,无产阶级必须运用政权的力量逐步消灭生产资料私有制,建立社会主义经济制度。这时摆在无产阶级面前有两种性质完全不同的私有制:资本主义私有制;农业、手工业的个体私有制。由于这两种私有制的性质完全不同,因而转变为公有制的途径也根本不同。我国社会主义经济制度,主要是通过以下三个途径建立起来的:

1. 没收大资本,建立社会主义全民所有制

首先,对于资本主义私有制,要通过马克思所说的"剥夺剥夺者"转变为社会主义公有制。但是,这种剥夺应该根据资本的大小及其在国民经济中的地位和作用,并根据大中小资本家在对待无产阶级革命所持的态度,分别采取不同的方法:无偿没收大资本与和平赎买中、小资本。

其次,无产阶级要利用自己政权的力量,没收大资本。在旧中国,大资本主

要是指官僚垄断资本主义，它依附于帝国主义并和封建主义相勾结，垄断了旧中国的经济命脉，严重阻碍了中国生产力的发展，它是国民党反动统治的经济基础。所以，我国新民主主义革命在全国胜利后，立即在全国范围内没收了官僚资本所控制的企业，把它变成全民所有制的国营经济。这就使无产阶级领导的国家掌握了国民经济命脉，从而为社会主义经济制度的建立奠定了基础。在我国，没收官僚垄断资本具有双重革命性质：消灭它的买办性和封建性，这是属于民主革命的性质；消灭垄断资本，则属于社会主义革命的性质。

2. 改造中小资本，壮大社会主义全民所有制

首先，我国的中、小资本是指民族资本。民族资本主义经济，在民主革命时期和社会主义革命时期具有两重作用，既有着积极作用的一面，又有着消极作用的一面。与此相联系，民族资产阶级在对待无产阶级革命的政治态度上也具有两面性，特别是在新中国成立后，它既有着发展资本主义愿望的一面，又有着拥护共同纲领、接受共产党和人民政府的一面。

民族资本主义经济的两重作用和民族资产阶级政治态度的两面性，使得无产阶级有可能通过"和平赎买"的方式改造民族资本主义经济，以便减少或避免在突然的变革中可能对社会生产力造成的破坏和损失，不打乱原有的生产经营秩序，并有利于削弱资产阶级的反抗程度，加强对资产阶级分子本身的改造。再加上我国无产阶级手中有强大的国家机器，在没收官僚资本基础上建立起强大的社会主义全民所有制经济，掌握了国家的经济命脉，并且随着农业合作化的开展，工农联盟在合作化基础上得到进一步巩固，使民族资产阶级进一步孤立。这些有利的政治、经济条件，迫使民族资产阶级接受了无产阶级的赎买政策，从而在我国实现了对民族资本的"和平赎买"。

其次，我国对民族资本的赎买，采用了利用、限制和改造的政策。即利用民族资本主义经济对国计民生有利的作用，限制其不利于国计民生的作用，并通过由初级到高级的国家资本主义形式对民族资本主义实行社会主义改造，把它改造成为社会主义全民所有制经济。并且在对民族资本主义企业改造的同时，对民族资本家也进行了改造，通过思想教育和安排他们参加企业的生产经营活动，把他们改造成为自食其力的劳动者。

3. 改造个体私有制，建立社会主义集体所有制

无产阶级取得政权后，建立社会主义经济制度的一个重要方面，就是必须把广泛存在的农业和手工业个体私有制改造成为社会主义公有制，引导个体农民和个体手工业者走社会主义道路。

第一步，改造个体私有制。对个体劳动者不能剥夺，这是一条马克思主义原则。对个体经济的改造，只能在自愿的基础上，通过典型示范、思想教育和国家帮助，引导个体劳动者走上合作化的道路，建立社会主义劳动群众集体所有制经济。恩格斯明确指出："我们对于小农的任务，首先是把他们的私人生产和私人占有变为合作社的生产和占有，但不是采用暴力，而是通过示范和为此提供社会帮助。"在我国，对农民个体经济的改造，是通过从互助组、初级社和高级社这样三个互相衔接、逐步前进的形式和步骤实现的。对城镇个体手工业者的改造，同样也是引导他们走合作化的道路。因为个体手工业是一种小商品经济，同市场有着紧密联系，因此，对它的改造是从流通领域入手，建立供销合作组织，然后进一步进入生产领域的合作，建立生产合作社。

第二步，建立社会主义集体所有制。我国从 1952 年提出过渡时期总路线，到 1956 年年底，对个体农业、个体手工业和民族资本主义工商业的社会主义改造基本完成，建立起社会主义全民所有制和劳动群众集体所有制，从而过渡时期的主要矛盾以有利于无产阶级和社会主义的方式而得到解决，标志着我国过渡时期的结束，基本上完成了从新民主主义社会到社会主义社会的转变，建立起了社会主义经济制度。当然，由于这项艰巨而复杂的社会主义改造任务是在一个拥有数亿人口的大国中进行的，而且又是一场前无古人的深刻的革命，工作中也出现了一些缺点和偏差。表现在：在社会主义改造过程中要求过急，工作过粗，变化过快，形式又过于简单划一等。但是，通过社会主义改造，促进了国民经济的发展，在我国建立起了社会主义经济制度。正如《党的若干历史问题决议》中指出："整个来说，在一个几亿人口的大国中比较顺利地实现了如此复杂、困难和深刻的社会变革，促进了工农业和整个国民经济的发展，这的确是伟大的历史性胜利。"

7.2 中国社会主义发展的初级阶段

7.2.1 社会主义初级阶段的内涵及其基本经济特征

初级阶段理论，是我们党对马克思主义关于社会主义发展阶段理论做出的重大贡献。这一理论，无论对我国的社会主义建设，还是国际共产主义运动，都具有非常重要的理论意义和实践意义。

应当指出的是，我们这里所说的初级阶段，不是泛指各个国家取得革命胜利后都要经历的阶段，而是特指我国从半殖民地半封建的旧中国脱胎出来的社会主义必须经历的阶段。因此，我国社会主义初级阶段有特定的含义。党的十三大报告指出，社会主义初级阶段包括两层含义：一是我国已经是社会主义社会，我们必须坚持而不能离开社会主义。二是我国的社会主义还处在初级阶段。我们必须从这个实际出发而不能超越这个阶段。社会主义初级阶段具有与社会主义高级阶段不同的特征，若没有这些特征，它就不可能成为社会主义发展过程中的一个独立的阶段。根据我国的实际情况，党的十五大报告对于我国社会主义初级阶段的基本特征和历史任务作了以下概括。

社会主义初级阶段是逐步摆脱不发达状态、基本实现社会主义现代化的历史阶段；是由农业人口占很大比重、主要依靠手工劳动的农业国，逐步转变为非农业人口占多数、包含现代农业和现代服务业的工业化国家的历史阶段；是由自然经济半自然经济占很大比重，逐步转变为经济市场化程度较高的历史阶段；是由文盲半文盲人口占很大比重、科技教育文化落后，逐步转变为科技教育文化比较发达的历史阶段；是由贫困人口占很大比重、人民生活水平比较低，逐步转变为全体人民比较富裕的历史阶段；是由地区经济文化很不平衡，通过有先有后有发展，逐步缩小差距的历史阶段；是通过改革的探索，建立和完善比较成熟的充满活力的社会主义市场经济体制、社会主义民主政治体制和其他方面体制的历史阶段；是广大人民牢固树立建设有中国特色社会主义共同理想，自强不息，锐意进取，艰苦奋斗，勤俭建国，在建设物质文明的同时努力建设精神文明的历史阶段；是逐步缩小同世界先进水平的差距，在社会主义基础上实现中华民族伟大复兴的历史阶段。

在新时期，党的十八大报告指出，新中国成立以来，特别是改革开放以来，党领导全国各族人民不懈奋斗，中国经济总量已跃升到世界第二位，社会生产力、经济实力、科技实力迈上一个大台阶，人民生活水平、居民收入水平、社会保障水平迈上一个大台阶，综合国力、国际竞争力、国际影响力迈上一个大台阶，国家面貌发生新的历史性变化。同时，十八大报告进一步指出，建设中国特色社会主义，总依据是社会主义初级阶段。应充分认识并牢牢把握社会主义初级阶段在当代中国的最大国情，推进任何方面的改革发展都要牢牢立足于这个最大实际。同时，不仅在经济建设中要始终立足初级阶段，而且在政治建设、文化建设、社会建设、生态文明建设中也要牢记初级阶段；不仅在经济总量低时要立足初级阶段，而且在经济总量提高后仍然要牢记初级阶段；不仅在谋划长远发展时要立足初级阶段，而且在日常工作中也要牢记初级阶段。党在社会主义初级阶段的基本路线是党和国家的生命线。我们在实践中要始终坚持"一个中心、两个基本点"不动摇，既不偏离"一个中心"，也不偏废"两个基本点"，把践行中国特色社会主义共同理想和坚定共产主义远大理想统一起来，坚决抵制抛弃社会主义的各种错误主张，自觉纠正超越阶段的错误观念和政策措施。只有这样，才能真正做到既不妄自菲薄，也不妄自尊大，扎扎实实夺取中国特色社会主义新胜利。

总之，社会主义初级阶段，是逐步摆脱不发达状态，基本实现现代化的历史阶段；是逐步缩小同世界先进水平的差距，在社会主义基础上实现中华民族伟大复兴的历史阶段。这样的历史进程，至少需要 100 年时间。至于巩固和发展社会主义制度，那还需要更长的时间，需要几代人、十几代人，甚至几十代人坚持不懈的努力奋斗。

7.2.2　社会主义初级阶段的主要矛盾和基本路线

1. 社会主义初级阶段的主要矛盾

在生产资料私有制的社会主义改造基本完成后，社会主义的主要矛盾是什么？这是社会主义理论的一个重要课题。1956 年党的第八次全国代表大会曾经正确地指出：在生产资料私有制的社会主义改造完成之后，国内的主要矛盾已经不再是工人阶级和资产阶级的矛盾，而是人民对于经济文化迅速发展的需要同当前经济文化不能满足人民需要的状况之间的矛盾。依据这一矛盾，党和国家把工作重点转移到经济建设上来。但是，这个正确的认识没有多久，就为"左"的思想倾向所否定。1957 年反右派斗争，我们党犯了扩大化的错误，对当时阶级斗争作了过于严重的估计，因而，对于八大关于主要矛盾的论述产生了怀疑。在党的八届三中全会上，毛泽东同志就正式批评了八大关于主要矛盾的提法，认为社会主义的主要矛盾是无产阶级和资产阶级的矛盾，社会主义道路和资本主义道路的矛盾。1962 年党的八届十中全会上，毛泽东同志提出了"以阶级斗争为纲"的基本路线。毛泽东同志对主要矛盾的分析，导致了领导工作的失误，给社会主义事业带来了严重的后果。

1978 年党的十一届三中全会以后，我们党逐步纠正了过去 20 年的错误倾向，对于社会主义主要矛盾的认识也进入了一个新的阶段。1979 年 3 月，邓小平对我国社会主义的主要矛盾作了明确的论述："我们的生产力发展水平很低，远远不能满足人民和国家的需要，这就是我们目前时期的主要矛盾。"[①] 1981 年党的十一届六中全会以历史决议的形式肯定了这一论断，并明确地表述为："在社会主义改造基本完成以后，我国所要解决的主要矛盾，是人民日益增长的物质文化生活的需要同落后的社会生产之间的矛盾"。

---

① 《三中全会以来重要文献选编》（上），人民出版社 1982 年版，第 101 页。

社会主义改造基本完成后，社会主义的主要矛盾，是人民日益增长的物质文化需要同落后的社会生产之间的矛盾。这是由我国社会主义初级阶段的性质和特点所决定的。社会主义生产资料公有制决定了社会主义生产目的是满足人民经常增长的物质和文化生活需要。满足人民群众经常增长的物质文化生活需要，就必须不断地发展社会生产。这一矛盾规定和制约着社会主义其他社会矛盾的运动，因而构成社会主义初级阶段的主要矛盾。

2. 社会主义初级阶段的基本路线

社会主义根本任务的完成，要有路线上的保证。党的十三大对党在社会主义初级阶段的基本路线作了科学的概括："我们党的建设有中国特色的社会主义的基本路线是：领导和团结全国各族人民，以经济建设为中心，坚持四项基本原则，坚持改革开放，自力更生、艰苦创业，为把我国建成富强、民主、文明的社会主义现代化国家而奋斗"。党的基本路线的主要内容，可以简要地概括为"一个中心、两个基本点"。

一个中心，即以经济建设为中心，这是党的基本路线的核心内容。以经济建设为中心，也就是以发展生产力为中心。党和国家的各项工作都必须服从于和服务于这个中心，而不能离开这个中心，更不能干扰这个中心。除了爆发大规模的战争外，全党同志都必须始终坚持这个中心，集中力量进行经济建设。只有这样，我们的社会主义才能立于不败之地。

两个基本点，一个是坚持四项基本原则，即坚持社会主义道路，坚持人民民主专政，坚持中国共产党的领导，坚持马列主义毛泽东思想。四项基本原则是马列主义同中国革命和建设的实践相结合的产物，是我国的立国之本。四项基本原则充分体现了全国劳动人民的根本利益和共同意志，是我国革命和建设事业能够沿着正确的方向发展的可靠保证。

另一个基本点是坚持改革开放。改革是社会主义生产关系的自我完善和发展，是生产力发展的内在要求，也是社会主义制度发展的内在要求。对外开放是实现我国四个现代化的必要条件。在当代经济生活日益国际化、科技进步日新月异的情况下，整个世界经济形成一个整体，任何一个国家都不可能在封闭状态下发展本国的经济，必须通过对外开放，广泛吸收各国的优秀成果，才能促进本国的经济发展和社会进步。改革开放是强国之路。

总之，党的基本路线规定了我国社会主义建设的方向、目标，确定了实现目标的方法、途径和领导力量、依靠力量，是内容完整而科学的路线。

7.2.3　社会主义初级阶段的基本纲领

社会主义初级阶段的基本纲领，是指建设有中国特色的社会主义的经济、政治、文化的基本目标和基本政策，有机统一，不可分割，构成的整体。新时期，党的十八大报告对中国特色社会主义道路进行了系统的阐述：

中国特色社会主义道路，就是在中国共产党领导下，立足基本国情，以经济建设为中心，坚持四项基本原则，坚持改革开放，解放和发展社会生产力，建设社会主义市场经济、社会主义民主政治、社会主义先进文化、社会主义和谐社会、社会主义生态文明，促进人的全面发展，逐步实现全体人民共同富裕，建设富强民主文明和谐的社会主义现代化国家。中国特色社会主义理论体系，就是包括邓小平理论、"三个代表"重要思想、科学发展观在内的科学理论体系，是对马克思列宁主义、毛泽东思想的坚持和发展。中国特色社会主义制度，就是人民代表大会制度的根本政治制度，中国共产党领导的多党合作和政治协商制度、民族区域自治制度以及基层群众自治制度等基本政治制度，中国特色社会主义法律体系，公有制为主体、多种所有制经济共同发展的基本经济制度，以及建立在这些制度基础上的经济体制、政治体制、文化体制、社会体制等各项具体制度。中国特色社会主义道路是实现途径，中国特色社会主义理论体系是行动指南，中国特色社会主义制度是根本保障，三者统一于中国特色社会主义伟大实践，这是党领导人民在建设社会主义长期实践中形成的最鲜明特色。

7.2.4 社会主义初级阶段的基本要求

在新的历史条件下夺取中国特色社会主义新胜利，必须牢牢把握以下基本要求，并使之成为全党全国各族人民的共同信念 。[①]

1. 必须坚持人民主体地位

中国特色社会主义是亿万人民自己的事业。要发挥人民主人翁精神，坚持依法治国这个党领导人民治理国家的基本方略，最广泛地动员和组织人民依法管理国家事务和社会事务、管理经济和文化事业、积极投身社会主义现代化建设，更好地保障人民权益，更好地保证人民当家做主。

2. 必须坚持解放和发展社会生产力

解放和发展社会生产力是中国特色社会主义的根本任务。要坚持以经济建设为中心，以科学发展为主题，全面推进经济建设、政治建设、文化建设、社会建设、生态文明建设，实现以人为本、全面协调可持续的科学发展。

3. 必须坚持推进改革开放

改革开放是坚持和发展中国特色社会主义的必由之路。要始终把改革创新精

---

① 《中国共产党第十八次全国代表大会文件汇编》，人民出版社2013年版。

神贯彻到治国理政的各个环节，坚持社会主义市场经济的改革方向，坚持对外开放的基本国策，不断推进理论创新、制度创新、科技创新、文化创新以及其他各方面创新，不断推进我国社会主义制度自我完善和发展。

4. 必须坚持维护社会公平正义

公平正义是中国特色社会主义的内在要求。要在全体人民共同奋斗、经济社会发展的基础上，加紧建设对保障社会公平正义具有重大作用的制度，逐步建立以权利公平、机会公平、规则公平为主要内容的社会公平保障体系，努力营造公平的社会环境，保证人民平等参与、平等发展权利。

5. 必须坚持走共同富裕道路

共同富裕是中国特色社会主义的根本原则。要坚持社会主义基本经济制度和分配制度，调整国民收入分配格局，加大再分配调节力度，着力解决收入分配差距较大问题，使发展成果更多更公平惠及全体人民，朝着共同富裕方向稳步前进。

6. 必须坚持促进社会和谐

社会和谐是中国特色社会主义的本质属性。要把保障和改善民生放在更加突出的位置，加强和创新社会管理，正确处理改革发展稳定关系，团结一切可以团结的力量，最大限度增加和谐因素，增强社会创造活力，确保人民安居乐业、社会安定有序、国家长治久安。

7. 必须坚持和平发展

和平发展是中国特色社会主义的必然选择。要坚持开放的发展、合作的发展、共赢的发展，通过争取和平国际环境发展自己，又以自身发展维护和促进世界和平，扩大同各方利益汇合点，推动建设持久和平、共同繁荣的和谐世界。

8. 必须坚持党的领导

中国共产党是中国特色社会主义事业的领导核心。要坚持立党为公、执政为民，加强和改善党的领导，坚持党总揽全局、协调各方的领导核心作用，保持党的先进性和纯洁性，增强党的创造力、凝聚力、战斗力，提高党科学执政、民主执政、依法执政水平。

我们必须清醒地认识到，我国仍处于并将长期处于社会主义初级阶段的基本国情没有变，人民日益增长的物质文化需要同落后的社会生产之间的矛盾这一社会主要矛盾没有变，我国是世界最大发展中国家的国际地位没有变。在任何情况下都要牢牢把握社会主义初级阶段这个最大国情，推进任何方面的改革发展都要牢牢立足社会主义初级阶段这个最大实际。党的基本路线是党和国家的生命线，必须坚持把以经济建设为中心同四项基本原则、改革开放这两个基本点统一于中国特色社会主义伟大实践，既不妄自菲薄，也不妄自尊大，扎扎实实夺取中国特色社会主义新胜利。

7.3　中国社会主义初级阶段的所有制结构

7.3.1　社会主义初级阶段的基本经济制度

1. 生产资料所有制和所有制结构

生产资料所有制，过去曾被简单地理解为生产资料的归属问题，这是片面的。从社会生产过程考察，生产资料所有制并非只是一个简单的归属问题，人们把生产资料据为个人、集团或国家所有，并不单纯是为了显示归属关系，而是为了取得某种经济利益。生产资料所有制作为一种经济利益关系（或经济关系），必须通过生产和再生产过程才能得到实现。离开了生产资料在生产和再生产过程中的实际应用，即以不同的方式同劳动者相结合，生产资料所有制就失去了经济上的意义。因此，如果把所有制孤立于生产过程之外，仅把它视为简单的归属关系，而不去考察它在经济上的实现，就不可能揭示生产资料所有制的全部含义。生产资料所有制作为经济范畴，是指人们在生产过程中对生产资料的关系体系，它包括人们对生产资料的所有以及占有、支配、使用诸方面的经济关系。

所有制结构。在某些社会形态中，生产资料所有制往往不是单一的。除了占统治地位的生产资料所有制作为基本的经济形式外，还有其他的生产资料所有制形式与之并存，从而构成复杂的、多元化的生产资料所有制结构。所谓生产资料所有制结构，是指各种不同的生产资料所有制形式在一定社会形态中所处的地位、所占的比重，以及它们之间的相互关系。其中，居于支配地位的所有制形式的性质，决定该社会所有制结构的性质。

2. 初级阶段的基本经济制度

在社会主义国家，建立一个适合本国国情的所有制结构，是促进社会主义经济迅速和健康发展的根本性问题。我国经过多年的社会主义实践，直到党的十五大才正确认识并逐步确立了适合我国社会主义初级阶段国情的所有制结构，这就是以公有制为主体、多种所有制经济共同发展的所有制结构。党的十五大报告又进一步指出："公有制为主体、多种所有制经济共同发展，是我国社会主义初级阶段的一项基本经济制度"。党的十六大报告又进一步指出："坚持和完善公有制为主体，多种所有制经济共同发展的基本经济制度"。把以公有制为主体、多种所有制经济共同发展的所有制结构，明确升华为我国社会主义初级阶段的一项基本经济制度，是认识上的进一步深化、理论上的重大突破。这是党中央从我国的社会主义性质、基本国情以及今后改革的总体目标的要求等方面，综合考察所得出的科学结论。

那么，为什么说这一所有制结构，是我国社会主义初级阶段的一项基本经济制度呢？

第一，生产资料公有制是社会主义经济制度的基础。这是由我国的社会主义经济制度的性质所决定的。任何一种社会经济制度的根本标志，是生产资料所有制的性质和生产资料同劳动者相结合的社会方式。资本主义生产资料私有制和资本与雇佣劳动相结合的方式，是资本主义经济制度的根本标志，是决定资本主义经济制度及其特征的基础。生产资料社会主义公有制和劳动者作为主人同生产资料相结合的方式，决定着社会主义生产关系的各个方面和社会再生产的各个环节。

第二，要在公有制为主体的条件下发展多种所有制经济。这是由我国社会主义初级阶段较低的、不平衡的和多层次的生产力状况所决定的。一方面，我国原来是一个半封建、半殖民地性质的国家，生产力十分落后；社会主义革命胜利后，生产力得到了快速发展。但是，生产力水平总体来说还较低。另一方面，生产力在全国各地区、国民经济各部门之间的发展不平衡。这种不平衡可用三句话来概括：沿海高于内地，内地高于边远地区；工业高于农业，重工业高于轻工业；城市高于农村，大城市高于中小城市。所以，与我国目前和整个初级阶段这种生产力发展的总体水平低、不平衡的状况相适应，我国社会主义初级阶段的所有制结构，必然是多种所有制形式并存而且共同发展，这是由生产关系一定要适合生产力状况规律所决定的。

第三，"三个有利于"是判断所有制结构是否优越的标准。要正确评价某种所有制结构的优越性，必须首先转变观念，破除"一大二公"的标准，因为它脱离和超越了初级阶段生产力的发展，片面地认为公有制的规模越大、公有化程度越高则越具有优越性。马克思主义的理论与社会主义的实践表明，评价社会主义条件下的所有制结构是否具有优越性，必依"三个有利于"标准，即是否有利于生产力的发展，是否有利于人民生活水平的提高，是否有利于国家综合国力的增强。凡符合"三个有利于"的所有制结构，就是具有优越性的所有制结构。

实践证明，我国以公有制为主体、多种所有制经济共同发展的所有制结构具有巨大的优越性。自然地，这一基本经济制度，就成了社会主义市场经济的基本要求。

7.3.2 社会主义公有制经济

社会主义公有制总要采取一定的表现形式。具体采取何种形式，并不取决于人们的主观愿望，而取决于生产力的发展水平和各国的具体历史条件。在我国现阶段，公有制经济不仅包括国有经济和集体经济，还包括混合所有制经济中的国有成分和集体成分。随着我国社会主义经济的发展，公有制有可能还会出现某些新的形式。

1. 国有经济

社会主义国有经济，是指生产资料由代表全体劳动人民利益的国家所有的一种公有制经济。在我国，国有经济包括矿产、水流、森林、草原、荒地、滩涂和其他海陆自然资源（由宪法规定属于集体所有的除外），以及国家所有的铁路、银行、邮电、工厂、农场、商店等企业。一般而言，社会主义国有经济是同社会化大生产密切联系的社会主义公有制经济，它掌握着国家的经济命脉，拥有雄厚的经济实力和比较先进的生产技术。因此，国有经济在社会主义国民经济中居于主导地位，是整个国民经济的领导力量。国有经济的主导作用，主要体现在控制力上，这里的控制力有两层含义：第一，指国有经济控制国家经济的命脉；第二，指国有成分在大型企业和企业集团控股，或者国有企业出售部分股权，则可用同样的资本控制和影响更多的非国有资本。

对于国有经济，国家或政府部门不能对企业直接进行经营管理，而应实行两权的适当分离。这是因为：一方面，社会的需求复杂多变，作为全民代表的国家不可能完全了解和适应各种瞬息万变的市场情况，因而属于国有的生产资料不可能由国家或政府行政部门直接使用和经营，生产资料的所有权和经营权应适当分离。另一方面，生产资料的两权分离也是生产社会化大生产的客观要求。从历史上看，在资本主义发展的一定时期中，资本家既是生产资料的所有者，又是直接的占有者、经营者。

然而，随着社会分工和协作关系的发展和深化，生产社会化的程度日益提高，依次出现了借贷资本和股份资本，从而使生产资料的所有权与经营权发生了分离。可见，生产资料的两权分离是生产社会化发展的必然结果。那么，建立在社会化生产基础之上的国有经济，同样要求生产资料所有权与经营权的适当分离。

2. 集体经济

社会主义劳动群众集体所有制（简称集体所有制），是由一部分劳动群众共同占有一定范围的生产资料和劳动产品的所有制形式。一般来说，它是与较低的生产社会化程度相适应的公有制形式。社会主义集体所有制经济的性质，固然要取决于它的内在经济关系，但同时也受在国民经济中占主导地位的社会主义国有经济的制约。这两方面的统一决定了集体所有制经济是社会主义性质的经济，是社会主义公有制的一种具体形式，是公有制经济的重要组成部分。

集体所有制经济在我国国民经济中发挥着重要作用：首先，它规模一般较小，资本一般由劳动者自筹，不需国家投资。其次，它自主经营，运转灵活，市场适应性强，因此，能满足变化的多层次的市场需求。再者，它实行自负盈亏，其经营状况同劳动者的利益密切相关，能调动劳动者的积极性。最后，它能容纳手工劳动、半机械化劳动和机械化劳动等不同层次的生产力，有利于发挥各层次人员的作用。

目前，我国社会主义集体所有制经济，按其所在地区或生产经营对象的不同，可分为：（1）农村集体所有制经济——它是我国现阶段农村中的主要经济形势，其中最主要的是家庭联产承包责任制形式。（2）城镇集体所有制经济——我国的城镇集体经济，一部分是在 20 世纪 50 年代对个体手工业者和小商贩的社会主义改造的基础上建立和发展起来的，大部分则是在经济建设过程中，在地方政府、街道、企事业单位的扶持下建立起来的。党的十一届三中全会以来，城镇集体经济得到了广泛的发展，目前已成为一支强大的经济力量。（3）混合经济中的集体所有制成分——这是指在股份制企业和中外合资、中外合作企业中，集体所占的股权部分。

在我国现阶段存在多层次生产力、资金短缺、就业困难、某些社会需要还得不到完全满足的情况下，更多地发展集体经济，这对于充分调动广大群众中的人力、物力、财力，以发展社会生产和整个国民经济，满足人们物质文化生活多方面的需要，具有十分重要的意义。

3. 公有制经济的其他实现形式

以前，我们把公有制的实现形式界定为全民所有制（国家所有制）和集体所有制。党的十一届三中全会以来，人们在改革开放的实践中努力寻找能够促进生产力发展的公有制的新形式。党的十五大报告对此给予了充分的肯定，指出"要全面认识公有制经济的含义。公有制经济不仅包括国有经济和集体经济，还包括混合经济中的国有成分和集体成分。"又指出："公有制实现形式可以而且应当多样化。一切反映社会化生产规模的经营方式和组织形式都可以大胆利用。要努力寻找能够极大促进生产力发展的公有制实现形式。"改革开放以来，各种所有制经济单位联合和互相参股的混合经济得到了广泛的发展。在股份制对国有、集体企业的改造中，有许多新成立或新组建的公司，有的是国家控股，有的是国家参股，有的只有集体股权而没有国家股权，有的原国有大中企业也吸收本公司职工持有部分股权。在这当中，无论是国家还是集体控股或参股的股权部分，都应看作是公有制经济的有机组成部分，尤其是国家控股的公司，还能扩大国有经济的控制力。

在社会主义初级阶段，除国有经济和集体经济外，与生产力相适应，还有如下公有制的其他实现形式：（1）股份制。关于股份制的性质和作用，党的十五大报告中指出："股份制是现代企业中的一种资本组织形式，有利于所有权和经营权的分离，有利于提高企业和资本的运作效率，资本主义可以用，社会主义也可以用。不能笼统地说股份制是公有还是私有，关键看控股权掌握在谁手中。国家和集体控股，具有明显的公有性，有利于扩大公有资本的支配范围，增强公有制的主体作用。"（2）股份合作制。党的十五大报告对改革中出现的股份合作制经济给予了充分肯定，指出："目前城乡大量出现的多种多样的股份合作制经济，是改革中的新事物，要支持和引导，不断总结经验，使之逐步完善。"接着，对比较规范的股份合作制经济进一步肯定它为集体经济。指出："劳动者的劳动联合和劳动者的资本联合为主的集体经济，尤其要提倡和鼓励"。这样科学地界定股份合作制经济，对于深化改革，特别是推动国有小型企业和乡镇企业的改革，有巨大作用。（3）经济联合体和企业集团。随着国际国内市场竞争的日趋激烈，相继出现了诸如经济联合体、企业集团等新型的公有制经济形式。它们是由不同的企业和单位，按照经济合理和平等、互利、自愿的原则联合成一体的经济组织。其所有制性质是由原参加联合体或企业集团的企业、单位的性质决定的。由各个国有企业或单位联合组成的，仍然是国家所有制经济；由各个集体企业或单位联合组成的，仍然是集体所有制经济；由国有企业、单位与集体企业、单位联合在一起而组成的，其根本性质也还是公有制经济。经济联合体和企业集团的联合内容与形式是多种多样的，既有生产领域的，也有流通领域的，还有集科、工、贸为一体的；既有地区或行业内部的，也有跨地区、跨部门的；在形式上，有松散型的联合，也有紧密型的实体联合。这些形式，都有利于打破部门和地区的限制，广泛发展分工协作和横向经济联系，促进生产要素的合理流动，加强资源的优化配置，提高经济效益。（4）各种基金。在社会主义市场经济由无序到有序的发展、完善过程中，各种保险基金如养老基金、医疗基金等将相继建立和迅速扩大。这些基金也属于公有制的一种形式，并且，将成为重要的投资基金来源和重要的公有制形式。

7.3.3 社会主义初级阶段的非公有制经济

党的十六大报告指出："个体私营等各种形式的非公有制经济是社会主义市

场经济的重要组成部分，对充分调动社会各方面的积极性，加快生产力发展具有重要作用"。非公有制经济包括劳动者个体所有制经济——小私有制经济；私营经济——私有制经济；中外合资经营企业和中外合作经营企业——国家资本主义所有制经济；外资独营经济——纯资本主义经济。

1. 劳动者个体所有制经济

个体所有制，是指生产资料归城乡个体劳动者所有，由他们进行独立生产和经营的一种私有制形式。在这种经济形式里，生产资料是"四权"合一（即生产资料的所有、占有、支配和使用合而为一），无分解的必要，故称为简单的所有制形式，也是简单的商品生产和简单的经营形式，因而它具有小私有经济的性质。在我国现阶段，个体经济主要存在于城乡手工业、商业、交通运输业和服务业中，它是同我国现阶段生产力水平比较低下，使用手工操作和分散经营相适应的一种所有制形式。个体经济以手工劳动为主，生产设备落后，规模狭小，力量单薄，是一种小私有经济。但是，它在经营方式和布点方面机动灵活，适应性强，经营时间长。其作用表现在：（1）可以在较小的规模里充分利用零星资源，灵活发展生产，扩大社会服务。（2）促进城乡商品流通，方便群众，较好地满足人们的日常生活需要。（3）可以充分利用各种闲散的、辅助的劳动力，有利于扩大就业，增加劳动者的收入。这些作用都是公有制经济所无法替代的。因此，个体是我国社会主义市场经济的重要组成部分。

个体经济存在于历史上的几个社会形态之中，作为一种非主要的经济关系，总是依附于占统治地位的经济关系。它在封建社会，从属于封建经济；在资本主义社会，从属于资本主义经济；在社会主义社会，自然也从属于占主体地位的社会主义公有制经济。所以，个体经济在一定范围内的存在和发展，都必然同社会主义公有制经济相联系，而且国家还通过立法、税收、行政管理等手段，指导和监督其经营方向，使之沿着正确的方向发展。当前，国家既要鼓励个体经济在政策允许的范围内发展，同时又要加以规范，限制其不利于社会主义经济发展的消极方面。

2. 私营经济

私营经济，是指企业资产属于私人所有、存在雇佣劳动关系的私有制经济。按照《中华人民共和国私营企业暂行条例》，我国现阶段的私营企业"指企业资产属于私人所有，雇工 8 人以上的盈利性的经济组织。"它包括独资企业、合资企业和有限责任公司。

在社会主义初级阶段，私营经济具有如下作用：（1）有利于促进社会生产的发展；（2）有利于活跃市场；（3）有利于扩大就业；（4）能更好地满足劳动者的物质文化生活需要。因此，它是社会主义市场经济重要组成部分。国家应保护其合法权益，鼓励它在国家政策允许的范围内发展。

我国现阶段的私营经济，依然是存在雇佣劳动的资本主义性质。但在社会主义公有制经济占主体的条件下，私营经济既同公有制发生联系，也受其影响和制约，因此私营经济的内部关系也已不是纯资本主义的了。国家对私营经济应本着兴利除弊的原则，有效地发挥它的积极作用，党的十六大报告指出：要"创造各类市场主体平等使用生产要素的环境"。同时要加强对私营企业的生产经营活动的指导、监督和管理，通过经济立法和加强管理给予必要的调节，限制其不利于社会主义经济发展的消极方面。私营企业必须在国家法律、法规和政策规定的范围内从事生产经营活动，服从国家有关部门的监督和管理。

3. 中外合营经济和外资独营经济

党的十一届三中全会以来，随着对外开放政策的实施，外商来华投资不断增长，从而使中外合资经济和外资独营经济成为我国现阶段存在的重要经济形式。

中外合营经济包括中外合资经营企业，中外合作经营企业，它们是外国的公司、企业、个人或其他经济组织，按照平等互利的原则，经我国政府批准，在我国境内同中国的公司、企业或其他经济组织共同兴办的企业。其中，中外合资经营企业是指中外双方投资入股，共同经营、共负盈亏、共担风险，并按照入股比例分配收益的企业。中外合作经营企业是指中方提供土地、厂房和劳务，外商提供资金、设备、技术等，共同兴办的企业，并根据双方商定的条件，按合同规定分享收益，合作期满，即宣告合作经营结束，机器设备等原则上归吸收投资一方的企业所有。可见，从本质上说，它们是社会主义条件下国家资本主义性质的经济，即社会主义国家"能够加以限制、能够规定其活动范围的资本主义"。至于外资独营经济，则是外国的公司、企业、个人或其他经济组织，依照我国的法律法规，在我国境内独立兴办的企业。它是纯资本主义性质的经济。

中外合资经营企业、中外合作经营企业和外资独营企业，通常称为"三资"企业。其作用表现在以下几点：（1）它可以使我国得到适合需要的先进技术设备，有助于我国生产技术水平的提高；（2）它可以引进先进的科学管理方法，提高我国的经营管理水平；（3）它可以培养和提高我国经济管理干部、技术人员和熟练工人队伍的素质；（4）它可以弥补我国建设资金的不足。可见，这种经济的存在和发展，对于发展我国的社会主义经济和实现现代化是有利的。

7.4 中国社会主义初级阶段个人收入分配和消费

按劳分配理论，是马克思提出的关于社会主义按照劳动分配个人消费品的理论设想，是社会主义公有制特有的经济规律。在社会主义初级阶段，分配方式是由以公有制为主体的多种所有制并存结构所决定，同时由于社会主义市场经济发展的要求，必然存在着多种个人收入分配方式。除了按劳动贡献分配外，其他非劳动要素也发挥作用并参与分配。所以现阶段的个人收入分配是实行按劳分配为主体，同时多种分配方式并存的制度。

7.4.1　实行按劳分配的原则与制度

产品的分配是生产资料分配的结果，是社会基本经济制度的重要组成部分。马克思在《哥达纲领批判》中提出，在共产主义的第一阶段，由于还"带着它脱胎出来的那个旧社会的痕迹"，生产力发展水平还不够高，物质财富还没有达到充分涌流的程度，劳动仍然是人们谋生的手段劳动仍然是人们谋生的手段，还没有成为生活的第一需要，个人消费品的分配还不能实行按需分配，只能实行按劳分配，即在社会总产品中由社会作了各种必要的扣除之后，按照劳动者为社会提供的劳动数量和质量分配个人消费品。

按劳分配的原则是等量劳动相交换。即劳动者以一种形式为社会提供的劳动，以另一种形式（消费品）从社会领取回来，即它不仅要求劳动是有报酬的，而且要求劳动报酬能体现劳动差别，即多劳多得，少劳少得。

按劳分配是社会主义公有制中个人消费品分配的基本原则，一方面反映了人们对生产资料占有的平等关系；另一方面反映了劳动力的个人所有和与此相联系的劳动者之间的等量劳动互换的关系。实行按劳分配是人类历史上分配制度的一次深刻革命，是对几千年来建立在私有制基础上的人剥削人的分配制度的根本否定。由于按劳分配是适合社会主义生产方式的主要分配方式，因此，坚持社会主义经济制度，在分配方式上必须坚持按劳分配的主要原则和制度。

7.4.2　现阶段个人收入分配的实现形式

社会主义初级阶段，个人收入的按劳分配是通过市场机制的调节作用实现的。初级阶段的社会主义经济是以商品经济的形式存在的，商品经济所具有的一些经济条件，对按劳分配的实现形式必然会发生影响，使它带有商品经济的特点。

根据传统理论的设想，按劳分配的历史前提是单一的生产资料社会所有制，不存在商品交换关系，分配是由社会中心在全社会范围内统一进行的，并采取劳动券作为个人支付劳动的凭证来换取消费品的方式。而现实的社会主义社会中，却存在着两种不同形式的公有制和各种非公有制，不仅存在商品交换关系，而且正在向市场经济发展。因此，个人消费品的分配不可能有全社会统一的标准，而只能在以各种不同所有制为基础的企业或经营单位内各自独立地制定分配标准，而且分配的形式仍然要采取货币工资，即通过价值形式来进行，而不是劳动券。随着经济体制改革对所有制结构的调整和市场经济的发展，社会主义经济的现实与按传统理解的按劳分配理论的背离显然进一步加大了。所以，在现实的社义市场经济中，劳动者个人的收入分配实际可行的只能是按贡献分配。

按贡献分配是对"劳"的另一种理解，实际上是以凝固的劳动作为劳动者个人收入分配的计量标准。其内涵的前提是指在整个社会范围内，各种生产要素的所有者以其对社会财富（使用价值）的形式所做的贡献参与分配，取得相应的报酬份额。

按贡献分配是建立在对社会主义现实所做的切实考察的基础上，对可行的分配方式所做的一种理论概括，它对现实分配的进一步发展可以发挥理论指导作用。按贡献分配对各要素的分配份额是在市场中统一确定的，是在市场竞争中决定的，这就避免了对社会扣除部分和劳动者个人收入部分进行人为划分的弊端；不同所有制经济或者同一公有制经济内部不同的生产单位之间，由于占有的资源条件不同，劳动者的等量劳动所得的报酬是有差别的；但在同一企业内部，劳动者的收入则是按所做的劳动贡献来分配的。

从上述分析可以看出，所谓劳动贡献是指劳动成果或业绩，它可以是一种量化的劳动产品，也可以是能以定额进行测量的生产劳动产品的一道工序。按贡献分配原则是在新的条件下，把现实中难以测定的"劳动量"转换成了具有可操作性的"劳动贡献"。

按贡献分配是反映社会主义公有制基础上社会生产实质的个人消费品的分配方式。但是由于企业所有制性质的不同，同时也由于劳动力市场的开放和正在发育过程中，致使我国目前不同企业中劳动者的收入形成机制也不完全相同。以上所述按劳动贡献分配只是社会主义公有制企业中劳动者个人收入分配实现的形式，在非公有制经济中，劳动力资源基本上是通过劳动力市场进行配置的。即劳动力是作为劳动者个人以自己所有的商品来与企业相交换。可见，在非公有制经济范围内，劳动者的个人收入分配基本上是以劳动力价值的形式实现的。随着市场经济的发展和劳动力市场的发育和完善，以劳动力价值形式分配个人收入的部分将来会进一步扩大。

7.4.3　社会主义消费的地位和作用

1. 消费关系是生产关系的重要方面

消费关系是生产关系的一个重要方面，指的是生活消费中的经济关系，不包括生产消费在内。生活消费的内容，不仅包括实物形式的消费，而且还包括满足消费需要的劳务在内。不论是实物形式还是劳务形式的生活消费，都有双重属性。一方面，从生活消费就是把物质和精神产品（包括劳务）用于满足人们生活需要的行为和过程来看，它是一种生理学意义上的行为，具有自然过程的必然性；另一方面，消费在任何时候都是在一定的生产关系制约下，在人们相互之间的经济关系中进行的社会行为和过程。正如马克思指出："人们借以进行生产、消费和交换的经济形式是暂时的和历史的形式。"① 既然消费是一种具有"历史性"的经济形式，这也就说明了消费关系是生产关系的一个重要方面。因此，在不同社会制度下的消费关系，由于生产资料所有制的性质不同，而具有不同的性质和特点。

2. 消费是社会主义再生产总过程实现良性循环的枢纽点

消费是指人们为满足各种需要而消耗物质资料的过程。广义的消费包括生产消费与生活消费两个方面。生产消费是指在生产过程中对各种生产要素的消费，生产消费是生产本身的有机组成部分。生活消费则是指人们为满足日常生活的需要而对各种形式使用价值的消费，亦即通常所说的狭义的消费。这里所要讲的消费是社会主义再生产总过程实现良性循环的枢纽点，即消费在社会主义再生产总过程中的地位和作用，则是指狭义消费即生活消费。

在社会主义再生产总过程中，消费是再生产总过程诸环节的最后一环，也是物质产品运动的终点。从现象上来看，消费似乎没有什么重要的地位和作用，然而，这是一种极为肤浅的不科学的认识。如果把社会主义再生产总过程作为一个周而复始和不断更新的运动过程来考察，消费不仅仅是前一个生产过程的终点，而且还是后一个生产过程的起点。因为，无论从一个企业的生产过程来看，还是从社会再生产过程来看，已经生产出来的产品在市场经济条件下，只有经过分配以及人们所实现的商品货币交换，从而最终进入消费领域时，企业才能进行新的再生产过程；社会才能进行新的社会再生产过程。如果企业和社会产品不能最终进入消费，无论是积压在生产企业还是积压在流通企业，都会阻碍企业和社会再生产过程的良性循环，更谈不上再生产过程的规模扩大。所以，社会主义消费，是实现社会主义再生产总过程良性循环的枢纽点。

消费在社会再生产总过程中的这种特殊重要的地位和作用，是通过它与生产、分配、交换之间的内在联系实现的。所以，要分析社会主义消费在社会主义再生产总过程中的地位和作用，还必须深入分析消费与生产、分配、交换的相互关系。

---

① 《马克思恩格斯选集》第 4 卷，人民出版社 1972 年版，第 322 页。

7.4.4 社会主义消费结构

1. 消费结构的含义及分类

消费结构是指社会在一定时期内人们实际消耗各种生活资料（包括劳务）之间的比例关系。一个国家在一定发展阶段上的消费结构，不仅由经济发展水平和社会制度来决定，而且为地理环境、资源状况、文化传统、风俗习惯以及民族特点等条件所制约。

消费结构是多层次、多方面的组合体，可以从不同角度加以分类。

按消费对象满足人们需要的不同层次，恩格斯曾把社会消费结构划分为：生存资料、享受资料和发展资料。人们对消费资料的需要是多层次的。人们只有在满足低层次需要之后，才要求满足高层次需要。随着社会生产的发展，人们收入水平的提高，从绝对量上来说，三种物质资料的消耗都会增加，但从比重来说，生存资料将逐渐减少，享受资料和发展资料将逐渐增加。

按消费对象的用途可分为吃、穿、住、用、行、游。在生产水平不高、人们收入水平比较低的条件下，用于吃的比重最大，其次是穿，再次是住、行、游等。随着社会生产的发展，人们用于吃的比重将逐渐减少，穿、住、用、行、游等将逐渐增加。根据恩格尔系数划分贫困和富裕的标准是：恩格尔系数在60%以上为绝对贫困；50%~59%为勉强度日；40%~49%为小康水平；30%~39%为富裕；30%以下为最富裕。我国由于政府对某些生活资料实行暗贴或明补，若直接套用恩格尔系数来分析我国的消费结构，得出的结论会与实际不符。

按消费对象的存在形式可分为实物消费和劳务消费两大类。实物消费是物质产品的消费，劳务消费一般是通过服务提供一种使用价值，满足人们某种特殊需要。随着社会的发展，人们在消费过程中，劳务消费的比重将日益增加，个人直接的实物消费将相对减少。这种结构的变化趋势，在一定程度上反映着人们生活水平的提高和生活质量的改善。

2. 制约消费结构发生变化的主要因素

消费结构是社会供给和需求矛盾的产物。无论供给还是需求，都处在不断发展变化之中，消费结构也处于不断变化之中。消费结构的发展变化，受到来自经济的、社会的各种因素的制约，主要有：

（1）经济成长阶段对消费结构的制约作用。一定的经济成长阶段的生产力发展水平，是制约消费结构变化发展的最基本的因素。一定的生产力水平决定着一定的消费水平，进而制约着消费结构的变化。消费水平的提高，消费结构的变革都只能以生产的发展为基础，与经济的成长阶段相适应。任何滞后或超越生产力发展水平的消费结构，都必然会影响到国民经济的正常运转。

（2）产业结构对消费结构的制约作用。在生产力水平一定的情况下，直接制约着消费结构发展变化的是产业结构。这种制约作用表现在：一是现有的产业结构制约着人们消费的范围、品种和数量；二是随着生产的发展和科技进步，新兴产业部门将不断涌现，新的产业结构的形成、新的消费品进入消费领域，才有可能带来消费结构的变化。

（3）资源条件对消费结构的制约作用。人与自然界之间的物质变换，在很大程度上要取决于自然资源条件。人们的消费结构不可能游离于自然资源条件的制约之外。另外，人们变换自然获得生活资料的过程，又会对自然界造成影响。不考虑客观的资源条件，盲目地开发利用自然，不仅资源要走向枯竭，还会造成生态系统失去平衡，威胁到人类的生存。

（4）风俗习惯对消费结构的影响。世界各国各民族由于长期所处的社会经济条件和地理环境不同，因而具有不同的消费习惯。生产的发展、社会风气的变化、政府的提倡或限制等，都会引起人们消费兴趣的转移和消费心理的变化。但历史上形成的传统消费习惯和自身素质状况等，也直接影响到消费结构的形成。

3. 建立符合我国国情的消费结构

建立符合我国国情的消费结构，从根本上说，就是要坚持一切从实际出发。从长远来看，在生产发展的基础上，我国人民的消费结构将不断地从较低的层次向较高的层次转变。但是，在设计和建立当前的消费结构时，必须认真遵循以下几项原则：

（1）必须与我国社会主义初级阶段的生产力发展水平相适应。目前我国的生产力水平还不太高，人均国民生产总值处于比较低的水平，因此，消费结构的改变要量力而行。

（2）必须有利于资源的合理开发利用。我国有比较丰富的自然资源，但人口众多，人均占有量相对有限，注意资源节约和扬长避短是十分重要的。

（3）必须立足于国内。利用国外资源增加消费，要受到国际收支平衡的制约，我国出口创汇能力还很弱，通过大量进口消费品来改变消费结构是不切实际的。

（4）必须考虑到我国各地经济发展的不平衡性和城乡居民生活水平的差距，消费结构应该具有多样性和多层次性。

（5）必须有助于我国民族优良传统的继承和发扬。我国消费结构的变化在吸收其他国家和民族的合理因素的同时，要保持自己勤俭节约的优良传统。

根据上述原则和经济发展的现实可能性，居民的消费结构既要符合我国目前的国情，又要尽可能的经济实惠。同时，还应大力发展那些对人民身心健康有益的文化娱乐性消费和服务性消费，提高其在消费结构中的比重。

本章小结

1. 社会主义经济制度代替资本主义经济制度，是生产关系一定要适应生产力发展规律作用的必然结果，是资本主义基本矛盾尖锐化的必然结果。我国从 1952 年到 1956 年的社会主义改造基本完成了从新民主主义社会到社会主义社会的转变，建立了以生产资料公有制为基础的社会主义经济制度。

2. 社会主义的初级阶段，不是泛指各个国家取得胜利后都要经历的阶段，而是特指我国从半殖民地半封建的旧中国脱胎出来的社会主义必须经历的阶段。社会主义初级阶段包含两层含义：一是我国已经是社会主义，我们必须坚持而不能放弃；二是我国的社会主义还处在初级阶段。

3. 社会主义初级阶段的主要矛盾是人民群众日益增长的物质文化需要同落后的社会生产之间的矛盾。社会主义初级阶段的基本路线可以概括为"一个中心、两个基本点"。社会主义初级阶段的基本纲领，是指建设有中国特色的社会主义的经济、政治、文化的基本目标和基本政策，有机统一，不可分割，构成的整体。

4. 以公有制为主体、多种所有制共同发展的所有制结构，是我国社会主义初级阶段的一项基本经济制度。

5. 以按劳分配为主体、多种分配方式并存的收入分配方式，是我国社会主义初级阶段的收入分配方式。

6. 消费是生产关系的重要方面，是社会主义再生产过程实现良性循环的枢纽点。正确认识消费与生产、分配、交换的关系对于认识社会主义消费的重要性是必不可少的。

复习思考题

1. 怎样理解中国社会主义经济制度产生的必然性？

2. 社会主义初级阶段的含义是什么？其基本经济特征是什么？

3. 为什么说公有制为主体、多种所有制经济共同发展是我国社会主义初级阶段的一项基本经济制度？

4. 社会主义市场经济条件下的按劳分配有什么特点？

5. 什么是消费结构？影响消费结构变化的因素有哪些？

第8章 社会主义市场经济和经济体制

━━ 本章要点 ━━
◇ 商品经济与市场经济
◇ 经济制度与经济体制
◇ 价值规律
◇ 竞争规律

市场经济是我国社会主义经济发展的必经阶段。本章主要阐明商品经济与市场经济的关系；社会主义市场经济的必然性、一般属性及特殊属性；社会主义市场经济中的价值规律和竞争规律以及我国经济体制改革的目标和途径等问题。

8.1 社会主义商品经济和市场经济的必然性

8.1.1 商品经济与市场经济

商品经济是指以交换为目的的经济形式。商品经济的基本特征是人们之间的经济关系表现为商品货币化的关系。一般来说，商品经济分为简单商品经济和发达商品经济两种类型。简单商品经济是指以小生产为基础的商品经济，它在原始社会后期产生，奴隶社会、封建社会一直存在，但从未在社会经济中居统治地位，只是从属于自然经济。发达商品经济是指以社会化大生产为基础的商品经济。在发达商品经济条件下，社会经济关系普遍采取了商品货币形式，从而商品经济成为社会经济中居支配地位的经济形式。

有商品经济的存在，就要有商品交换的场所或领域，这就是市场。商品经济离不开市场。随着商品经济的不断发展，市场在商品经济中的地位愈益重要。当简单商品经济为发达商品经济代替之后，一切劳动产品都表现为商品，人们的一切经济活动都围绕市场来进行，各种资源的配置也主要通过市场机制来进行，这时的商品经济就表现为市场经济。

市场经济是指市场是人们进行经济活动时赖以旋转的轴心，是社会资源配置的主要机制的一种经济形式，或者说，市场经济是高度发达的商品经济。其实质就是以市场运行为中心，来构架经济流程，通过市场机制的作用进行资源配置和生产力布局，用价格信号来调节社会生产的种类和数量以协调供需关系，按照优胜劣汰的竞争机制来进行社会资源的分配，从而实现经济的均衡、稳定发展。

市场经济与商品经济既有联系又有区别。其联系主要表现在：首先，有商品经济就必然有市场，商品是为市场而生产的，凡是作为商品的劳动产品都要投入市场，实现价值。同样，没有市场也就没有商品经济。正是从这个意义上我们可以说，市场经济本质上就是商品经济。其次，商品经济是市场经济存在的前提和基础，而市场经济则是商品经济发展到一定阶段的必然产物，是商品经济的发达形式，又是商品经济进一步发展的条件。二者的区别主要表现在：第一，市场经济是以社会化大生产为基础，高度市场化的商品经济。以小生产为基础的商品经济算不上真正的市场经济，只能算是市场经济的萌芽。只有当商品生产已高度社会化，市场充分发展，市场体系已经形成，人们之间的经济关系普遍采取商品货币形式之后，市场经济才能形成。第二，市场经济是高度国际化的商品经济，商品经济是一种开放的经济形式。商品经济的充分发展必然要突破国家地域的界限，延伸到世界经济交往的关系中来。一个国家如果是闭关锁国，商品经济不可能发展，只有对世界开放，参与国际市场与国际竞争，商品经济才会有发展的活力，其结果，市场经济必然形成，因此我们可以说，市场经济是高度国际化的市场经济。

8.1.2 商品经济和市场经济是社会主义经济发展的必经阶段

社会主义社会是否还存在商品经济，马克思主义者对此有个认识过程，马克思主义关于社会主义商品经济理论也有个发展过程。

19 世纪，科学社会主义的创始人马克思和恩格斯曾经认为，社会主义社会，商品经济将不再存在。马克思在《哥达纲领批判》中曾经指出："在一个集体的、以共同占有生产资料为基础的社会里，生产者并不交换自己的产品，耗费在产品生产上的劳动，在这里也不表现为这些产品的价值。"[①] 恩格斯也强调指出："一旦社会占有了生产资料，商品生产就将被消除。"[②] 很显然，无论马克思还是

---

① 《马克思恩格斯选集》第 3 卷，人民出版社 1972 年版，第 10 页。
② 《马克思恩格斯选集》第 3 卷，人民出版社 1972 年版，第 323 页。

恩格斯都认为，一旦消灭了资本主义私有制，生产资料归全社会占有，商品生产和商品交换就将消亡。这是因为马克思和恩格斯关于未来社会的设想，是以资本主义高度发达、生产社会化已经发展到很高的程度为基础的。社会主义在这样一些高度发达的资本主义国家取得胜利后，就实现了全体劳动者在全社会范围内共同占有生产资料、共同劳动、共同占有和支配他们的劳动成果。在这里，每一个劳动者的劳动，无论其特殊用途如何不同，一开始就成为社会总劳动的一个构成部分，产品中所包含的社会劳动不再需要采用迂回的途径加以确定，当然也就"不需要著名的价值插手其间"。① 因此，社会主义社会，商品经济将为产品经济所代替。但实践中的社会主义与马克思和恩格斯的设想存在很大的差距。社会主义首先在俄国、中国等这样一些资本主义还没有得到充分发展的国家取得了胜利。社会主义在这样的国家取得胜利后，商品经济的命运如何呢？这个问题马克思和恩格斯没有做出回答。

继马克思和恩格斯之后，列宁关于社会主义商品经济的理论，随着社会主义实践的发展，经历了一个曲折的发展过程。十月革命前，列宁完全同意马克思、恩格斯的看法。十月革命胜利后，1918～1920年，由于帝国主义的入侵和国内反动势力的反抗，列宁实行了"战时共产主义政策"，这时，列宁还坚持认为，"俄共将力求尽量迅速地实行最激进的措施，来准备消灭货币。"② 1921年，随着内战的结束，"战时共产主义政策"行不通了。列宁领导布尔什维克制定了新经济政策，实行粮食税加产品交换，即农民除了用粮食向国家交税外，剩余的粮食可直接和国家的工业品相交换，不经过市场，也不用货币。但是，经过几个月的实践，证明这种办法行不通。列宁及时纠正了这种错误做法，制定了新的符合实际情况的政策，认为社会主义还得利用市场，利用商品和货币。实践证明，列宁在纠正错误后制定的经济理论和经济政策是完全正确的。但是，列宁的理论只限于从资本主义到社会主义的过渡时期，至于在生产资料私有制的社会主义改造完成以后，商品经济有无存在的必要性，列宁还没有这个实践。这个问题是斯大林解决的。

斯大林关于社会主义商品经济理论，随着苏联社会主义经济建设的实践，经历了一个不断深化的过程。他在早年，也是完全接受马克思和恩格斯的观点，认为社会主义商品货币将不再存在。到他的晚年，即1952年，斯大林总结了几十年来苏联社会主义经济建设的经验，发表了《苏联社会主义经济问题》这部光辉

① 《马克思恩格斯全集》第3卷，人民出版社1972年版，第348页。
② 《列宁选集》第3卷，人民出版社1972年版，第796页。

著作，论证了社会主义制度下，商品生产存在的客观必然性。为马克思主义经济理论宝库增添了新的内容，做出了重大贡献。

但是，由于历史的局限性，斯大林否认社会主义全民所有制内部存在实质上的商品货币关系，不是把商品经济看作是社会主义社会的内在属性，而是将其看作社会主义的附加。

我国在很长的一段时间内，占统治地位的传统观点认为，以生产资料公有制为基础的社会主义经济只能是计划经济，商品经济和市场经济是资本主义的经济范畴，是产生资本主义和资产阶级的温床。1984年党的十二届三中全会提出了商品经济是社会主义经济发展不可逾越的阶段，我国社会主义经济是公有制基础上的有计划的商品经济的著名论断。这一论断突破了把计划经济看作是社会主义本质特征的传统观念，确认商品经济不是旧社会的痕迹，而是社会主义的固有属性，是社会主义生产关系存在的普遍形式。这一论断极大地发展了马克思主义的社会主义商品经济理论。1992年党的十四大确立了社会主义市场经济理论，彻底澄清了我们在社会主义商品经济理论上的模糊认识。这是我们党对于马克思主义社会主义商品经济理论做出的新的伟大的贡献。

社会主义为什么依然存在商品经济呢？这是因为在社会主义条件下仍然存在商品经济的客观条件。

第一，在社会主义社会，社会分工依然存在，且进一步深化，社会分工越来越细。各部门、经济单位之间的协作关系也越来越密切。因此，不同经济部门、经济单位之间及劳动者个人之间，必然要求相互交换各自的劳动产品。

第二，社会主义社会，以公有制为主体的多种所有制经济共同发展，是商品经济存在的根本原因。社会主义社会经济的主体经济成分是全民所有制和集体所有制。它们虽然都是社会主义公有制，具有根本利益上的一致性，但是，它们毕竟是不同的所有者，存在着经济利益上的差别。集体所有制无权无偿占有全民所有制的生产资料和劳动产品，全民所有制也无权无偿调拨集体所有制的生产资料和劳动产品，二者之间的经济联系，只有采取商品形式来实现。根据同样的道理，社会主义集体经济组织之间，全民所有制、集体所有制与私营经济、个体经济及其他经济成分之间，都是生产资料和劳动产品的不同所有者，它们之间的经济联系，也必须通过商品交换的形式来实现。因此，社会主义经济，也就必然表现为商品经济。

第三，全民所有制内部各企业之间也存在商品关系。全民所有制企业的生产资料和劳动产品都归全民所有，属于同一个所有者。但是，在社会主义现阶段，全民所有制存在生产资料所有权和经营权的分离，生产资料归全民所有，但却不归全民支配，而是归企业支配。为了促使企业管好、用好归全民所有的生产资料，必须赋予企业一定的经济权力和经济责任，使企业成为一个相对独立的经济实体，同时，还有着与自己的独立性相联系的独立的经济利益。这样，全民所有制企业彼此之间就有了你我之分，存在着物质利益上的差别和矛盾。它们之间的经济联系，也只能按照等价交换的原则，采取商品交换的形式来实现。这是全民所有制内部各企业之间存在商品关系的根本原因。

总之，商品经济不是与社会主义经济关系不相容的，强加给社会主义的外部因素，而是社会主义经济的固有属性，是社会主义生产关系存在的普遍形式。我国几十年来经济建设的实践充分证明，如果否认社会主义经济的商品属性，必然要挫伤劳动者的积极性，给经济建设带来危害。

商品经济的充分发展，是我国社会经济发展不可逾越的阶段。人类社会发展的历史表明，经济发展遵循着自然经济、商品经济、产品经济不可逾越的顺序前进，这是由生产力发展的渐进性决定的。自然经济是生产为了个人或经济单位需要，而不是为了交换的经济形式。自然经济排挤社会分工，也排挤协作。在自然经济条件下，每个生产者或经济单位，利用自身的经济条件，几乎生产自己所需要的一切产品。这种墨守成规、封闭型的、自给自足的自然经济是与生产力水平低下，社会分工不发达相适应的。当生产力发展到一定阶段，自然经济必然为商品经济所代替。商品经济显著地优越于自然经济。我们知道，商品经济是由社会分工引起的，它的发展，反过来又会促进社会分工不断深化。商品经济的必然产物——竞争，作为外在强制力量迫使商品生产者不断改进技术，改善经营管理，从而促进商品经济的不断发展。商品经济发展到一定阶段，必然表现为市场经济。只有当生产力高度发展，市场经济才为产品经济所代替。没有市场经济的充分发展，没有生产力水平的极大提高，市场经济不可能为产品经济所代替，因此，市场经济是社会主义经济发展不可逾越的阶段。任何一个社会主义国家要想不经过商品经济的充分发展，超越生产的商品化、社会化、现代化阶段，亦即市场经济阶段，直接搞产品经济，只能是空想。

8.1.3　社会主义市场经济的基本特征

市场经济作为人类社会共同创造的文明成果，本身不具有任何社会制度的属性。市场经济虽然与特定的社会经济制度结合而具有一定的特殊性，但也有着不同社会制度下共同具有的一般特征。现代市场经济主要有以下基本特征：

1. 市场性

市场高度发展，市场是一切经济活动的轴心，市场机制是配置社会资源的主要机制。一切经济行为都直接或间接地处于市场关系之中。

2. 自主性

企业作为市场主体和市场竞争的主体，有完全的自主权，能够按照自己的意志和利益自主经营、自负盈亏。政府无权直接干涉企业的日常经营活动。

3. 平等性

市场经济的平等性，一是指参加市场活动的当事人是平等的，没有高低贵贱之分，没有社会地位的差别。二是交换的原则是平等的，即交换要按等价交换的原则进行。三是买卖双方是自愿的，买卖双方可以讨价还价，愿买就买，愿卖就卖，不允许强买强卖。

4. 竞争性

竞争是市场经济最突出的特点，是市场经济的动力源泉。竞争迫使生产者花大力气研究市场形势，分析市场动向，提高产品质量，降低产品成本，从而推动市场经济发展。

5. 开放性

与自然经济不同的是，市场经济是一种开放型经济。不仅国内不同地区、部门、所有制之间要相互开放，而且还要向世界开放。这样，才能在更大的范围内优化资源配置，实现优势互补，获得比较利益。

6. 国家对经济运行的间接宏观调控性

市场经济的协调运行，需要国家对经济运行进行宏观调控。但是，在市场经济条件下，国家对经济运行的宏观调控，不能通过直接调控的方式进行，而主要是通过利用经济手段、法律手段等间接方式来进行。

7. 法制性

市场经济是一种法制经济。要保证市场经济的有序运行，必须有完善的法律体系，使人们的经济活动在法制基础上进行。

社会主义市场经济则是与社会主义基本经济制度相结合，因此，又具有了一些新的特征。

（1）社会主义市场经济与社会主义基本经济制度相联系，以社会主义生产资料公有制为主体和基础，体现劳动人民在根本利益一致基础上的社会主义经济关系。

（2）社会主义市场经济的目的从整个社会来看，是为了满足全体劳动者即整个社会经常增长的物质文化生活的需要。

（3）社会主义市场经济在分配制度上，是以按劳分配为主体，其他分配方式为补充，多种分配方式并存并共同发挥作用。

（4）在市场经济运行中，社会主义国家作为全体劳动人民的代表，则能够更好地利用计划调节的手段，并能够收到预期的效果。

8.2　社会主义市场经济体制

8.2.1　经济制度与经济体制

社会主义经济制度与经济体制是两个既相联系又相区别的范畴。社会主义经济制度是指社会主义社会占统治地位的生产关系的总和。它的基本经济特征是以生产资料的社会主义公有制为主体，个人消费品的分配以按劳分配为主体。社会主义经济体制一方面指社会主义经济制度所采取的具体形式；另一方面是指社会主义国家管理经济活动的方法和制度的总称。经济体制的内容包括所有制结构体制和经济管理体制。社会主义经济制度是社会主义经济性质的具体表现，任何一个社会主义国家必须坚持，否则，就会改变社会主义社会的性质。社会主义经济体制决定于社会主义经济制度。它反映经济制度的性质和要求。但是，经济体制不同于经济制度，它具有多样性和可变性的特点。在不同的社会主义国家或在同一社会主义国家的不同经济发展阶段，在坚持社会主义基本经济制度不变的前提下，对经济体制模式的选择可以是不同的。所谓经济体制模式，是指对某一类型经济体制的理论概括，主要是对某一类型经济体制的基本规定性和基本运行机制的理论抽象。迄今在各个社会主义国家经济建设的实践中，已经采用过的经济体制模式大体有以下几种：

1. 军事共产主义经济体制

这种模式的主要特点是大小企业一律归国家所有，完全排斥商品货币关系和市场机制；实行实物配给制；整个经济运行主要依靠行政命令和精神动员来推动。这一般是在战争或经济封锁等特定历史条件下采用的经济体制模式。例如苏联在 1918～1920 年的"战时共产主义"时期，就曾经采用过这种模式。

2. 传统的高度集中型经济体制

这种模式的主要特点是：无论是宏观经济活动还是微观经济活动的决策权都集中在国家手中；在所有制结构上追求纯而又纯，排斥个体、私营经济；在分配上，无论是生产资料的分配还是个人消费品的分配，大多采用统购统销，统收统支的办法；整个经济运行主要依靠国家的指令性计划来推动，市场机制被限制在很小的范围内。这是大多数社会主义国家在较长的时期内采用的经济体制模式。

3. 改良集中型经济体制

这是通过对上一种经济体制模式进行改良的基础上形成的。它的基本特点是宏观经济活动和大部分微观经济活动的决策权仍集中在国家手中，只是把部分微观经济活动的决策权下放给企业；主要产品的生产和分配仍然由指令性计划控制；在经济运行上仍然主要运用指令性计划来推动，只不过市场机制作用的范围有所扩大。这种经济体制模式仍然保留了上一种模式的基本框架，因而称为改良集中型经济体制。

4. 计划调节和市场调节相结合的经济体制

这种经济体制的基本特点是集中决策和分散决策相结合，即国家仍然集中必要的宏观经济活动的决策权，但微观经济活动的决策权已基本放给企业；在整个经济运行中，国家保留必要的指令性计划，主要运用指导性计划、经济手段和市场调节来推动。

5. 社会自治经济体制

这种经济体制的基本特点是，由劳动者采取自治形式进行和管理经济活动；经济决策分散，企业是独立的商品生产者和经营者；市场机制发挥着主导作用。

总之，经济体制不存在一套固定的模式，各个社会主义国家应该根据自己国家的具体经济条件，选择适合本国国情，并有利于促进本国经济发展的经济体制模式。同时，还应随着经济条件的变化，对经济体制进行改革。

社会主义国家进行经济体制改革，绝不是要改变社会主义的经济制度。它是在坚持社会主义基本经济制度的前提下，改革生产关系的具体形式，亦即根据生产力发展的客观要求，改革生产关系和上层建筑中不适应生产力发展的某些环节和方面，在社会主义社会的每一个经济发展阶段上，创造出与生产力发展相适应的生产关系的具体形式。因此，社会主义经济体制改革的性质是社会主义经济制度的自我完善和发展。经过经济体制改革，为生产力的进一步发展创造更加有利的条件。

8.2.2 我国经济体制改革目标的选择

我国社会主义经济制度建立后，逐步建立起传统的高度集中型的经济体制。这种经济体制在新中国成立的初期资源有限，经济活动不是很复杂的条件下，对于集中必要的人、财、物力加强重点部门、重点项目的建设和薄弱环节，保证国民经济协调发展；对于稳定市场物价，保证人民生活基本需要的满足，曾经发挥过非常积极的作用。但是，随着社会主义商品经济的发展，传统经济体制的弊端就日益暴露出来了，其主要弊端：一是所有制单一。脱离生产力发展的性质，急于过渡，搞单一生产资料公有制。二是条块分割、地区封锁。中央各部门、各地方自成体系，自行其是，搞"大而全"，"小而全"。结果重复建设，造成人、财、物力的浪费。三是政企不分。国家对企业管得太多、太死，使企业成为上级主管机关的附属物。企业无自主权，只是按照上级主管机关的指令行事，内无动力，外无压力，企业的生产经营活动缺乏活力。四是忽视商品生产、价值规律和市场机制的作用。把计划经济与市场经济对立起来，认为计划经济等于社会主义，市场经济等于资本主义。把企业的一切都纳入国家的计划，没有充分发挥市场机制的调节作用。其结果，计划往往脱离实际，造成产销脱节。五是分配中的平均主义。企业吃国家的"大锅饭"，职工吃企业的"大锅饭"。挫伤了劳动者的积极性，不利于企业和整个社会经济效益的提高。

上述种种弊端说明旧的经济体制已越来越不适应我国经济的发展，经济体制的改革势在必行。

我国进行经济体制改革的目标模式是什么呢？党的十四大报告指出："我国经济体制改革的目标是建立社会主义市场经济体制，以利于进一步解放和发展生产力。"这一论断，是在深刻总结我国 14 年来经济体制改革经验的基础上提出来的，是对我国经济体制改革目标模式认识上的重大突破。新时期，党的十八大明确提出要全面深化经济体制改革，认为深化改革是加快转变经济发展方式的关键。经济体制改革的核心问题是处理好政府和市场的关系，必须更加尊重市场规律，更好发挥政府作用。要毫不动摇巩固和发展公有制经济，推行公有制多种实现形式，深化国有企业改革，完善各类国有资产管理体制，推动国有资本更多投向关系国家安全和国民经济命脉的重要行业和关键领域，不断增强国有经济活力、控制力、影响力。毫不动摇鼓励、支持、引导非公有制经济发展，保证各种所有制经济依法平等使用生产要素、公平参与市场竞争、同等受到法律保护。健全现代市场体系，加强宏观调控目标和政策手段机制化建设。加快改革财税体制，健全中央和地方财力与事权相匹配的体制，完善促进基本公共服务均等化和主体功能区建设的公共财政体系，构建地方税体系，形成有利于结构优化、社会公平的税收制度。建立公共资源出让收益合理共享机制。深化金融体制改革，健全促进宏观经济稳定、支持实体经济发展的现代金融体系，加快发展多层次资本市场，稳步推进利率和汇率市场化改革，逐步实现人民币资本项目可兑换。加快发展民营金融机构。完善金融监管，推进金融创新，提高银行、证券、保险等行业竞争力，维护金融稳定。

8.2.3　社会主义市场经济体制的建设

在社会主义条件下搞市场经济，是一项前所未有的事业，尤其是我国当前正处在业已残损的集中性计划经济体制与正在初步形成的市场经济体制的交替时期，情况复杂，困难重重，需要做的工作很多，但关键的是要搞好那些对社会主义市场经济体制建设起决定性作用的基本点建设。

1. 建立和完善以公有制为主体、多种经济成分共同发展的所有制结构

一方面，应进一步发展包括国有经济、集体经济和乡镇企业以及公有资产占主体的股份制经济在内的公有制经济，尤其应注重公有制经济的运行效率及其在基础产业和关系国计民生的重要领域的控制力和影响力；另一方面，在集中搞好公有制经济的同时，还应继续鼓励非公有制经济的发展，进一步创造非公有制经济发展的良好外部环境，使公有制经济、非公有制经济能在大体相同的政策环境、法律环境、市场环境和社会环境下，平等竞争，共同发展。

2. 建立现代企业制度

建立以企业财产所有权和企业法人财产权明确界定为基础，以产权清晰、权责明确、政企分开、管理科学为特征的现代企业制度，是国有企业改革的方向，也是社会主义市场经济体制建设的关键所在。要对国有大中型企业实行规范化的公司制改革，使企业成为适应市场的法人实体和竞争主体；要把国有企业的改革向改组、改造、加强管理结合起来，以资本为纽带，通过市场形成具有较强竞争力的跨地区、跨行业、跨所有制和跨国经营的大企业集团；采取改组、联合、兼并、租赁、承包经营和股份合作制、出售等形式，加快放开搞活国有中小型企业的步伐；要推进企业技术进步，鼓励、引导企业和社会资金投向技术改造，形成面向市场的新产品开发和技术创新机制。

3. 培育和完善市场体系

建立统一开放、平等竞争、规则健全、运转有序的市场体系和价格形成机制，是建立社会主义市场经济体制的重要内容。为此，应继续配合价格体制改革和其他相关改革的推进，在发展商品市场和生产资料市场的同时，积极培养和发展以资本、劳动、技术、知识为重点的生产要素市场，完善生产要素的价格形成机制；改革流通体制，健全市场规则，调整有关的管理机构和组织机构，加强市场管理，清除市场障碍，打破地区封锁、部门垄断，尽快建成统一开放、竞争有序的市场体系，进一步发挥市场对资源配置的基础性作用。

4. 建立间接宏观调控体系

建立以实现宏观经济总量平衡和整体经济结构优化为主要任务、以经济政策和经济杠杆为主要调控手段的间接宏观调控体系，建立符合社会主义市场经济规律的结构合理、职责明确、精干高效的经济管理机构，是保证市场经济健康运行的重要条件。为此，要继续实现政府管理职能与方式的转变，最重要的是要解决经济管理中长期存在的政企不分、"两权"不分的问题。政府主要通过制定国民经济长期发展战略和产业政策，运用财政、货币、收入政策和利率、汇率、税率、财政贴息等经济手段和相关的法律手段，搞好国民经济的总量平衡，引导生产力的合理布局，促进经济结构的优化，保证市场经济公平竞争，调节收入分配。

5. 建立合理的个人收入分配制度和社会保障制度

建立社会主义市场经济体制，还必须建立和完善以按劳分配为主体、多种分配方式并存的收入分配制度，体现效率优先、兼顾公平的原则。引入竞争机制，打破平均主义，坚持让一部分地区、一部分人先富起来，逐步实现共同富裕。建立包括社会保险、社会救济、社会福利、优抚安置和社会互助、个人储蓄积累保障等多层次、多形式的社会保障体系，社会保障水平要与中国国情相适应。

6. 加强法制建设

市场经济从一定意义上来说是一种法制经济。建立严谨、科学、统一、完备的市场经济法规体系和经济监督体系，是市场经济有序发展的重要保证。一整套规范而科学的市场经济法规，是实现公平竞争、公平交易和正当经营，从而维护市场经济健康运行和发展的法制基础。我们已经建立了一些很好的法规，有的还在逐步建立和不断完善。我们要将一些收效好、成熟的改革措施，尽可能以法律的形式确定下来，逐步建立一套与社会主义市场经济相适应的法律法规，以保证社会主义市场经济的有序运行。

建立社会主义市场经济体制涉及我国经济基础和上层建筑的许多领域，因此，我们不能搞"单项突破"，而必须采取"全面规划，配套改革，协调推进"的战略原则。

首先，就社会主义市场经济的结构而言，它是由许多因素、部分和子系统组成的有机整体，因此，要发挥社会主义市场经济的整体功能，就必须在它的各个基本环节上同时采取行动。否则，即使在某个方面冲破了旧体制，也很难动摇它的根基；即使新体制的若干因素在某方面已经出现，这些因素也不能配套成龙，不能发挥协调国民经济、有效配置资源的整体功能。为此，在改革中，所有制关系、政府职能、企业产权制度、市场体系、价格机制、劳动人事制度和收入分配制度、社会保险制度以及各种法律法规等，必须通盘考虑、全面安排，逐步制定出一整套相互协调、相互促进的配套改革方案。

其次，要把经济体制改革和政治体制改革有机结合起来。经济体制改革必然涉及政治体制的诸多问题，因此，如果不积极推进政治体制改革，经济体制改革就很难奏效，社会主义市场经济体制就建立不起来。在这里，政治体制改革是经济体制改革的保证，经济体制改革是政治体制改革的前提。

再次，改革要与观念更新相结合。社会主义经济基础一旦变革，不仅要求其政治体制应随之变革，而且要求其意识形态、价值观念必须更新。我国是一个受自然经济和计划经济影响较深的国家，建立在这两种社会经济形式基础上的思想道德、文化和价值观念亦根深蒂固：闭关自守、盲目排外的思想，目光短浅、急功近利的思想，官贵民贱、无商不奸的思想等，至今仍束缚着一部分人的思想和行为。而社会主义市场经济作为商品经济的发达形式，需要树立一系列新的思想观念，如商品价值观念、时间价值观念、市场竞争观念、知识产权观念、科技人才观念、劳动流动观念和对外开放观念等，这些观念树立不起来，改革就很难成功，社会主义市场经济体制就很难建立起来。

最后，要提高整个民族的科学文化素质。建立社会主义市场经济体制，从根本上说取决于整个民族的科学文化素质。科学技术是第一生产力，振兴经济首先要振兴科技。只有坚定不移地发展教育，培养大批人才，推进科技进步和科技成果的转让，才能适应社会主义市场经济的需要，在激烈的竞争中取得主动。在当今世界，市场上的竞争，说到底是人才的竞争。这就决定了我们必须把教育摆在优先发展的战略地位，努力提高全民族的科学文化水平，这是实现我国现代化的根本大计，也是加强社会主义市场经济体制建设的关键。

8.3 社会主义市场经济中的价值规律和竞争规律

8.3.1 社会主义市场经济中的价值规律

1. 社会主义市场经济中价值规律的内容和特点

价值规律是市场经济运行中最基本的经济规律。它的基本内容和要求是：商品价值由生产商品的社会必要劳动时间决定；商品价格以价值为基础；商品交换依据价值来进行。决定商品价值的社会必要劳动时间有双重含义：一是指生产单位商品所耗费的社会必要劳动时间；二是指社会总劳动中按一定比例用来生产社会所需要的某种商品总量所耗费的劳动时间。马克思指出："事实上价值规律所影响的，不是个别商品或个别物品，而总是各个特殊的因分工而互相独立的社会生产领域的总产品，因此，不仅在每个商品上只使用必要的劳动时间，而且在社会总劳动时间中，也只是把必要的比例量使用在不同类的商品上。"[①] 马克思在这里明确地阐述了社会必要劳动时间的第二层含义，即在社会总劳动时间中，按

---

① 马克思：《资本论》第3卷，人民出版社1972年版，第716页。

一定的比例量耗费在某类商品上的社会必要劳动时间。例如，制造某类商品，按社会需要，要投入 10 万个劳动日，但实际上投入了 15 万个劳动日，那么，多出来的 5 万个劳动日，就不形成价值；反之，如果投入的劳动日少于 10 万个，又会形成虚假的价值。只有当生产某种产品的劳动总量与社会必要劳动量相一致时，单位商品的价值量由社会必要劳动时间决定才能成立。可见，第二层含义的社会必要劳动时间同样参与了价值的决定。换句话说，决定商品价值的劳动，既要在总量上符合社会需要，又要在单个商品上是社会必要劳动量，商品的价值量就是由这种社会必要劳动时间决定的。

市场经济是高度社会化、国际化的商品经济。在国际化商品经济中，价值规律的作用进一步延伸，决定商品价值的社会必要劳动时间又有了更深一层的含义，即指整个世界范围内的社会必要劳动时间。在世界市场上，"国家不同，劳动的中等强度也就不同，有的国家高些，有的国家低些。于是各国的平均数形成一个阶梯，它的计量单位是世界劳动的平均单位。因此，强度较大的国民劳动比强度较小的国民劳动，会在同一时期内生产出更多的价值。"[①] 这就是说，在世界市场上，各个国家内部的社会必要劳动时间所决定的商品价值表现为国别价值或个别价值，由世界劳动的平均单位决定的商品价值是国际价值。商品在世界市场上要按国际价值出售。显然，同一国际价值量的商品代表着不同量的国别劳动量。那么，商品按国际价值交换，必然表现为不等量国别劳动的交换，这是价值规律在世界市场上作用的特点。

马克思关于价值规律的这些基本原理，对于我国的社会主义市场经济也是完全适应的。不过，社会经济制度不同，市场经济条件不同，价值规律的作用具有不同的特点。在我国社会主义市场经济条件下，价值规律的作用与资本主义市场经济条件下相比，具有以下显著特点：

第一，价值规律作用的形式不同。在资本主义制度下，资本主义私有制使整个社会生产处于无政府状态，价格在盲目地竞争中形成，价值规律通过价格围绕价值自发地波动得到贯彻。它作为一种异己的力量支配着商品生产者。社会主义条件下，价值规律不再作为一种异己的力量发挥作用，而是被人们自觉地利用来发展社会主义市场经济。

第二，价值规律作用的范围和程度不同。在资本主义条件下，商品的范围包罗万象，价值规律作用有着广阔的天地，在一切经济领域中广泛地发生作用。它像一只看不见的手，指挥一切，调动一切。在社会主义条件下，商品的范围缩小

---

① 马克思：《资本论》第 1 卷，人民出版社 1975 年版，第 614 页。

了，价值规律也就不再成为一切经济活动的支配者。同时，社会主义国民经济的发展，主要受社会主义基本经济规律、国民经济按比例发展规律的支配，这样，价值规律作用的程度，也受到社会主义特有经济规律的制约。

第三，价值规律作用的后果不同。在资本主义制度下，价值规律的自发调节作用，必然引起大批中小企业者破产，造成社会劳动的巨大浪费，加深资本主义的固有矛盾和经济危机。在社会主义制度下，由于价值规律被人们自觉地利用，因而其作用的结果，必然是促进国民经济健康发展。当然，如果人们不能正确认识和运用价值规律，也会产生消极后果。

应当指出的是，在社会主义社会中，价值规律在非社会主义经济中的作用范围和程度，要比在社会主义经济中大得多。特别是在我国社会主义现阶段，多种所有制经济共同发展的条件下，在个体经济、私营经济及外资独资经济中，价值规律还起支配作用，甚至在这些经济成分中，连劳动力也作为商品受价值规律作用的调节。

2. 社会主义市场经济中价值规律的作用

在社会主义市场经济中，价值规律在生产、流通、分配、消费各个领域，都发挥重要作用。

第一，在生产领域。首先，在社会生产中，我们要自觉依据价值规律的要求，把社会总劳动按比例分配于社会各部门，使耗费在各类商品上的劳动量与这类商品的社会需要量相适应，以节约社会劳动，保证国民经济按比例协调发展。其次，利用价值规律促使企业改进技术、提高劳动生产率、降低劳动消耗、改善企业管理、提高经济效益。在社会主义阶段，企业作为商品生产者，必然要以自己商品的销售收入补偿支出，并获得盈利。企业盈利的多少，直接关系到企业、职工的物质利益及企业的扩大再生产。按照价值规律的要求，商品的价值量由社会必要劳动时间决定，商品要按社会价值出售。各企业的劳动耗费如果低于社会必要劳动时间，就能获得较多的盈利，反之盈利就要减少，甚至亏损。各企业为能在竞争中占有利地位，并获得较多的盈利，就要不断地改进技术、改善企业管理，精打细算，厉行节约，降低劳动消耗，提高企业的经济效益。这样，也就促进了整个社会生产力发展和经济效益的提高。

第二，在流通领域。价值规律具有调节供求关系的重要作用。价值规律的作用在流通领域的要求，就是价格以价值为基础，等价交换商品。这一要求是在供求关系变化，价格围绕价值上下波动中实现的。这样，国家在制定价格政策时，可依据价值规律的要求，使价格以价值为基础，同时反映供求关系的变化。通过自觉调整价格来调节供求关系，促使社会生产和社会需求相平衡，为社会再生产的顺利运行创造条件。

第三，在分配领域。价值规律对国民收入的分配和个人消费品的分配，都具有调节作用，因为无论是国民收入的分配，还是个人消费品的分配，都会受到商品价格的影响。社会主义可以依据价值规律的要求，通过有计划地调整某些产品的价格，影响国民收入的分配和个人消费品的分配，以调整各方面的物质利益关系，调动各方面的积极性。例如，我国若干次调整农产品的收购价格，降低某些农用工业品的销售价格，就起到了这种调节作用。

第四，在消费领域。价值规律不仅直接影响人民群众的消费水平，而且也影响到消费结构的变化。当消费品价格降低时，人们的货币支付能力相对提高，从而消费水平提高，反之，则会降低。社会主义社会可以利用价值规律，通过自觉地调整价格，引导人民建立新型的合理的消费结构模式。

总之，价值规律在社会主义生产、流通、分配、消费领域，都发挥重要作用。我们必须在整个经济活动中，自觉遵循和运用价值规律，推动社会主义市场经济的发展。

8.3.2　社会主义市场经济中的竞争规律

1. 社会主义市场经济中竞争规律的基本内容

竞争是商品经济条件下，各经济实体之间为了追求各自的经济利益而彼此展开的竞赛和争胜。价值规律的作用，必然伴随着竞争。恩格斯指出："只有经过竞争的波动从而通过商品价格的波动，商品生产的价值规律才得到贯彻，社会必要劳动时间决定商品价值这一点才能成为现实。"[①] 这就是说，商品经济的基本规律——价值规律是通过竞争来强制地为自己开辟道路的。显然，竞争是与商品经济相联系的一个经济范畴，是商品经济的必然产物。商品经济发展为市场经济，竞争成为市场经济的一个基本构成要素，是市场经济的重要动力机制。在社会主义市场经济中，各企业是独立的商品生产者和经营者，有着与自身的独立性相联系的独立的经济利益，各企业的经营状况与本身的经济利益直接相联系。各企业经济利益的差别性，对局部利益的追求，是社会主义存在竞争的客观基础。各企业要获得较多的经济利益，必须按照价值规律的要求，把企业的个别劳动时间降低到社会必要劳动时间以下，因此，企业之间的竞争就是不可避免的。

社会主义市场经济中的竞争，同样存在着部门内部的竞争和部门之间的竞争两种类型。

[①]　《马克思恩格斯全集》第 21 卷，人民出版社 1965 年版，第 215 页。

部门内部的竞争，是指生产同类产品的企业之间为争夺有利的产销条件和超额利润而进行的竞争。部门内部的竞争主要采取价格竞争和非价格竞争两种形式。所谓价格竞争，是指商品生产者以有利于本企业产品销售的价格在市场上打击和排挤竞争对手。价格竞争的主要手段是通过改进技术、提高劳动生产率、改善企业管理来降低生产成本，在市场上以比同类产品较低的价格出售商品。所谓非价格竞争，是指除价格之外的一切竞争手段；即指通过改善产品质量、包装装潢、更新花色品种、提供优质服务、加强广告宣传等扩大商品销路。非价格竞争在部门内部的竞争中占有越来越重要的地位。主要原因是：第一，由于现代技术的迅速发展，产品更新换代快，单靠价格竞争难以打开销路。第二，随经济文化的发展，社会的进步、消费需求越来越向高质、新颖、耐用方向发展，消费者对价格因素的考虑越来越被放在次要的地位，这就不能不迫使企业在非价格竞争上下工夫。第三，在市场经济中由于种种原因，有时可能会出现通货膨胀。如果单纯依靠价格部分，会使企业利润量减少，不利于企业生产的发展。部门内部企业之间竞争的结果，使同种商品的个别价值形成同一的社会价值。

部门之间的竞争，是指不同部门之间为了争夺有利的投资场所和高额利润率而彼此展开的竞争。部门之间的竞争主要通过资金在各部门之间的转移来进行，即资金由利润率低的部门抽走，投向利润率高的部门，或新增加的投资直接投向利润率高的部门。部门之间竞争的结果，使社会各部门的不同利润率趋于均衡，形成平均利润率。平均利润率形成后，各部门要依据自有资金的多少，按照平均利润率获得利润，这就是平均利润。因此，部门之间竞争的结果是形成平均利润率和平均利润。平均利润率和平均利润形成后，各部门要按生产成本加平均利润构成的价格出售商品，这就是生产价格。在社会主义市场经济中，生产价格是商品价格形成的基础。在部门内部，个别先进企业可以通过改进技术、改善经营管理等进一步降低生产成本，使其商品的个别生产价格低于社会生产价格，从而获取超额利润。

总之，社会主义市场经济中，竞争的各种规定及其必然性构成社会主义竞争规律。竞争规律是社会主义市场经济的重要规律。

2. 社会主义市场经济中竞争规律的特点和作用

社会主义市场经济中的竞争，与资本主义竞争根本不同。从竞争的目的看，资本主义竞争是为了挤垮、吞掉对手，占领市场，获取高额利润。社会主义竞争的目的主要是为了打破封锁和垄断，鞭策落后，取长补短，共同前进，以更好地满足劳动者物质文化生活的需要。从竞争的性质上看，资本主义竞争是以资本主义私有制为基础，是私人资本家之间你死我活、弱肉强食的竞争，体现资本家之间瓜分剩余价值的矛盾关系。社会主义竞争则是以生产资料公有制为基础，在根本利益一致的各企业之间进行，体现企业之间利益差别和相互协作基础上的互助互利关系。从竞争的手段和后果看，资本主义竞争采用一切合法的、非法的、明的、暗的手段，无所不用其极。其后果是优胜劣汰，必然引起资本和生产的集中，加深资本主义的固有矛盾。社会主义竞争则不允许使用一切损人利己的非法手段，只能在改进技术、改善经营管理、提高服务质量上下功夫、比优劣。其后果必然是鼓励先进，鞭策后进，使先进的更先进，后进的赶先进，促进社会主义经济繁荣。当然，社会主义竞争也必然引起一些长期亏损、经营管理不善的企业破产，这样，可以腾出更多的人力、物力和财力满足先进企业的需要，从而促进社会主义社会生产的更快发展。

在社会主义市场经济中，竞争规律发挥着异常重要的作用。它可以迫使企业改变因循守旧、安于现状的局面，不断改进技术、降低生产成本，提高经济效益。竞争可以迫使企业时时刻刻想到消费者的需要，不断提高产品质量，增加花色品种，生产适销对路、价廉物美的商品投入市场，从而相对提高劳动人民的实际消费水平。竞争可以淘汰那些因主观原因而发生亏损的企业，从而减少社会劳动的巨大浪费。同时，让这类企业在竞争中倒闭，也能警戒其他企业，促使其努力奋斗，积极进取。竞争还能迫使人们改变根深蒂固的自然经济观念和思想惰性，使人们的思想适应现代化的节奏，促进社会主义经济的振兴。总之，积极开展社会主义竞争，能促使我国社会主义企业焕发生机和活力，推动整个国民经济生机勃勃的发展。

社会主义竞争既然是客观存在，我们就不能人为地加以限制，而应当加以保护。同时，还应不断发展和完善竞争机制，为各类企业创造平等竞争的环境。当然，社会主义竞争也会带来一些消极作用。因为社会主义条件下的竞争，同样会有盲目性、破坏性；一些企业为了谋取个人的私利，利用非法的手段进行竞争，这些都会或多或少地造成社会资源的浪费，甚至导致经济生活的动荡。这就要求国家加强对竞争的引导和监督，把竞争的消极作用限制在最小的限度内。

本章小结

1. 商品经济是指以交换为目的的经济形式，其基本特征是人们之间的经济关系，表现为商品货币化的关系。商品经济一般来说分为简单商品经济和发达商品经济。市场经济是指市场是人们进行经济活动时赖以旋转的轴心，是社会资源配置的主要机制的一种经济形式。市场经济是高度发达的商品经济。市场经济与商品经济既有联系又有区别。

2. 社会主义经济制度是指社会主义社会占统治地位的生产关系的总和。它的基本经济特征是以生产资料的社会主义公有制为主体，个人消费品的分配以按劳分配为主体。社会主义市场经济体制一方面指社会主义经济制度所采取的具体形式；另一方面是指社会主义国家管理经济活动的方法和制度的总称。经济制度和经济体制是两个既相互联系又相互区别的范畴。

3. 价值规律是市场经济运行中最基本的经济规律。它的基本内容和要求是：商品价值由生产商品的社会必要劳动时间决定；商品价格以价值为基础；商品交换依据价值来进行。

4. 商品经济的基本规律——价值规律是通过竞争来强制地为自己开辟道路的。竞争是与商品经济相联系的一个经济范畴，是商品经济的必然产物。商品经济发展为市场经济，竞争成为市场经济的一个基本构成要素，是市场经济的重要动力机制。

复习思考题

1. 简要说明商品经济与市场经济的关系。
2. 试述社会主义市场经济的一般性与特殊性。
3. 怎样理解经济制度与经济体制的关系？
4. 简要说明党的十八大以来，新时期社会主义市场经济建设的新任务。

第9章 社会主义市场经济主体与市场体系

社会主义市场经济体制的正常运行，需要有完善的市场体系。本章主要阐述市场主体的内涵及功能、市场的主要功能；市场体系的内涵、市场体系的基本结构；以及完善和培育市场体系的必要性和主要措施等问题。

9.1 社会主义市场主体与市场功能

9.1.1 市场与市场主体

市场，就其形式看是指商品交换的场所；就其内容看是指商品交换关系或供求关系的总和。在商品经济很不发达的时代，市场主要是指商品交换场所，即反映商品交换组织形式的一个空间和地域概念。当商品经济进入发达时期，市场主要是指全部商品交换关系的总和。社会主义市场，就是在社会主义制度下，与一定市场形式相适应的商品交换关系的总和。

所谓市场主体，是在市场运行中进入市场并从事各种交易活动的当事人（包括自然人和法人），它是相对于市场客体而言的。

进入市场并参与市场交易活动的当事人或实体，在瞬息万变的市场活动中，最基本的活动是围绕相互间的经济关系实现经济利益的相互让渡。在这种让渡关系中，市场主体能够自动地完成其组织过程，使其与市场状况相适应；市场主体也能够就其组织结构与市场形势的吻合程度进行自我调节，以利于自身的生存和发展；市场主体还能够就其近期目标或远期目标完成自我扩张或自我收缩的决策，在市场的波动中寻求最大发展，而且避免风险。

市场主体既是市场需求者的集合，又是市场供给者的集合。市场运行正是在这种供求关系的更迭过程中不断拓展，决定着市场的发展规模、发展程度和发展方向。而且，市场主体所具备的需求能力和供给能力，即在组织投入时，总是以最优比例和最低价值量取得相应的效用，又在实现产出时，以最优价格获得最大经济效益，从而影响着市场供求状况的变动方向和变动程度。所以说，市场主体是市场发展的决定力量。

市场主体是相对于市场客体而言的。从市场运行的长期的动态趋势来看，市场主体总是支配市场客体的。因为市场客体的生产和交换，归根结底是由市场主体来完成的。当然，市场客体，例如商品、资金、劳动、技术、信息等，对市场主体在市场运行中的地位和作用的影响也是巨大的。一般来说，市场客体对市场主体的制约程度是随着该客体的余缺状况而定。如果市场客体短缺，部分市场主体将被迫退出对该客体的需求；如果市场客体充裕，主体对客体的需求就会增加。正是这种由市场主体与市场客体之间的相互作用，形成了决定市场运行规模、程度与方向的合力。

9.1.2 市场主体的结构

现代市场主体由消费者、企业和政府构成。

1. 消费者主体

消费是生产的目的，而且创造着生产的动力。在市场经济条件下，消费者的消费需求，只有经过市场交换才能实现。所以消费者的需求成为市场的启动和推动力量。消费者的需求，始终是市场的主导需求，它的扩展或萎缩直接决定着市场规模的扩大或缩小。正是因为消费者这种普遍的、大量的市场需求，而且由基本需求向发展需求到享受需求的演进，始终都是构成市场主体的原生动力。从这个意义上说，没有消费者就没有市场，没有市场经济。

2. 企业主体

消费者市场需求的扩大加速了商品经济向市场经济的转变，企业制度的形成和发展则是市场经济的特殊标志。企业以其稳定的组织结构、合理的行为准则而在市场运行中更富有凝聚力。企业作为一个经济实体，既是生产的组织者，也是初次分配的承担者，还是交换和流通的经营者，它不仅使一般产品和劳务转化为商品，而且把社会的一切生产、分配、交换和消费都纳入市场领域，而成为所有市场经济关系的客观基础。企业的生产经营活动，首先需要购进生产要素和商品，进行最佳比例的配置，这时的企业总是以需求者的身份，最经常地参与市场活动，直接地影响着市场客体的发展规模和流动方向；同时，企业又以其向市场提供的商品或劳务，决定着满足社会需求的规模和结构，这时的企业又总是以供给者的身份，最经常地参与市场活动，直接地影响着市场需求的层次转换和发展程度。所以，市场的扩大，功能的健全，取决于企业延伸需求和增长供给所体现的市场经济关系。所以，企业主体，包括生产企业和商业企业等，是最基本、最重要的市场主体。从这个意义上说，没有企业，也就没有市场，没有市场经济。

3. 政府主体

社会经济发展到现代市场经济阶段，政府为行使组织和管理经济的职能，直接或间接地参与市场活动，而且还以消费者的身份进入市场。政府以管理者和消费者的双重身份参与市场活动，要保持有效的运转，就需要对大量的人力、物力、财力进行必要的控制，遵循市场等价交换的规律，保证企业从事生产经营活动的自主权利，保证消费者的权益不受侵犯。因此，政府参与市场活动，主要是针对关系国计民生的或影响国民经济全局的方面，维持市场的正常运转，以提高全社会效益为前提，实现国民经济持续、协调和快速发展。由此看来，政府进入市场，是在现代市场经济条件下，由市场原生主体——消费者和企业发展的客观需要而构成的市场派生性主体。从这个意义上说，没有政府主体，也就没有现代的、有效的市场经济。

9.1.3　社会主义市场功能

在社会主义市场经济条件下，市场是人们经济活动的中心，是连接全部生产与消费的枢纽点。市场在社会主义市场经济中具有极其重要的功能。社会主义市场的功能，从大的方面来说，有以下几点：

1. 资源配置功能

配置社会资源，这是市场在社会主义市场经济中的基础性功能。在市场经济体制下，各种生产要素都要进入市场，通过价值规律的调节，引导社会资源的合理流动并得以优化配置。这样，可以减少和避免社会资源的损失和浪费，把有限的社会资源配置到社会最需要和效率最高的方面去。当然，在社会主义市场经济体制下，以市场作为配置社会资源的基本形式，并不排斥和否定其他形式，例如计划手段的正确运用，但是，计划手段不能取代市场配置社会资源的基础性地位。

2. 对投资决策的导向功能

在市场经济条件下，建设一个新的企业，或改造一个旧的企业，生产经营什么商品，或开发什么项目，都要进行投资方向、规模和结构的决策选择研究。而投资决策选择的主要依据，就是市场的需求。一般来说，对于现在和今后较长时期供过于求或供求基本平衡的项目，一般不要投资；而对于现在或今后较长时期供不应求的项目，则要作为决策选择方向。

3. 对生产经营活动的调节功能

企业的生产经营活动，特别是生产经营的商品的质量、数量、规格、花色、品种、包装、服务等，是否适销对路，或在什么规模与程度上符合社会需要，最终需要市场来检验。从而也就发挥着市场对企业生产经营活动的调节作用。

4. 对企业发展的开拓功能

市场是企业进行生产经营活动的外部环境，但外部环境的优化和完善，不仅对企业现时的生产经营活动具有外部条件的保障作用，而且对企业调整生产经营方向和结构，向生产经营的广度和深度进军，具有外部条件的开拓功能。这是因为，企业生产经营方向的调整，规模的扩大，结构的变化，新产品的增加，新产业的兴起，都要求市场提供新的外部环境。只有市场发展了，扩大了，才能使企业生产经营在事实上得以扩大和发展。所以，市场对企业生产经营的发展还具有开拓功能。

5. 对经济效益的验证功能

商品是用来交换的劳动产品。企业生产经营的各种商品，只有在市场上经过顺利交换，才能使商品的使用价值得以让渡，从而满足社会需要。同时，也使商品的价值得以实现，从而使生产经营活动的经济效益得以最后验证。如果企业以较少的劳动占用和耗费，向市场提供了更多的产品和服务，也就必然会有较好的经济效益。反之，经济效益不好，甚至出现亏损。所以，企业经济效益好不好，不是简单地看产值多不多，增长速度高不高，而是要由市场最后来验证。

6. 对收入分配的兑现功能

在市场经济条件下，无论是企业所创造的国民收入的初次分配，还是在整个社会所进行的国民收入的再分配，以及企业职工个人消费品的分配实现，都离不开市场。企业生产经营的商品或服务项目，只有适销对路，符合市场需要，在实现自身的价值以后，才有可能实现和兑现国民收入的初次分配和个人消费品的分配；国民收入再分配所形成的各种基金，无论是积累基金，还是消费基金，最终实现也必须通过市场交换来进行。

7. 对经济动力的传递功能

按照马克思主义经济学原理，生产的动力是由消费创造的。而消费的实现，以及消费所创造的生产的动力，则是以市场销售为前提，并经过市场的交换过程传递给生产的。也就是说，只有市场培育得好，发展得快，对生产性消费和生活性消费实现有效服务，才能使消费创造出经久不息而不断增长的社会经济动力。

8. 对经济信息的集散功能

在社会主义市场经济条件下，宏观经济管理部门进行经济决策，企业进行生产经营活动的各项决策，都必须有准确、及时和完备的经济信息。而市场经济信息，则是国家和企业所需要的最基本的经济信息。在市场经济活动中，所需要的供应信息、需求信息、价格信息、服务信息、资金信息、技术信息、劳动信息、房地产信息等，都可以通过市场活动得以集中和分散，从而为宏观经济管理部门经济决策和企业生产经营决策提供参考依据。

9. 对经济过程的衔接功能

无论是生产企业的供、产、销环节的衔接，还是商业企业的购、销、调、存环节的衔接，乃至整个社会再生产过程的生产、分配和消费环节的衔接，都是以市场环境的优化为前提的。也就是说，只有市场组织得好，协调得好，才能使生产企业的供产销与商业企业的购销调存诸环节，以及再生产各个环节得以有机衔接，并实现良性循环。

10. 对国际经济的促进功能

市场，包括国内市场与国际市场。社会主义市场的对外开放，既引进了国外的商品、技术、设备和资金等，也可输出国内的商品、技术、设备和资金等，从而既促进了国内经济发展，也促进了国际间经济交流与发展。

11. 对人类文明的传播功能

在市场的进行中，通过商品流、技术流、人才流的双向流动，以及市场各类交易行为的服务活动，也会使人类社会发展的物质文明成果和精神文明成果在国际范围得到传播和交流，从而有利于人类文明的再发展。

9.2　社会主义市场经济的市场体系

9.2.1　社会主义市场体系及基本结构

1. 社会主义市场体系的特征

社会主义市场是由各种互相联系、相互制约的市场组成的有机整体。这些相互联系、相互制约的市场总和，构成社会主义市场体系。它具有以下一些特征：

（1）社会主义市场体系是统一的而不是分割的。它具体表现为：它冲破地区性的封锁割据，建立统一的市场，实现了价值尺度的统一；各要素市场之间相互联系、相互制约，形成一个具有整体性的大系统；产权市场的开放与发展也由国家统一领导、管理。

（2）社会主义市场体系是竞争的而不是垄断的。在市场经济条件下，价值规律必然发生作用，竞争也就不可避免。社会主义国家要通过运用市场机制，鼓励各商品生产者之间开展公平合理的竞争，并通过立法保障竞争公平进行，反对垄断，以促使商品生产者不断采用新技术，开发新产品，提高经济效益。

（3）社会主义市场体系是开放的而不是封闭的。现代的市场经济是开放经济，因而，市场体系也具有广泛的开放性。只有坚持对内对外开放，才能通过市场活动促进各地区乃至各国之间的物质交流和信息的交流，并由此促进科技的进步和生产力的发展。

（4）社会主义市场体系是多元的而不是单一的。作为一个完备的市场体系，不仅包括商品市场，而且包括资金、技术、劳动力、信息、房地产等要素市场以及产权市场，从而形成一个多元化的市场体系。

（5）社会主义市场体系具有可调控性。社会主义生产资料公有制的主体地位，从根本上消除了生产社会化和生产资料私人占有之间的矛盾，社会主义国家能够更加有效地运用经济手段、法律手段和必要的行政手段对市场进行调节，从而保证国民经济持续、快速、健康地发展。

当然，由于我国在建立社会主义市场经济体制过程中还刚刚起步，社会主义市场体系的发展还很不平衡，市场竞争的公平性还不成熟，市场的开放性还受到行政条块分割的限制等，这种状况，通过不断地深化改革会逐步解决。

2. 社会主义市场体系的基本结构

社会主义市场体系的基本结构，是指社会主义市场经济中的市场要素构成和市场分类及其相互关系。

市场的要素构成，主要有六个基本内容：一是市场的所有制基础要素；二是市场的主体要素，即生产者、经营者和消费者；三是市场的客体要素，即各种市场交易的对象；四是市场的时间要素，即市场交易的时限；五是市场的空间要素，即市场交易的场所或地域；六是市场的服务手段要素，即各类市场服务设施和条件。

由于社会主义市场体系在总体上是一个具有开放性、竞争性的立体式动态大系统，各种市场不仅显示着市场不同要素构成的特点和要求，而且又具有不同的交易对象和市场功能，所以，对市场进行分类是一个较为复杂的问题。但也必须看到，依据不同标准对市场进行科学分类，对于加快市场体系的培育和国有企业市场化的改造进程，都有十分重要的意义和作用。按照市场要素构成及其市场经营特点的不同，对社会主义市场体系中的市场分类可作以下划分：

（1）不同客体要素的市场。市场的主体要素是生产者、经营者和消费者。市场的客体要素，是指人们用于交换的各种交易对象的总和。按照市场交换关系所蕴含的客体要素的不同内容，市场可以划分为生活要素市场与生产要素市场。在生产要素市场中，又可划分为生产资料市场、资金市场、技术市场、劳动力市场等。我们的当务之急，是要大力培育和发展生产要素市场。

（2）不同时间结构的市场。任何市场的交换活动，都是在一定的时限内进行的。按照市场交易时间的长短结构，市场可以划分为现货市场与期货市场。现货市场，是指以现货交易为特点的市场。所谓现货交易，是指买卖双方在极短的时间内实现商品与货币相互换位的交易方式。通俗地说，也就是"一手交钱，一手交货"，钱货当即两清的交易方式；期货市场，是指以期货交易为特点的市场。所谓期货交易，是指买卖双方先达成交易契约，然后在某一确定日期和地点，按契约规定的诸项内容，完成商品和货币相互换位的交易方式。通俗地说，也就是"成交在前，交割在后"，钱货后来两清的交易方式。期货市场是一种高层次、规范化的市场交易方式。它的最大特点是市场交易行为的预期性。由于事先确定了未来期限内商品交易的价格、数量、质量、规格等，所以使商品交易活动又具有相对的稳定性。由这些特点所决定，期货市场有利于客观公正的市场价格的形成和稳定，有利于企业减少因市场波动而承担的经济风险，有利于提高市场交易的透明度，有利于市场信息的集中与传递，有利于企业提高市场预测和企业决策的准确性。期货市场的建立和发展，可以把目前体制转轨过程中既不符合原来计划经济要求，又不符合市场经济规范要求的大量自发性、分散性、隐蔽性的交易活动，变成集中性、透明性、规范性的交易活动，从而也有利于实现国家对市场的宏观调控。当然，期货市场也具有一定的投机性，但总的来说，是利大于弊，势在必行。

（3）不同空间结构的市场。任何市场的交换活动，总是在一定的空间范围内进行的。按照市场交易的空间结构。市场又可分为农村市场与城市市场；沿海市场与腹地市场；产地市场，销地市场、中转市场；国内市场与国际市场。在大力培育和发展国内各种地域市场的同时，要尽快而有效地实现国内市场与国际市场的接轨。国际市场是指国际间商品交换关系的总和。培育和发展社会主义市场体系，实现国内市场与国际市场的接轨，必须扩大对外开放，积极参与国际市场竞争，把握国际市场的时代特点，制定和实施科学的战略对策，深化外贸体制改革，建立科学可行的外贸宏观调控体系，增强我国外贸政策法规的统一性和透明度，提高企业按国际惯例进行经营的能力，并依靠科技进步和产品信誉积极开拓国际市场。

（4）不同经营特点的市场。按照市场营销不同环节的特点，市场可以划分为零售市场与批发市场；在批发市场中，又可划分为综合批发市场与专业批发市场。专业批发市场，是我国现阶段多种经济成分及多种经营方式相交融，以一定的城乡地域为基地，以大宗专项商品批发业务为主体，兼有零售业务，并有多种产业相配合的多功能市场交易场所。专业市场的兴起和发展，不仅适应我国农村经济特别是乡镇企业市场化、专业化、社会化发展的需要，而且也适应国有企业市场化改造的客观需要。因为，它有利于国有企业摆脱原有集中计划经济体制对企业市场环境的制约和禁锢，与其他企业在同一市场环境中进行公平竞争，从而也就有利于国有企业市场化的改造。

按照市场营销不同方式的特点，市场还可以划分为固定市场与流动市场，一般市场与超级市场，连锁市场与单一市场，邮购市场与送货市场，拍卖市场与租赁市场等。

按照市场供求不同态势的特点，可以划分为买方市场、卖方市场和均衡市场，以及现在市场、潜在市场和未来市场。

（5）不同价格形式的市场。按照市场价格形式的不同特点，市场又可划分为指令性计划价格市场，即对少量关系国计民生重要商品实行直接计划价格调节的市场；指导性价格市场，即对一些比较重要的商品实行指导性计划价格调节的市场，允许商品在一定价格限度内自行调整；市场性价格市场，即对绝大多数商品实行自由市场价格调节的市场。

（6）不同运行态势的市场。市场是人们进行商品交换关系的总和。每一次买卖交易关系都体现着买方和卖方经济力量的对比和抗衡。因而，任何一个现实的市场，或买方市场，或卖方市场，或均势市场，三者必居其一。买方市场是指买方在市场上处于支配地位，市场在买方力量控制下运行；卖方市场是指卖方在市场上处于支配地位，市场在卖方力量控制下运行；均势市场是指买卖双方力量大体相当，市场在双方力量的制约下运行。

市场上买方力量与卖方力量的对比和抗衡，是一种客观存在，市场各种因素的运行，就是在这两种力量共同支配下实现的。首先，买方向市场提出需求，卖方向市场提出供给，一旦买卖双方力量对比发生变化，需求和供给及其平衡状况就会发生相应的变化。其次，市场价格上升有利于卖方，市场价格下降有利于买方。当市场价格平稳时，使买卖双方力量达到一种均势。然而，一旦两种力量的对比发生变化，市场价格也会因此而发生相应的变化。再次，买方之间的竞争有利于卖方，卖方之间的竞争则有利于买方。一旦两种力量的对比发生变化，市场的竞争形式就会被新的竞争形式所取代。最后，市场如果既不为买方所统治，也不为卖方所垄断，能够在双方力量互相制约下稳定运行，市场机制及其功能也能正常运转和充分发挥。

从实际情况来看，不同商品在不同时期、不同地域的买方市场和卖方市场将会长期存在。为此，就要着力寻求改善买方市场或卖方市场的途径，对均势市场给予必要的重视，达到有效地调节买方市场和卖方市场，使其有利于市场体系的培育和完善。

（7）不同竞争程度的市场。按照市场竞争的程度不同，一般可把市场划分为完全竞争市场和非完全竞争市场，而非完全竞争市场又可进一步划分为垄断竞争市场、寡头垄断市场和完全垄断市场。

完全竞争是指没有任何阻碍和干扰，也没有任何外来控制的自由竞争。完全自由竞争市场只存在于特定条件下，如买方和卖方均无法左右市场活动；双方均可自由进入或退出市场，生产要素可在市场自由流动；市场信息为买卖双方所掌握；生产者和消费者都在追求利益最大化行为中实现资源的最佳配置。然而，上述这些条件，在现实生活中是不存在的，它只是一种理论抽象，其意义只能用以对市场竞争状态的分析。而在市场竞争中，作为市场主体的每一个企业，无不在追求扩大市场占有率，达到对市场的垄断。

与完全自由竞争市场相对应的是完全垄断市场，是一种基本上不存在竞争因素的市场。它的前提条件是：卖方只有一个企业单位，而且限制其他企业进入市场，而买方却是众多，卖方完全控制着商品在市场的销量和市场价格。显然，在现实生活中也只是一种理论抽象。因为，相近的替代商品进入市场，将使垄断转化为竞争。

少数规模巨大的卖方企业，控制和操纵着市场的买卖活动，而且这些卖方企业之间又往往彼此了解并形成一种默契。这种条件下的企业成为市场寡头，市场成为寡头垄断市场，市场价格不取决于市场供求关系，而是少数寡头的默契或协议，甚至会采取共同措施对其不利的方面做出反应。这种市场缺乏竞争的压力和动力，因而资源配置的效率低下。为此，发达的市场经济国家大多制定《反垄断法》加以抑制。

既存在激烈竞争，又存在垄断因素的市场，则是不完全竞争市场（又叫垄断竞争市场），是区别于完全自由竞争市场和完全垄断市场之外的一种市场类型。它存在的前提条件是：卖方企业的数量较多，彼此之间存在着竞争；进入和退出该行业比较容易；企业之间的产品存在着一定差别；市场上交易双方都能得到比较充分的信息；企业因其产品质量较高、生产规模较大而有比较高的市场占有率，并能获得丰厚的超额利润。在这种条件下，市场竞争促使企业不断地进行技术革新，采取发展规模经济的生产经营策略，依靠巨大的经济实力，赢得市场对其商品的需求。可见，不完全竞争市场是一种客观现实而又广泛存在的市场。

9.2.2　社会主义生产要素市场

我们已经知道，按照市场客体要素，可以把市场划分为生活要素市场和生产要素市场。我国现阶段，生活要素市场比较发达，但生产要素市场发展滞后，因此，需要大力发展生产要素市场。生产要素市场包括生产资料市场、金融市场、技术市场、劳动力市场、信息市场、房地产市场以及产权市场等。

1. 生产资料市场

生产资料市场是指生产资料流通的领域和场所，它是联结各生产者的桥梁和中介。和消费品市场相比，我国生产资料市场发展缓慢。因此，要积极开放和大力发展生产资料市场。

发展、开放生产资料市场，对于发展生产、搞活经济具有重要意义。第一，自由选购生产资料是企业产供销的重要内容，进一步扩大生产资料市场是落实企业物资采购权和产品销售权的要求。企业的生产面向市场，其产品的生产和流通按商品经济的原则来组织，而所需的生产资料却按行政命令统一调拨，就会割裂商品生产和生产要素流动的内在联系，造成企业生产适销产品所需原料得不到供应，不需要的原料却被分配进来。第二，扩大生产资料市场，可以发挥竞争机制的作用，通过价格竞争，保证那些消耗低、质量高、经济效益好的先进企业争夺到紧缺生产资料，实现资源的有效配置，提高全社会的经济效益。第三，开放生产资料市场有利于解决生产资料双轨价格产生的各种矛盾，有效地防止倒买倒卖的不法行为。

2. 金融市场

金融市场的形成是商品经济发展的产物。按交易对象，金融市场可分为资金市场、黄金市场、外汇市场。资金市场是指国家、企业、个人为调节资金供求而进行的货币借贷以及有价证券的发行、买卖的活动领域。资金市场又分为短期资金市场和长期资金市场。短期资金市场主要是进行货币借贷、拆借、贴现和国内汇兑交易。长期资金市场主要是发放债券、股票以及证券和票据的流通。外汇市场是指从事外汇交易的场所。黄金市场是指买卖黄金的场所。由于我国目前黄金市场和外汇市场尚未放开，金融市场主要是资金市场。

随着市场经济的发展和经济体制改革的深化，宏观经济管理将由过去以实物控制为主转向以价值控制为主，这就要求资金作为必要的生产要素进入市场，由市场机制决定资金的流向，从而促使生产要素的合理流动，实现资源配置的最优化。

在整个市场体系中，金融市场处于中枢、轴心地位。因为资金是经济运动的"血液"。生产的物的因素和人的因素的流动都要以货币资金的投入和流动为前提。所以金融市场成为商品市场和其他生产要素市场的先导，社会信用和金融市场的发达程度，货币资金的运转效率，直接关系到商品市场和其他生产要素市场的营运状况。

3. 技术市场

技术，泛指具有专门性、实用性、技巧性、操作性的知识和能力。技术商品是指用来交换的智力劳动产品。技术市场是指进行技术商品交易的场所。技术是无形商品，是复杂劳动的结晶，它不仅具有使用价值，而且具有价值，它的使用，可以提高劳动生产率，创造更多的产品。长期以来，我国没有建立技术市场，技术的发展不受价值规律的调节。这样，不仅技术开发发展缓慢，而且既有技术也不能通过及时转让应用于生产，使之尽快形成现实生产力，从而严重阻碍了技术的发展。1985 年春我国决定开放技术市场，短短几年技术市场已开始显现出它强大的生命力。现在我国技术市场呈现出迅速发展的趋势，多形式、多层次的技术中介服务和技术经营机构已遍布全国各地，技术交易额逐年大幅度上升。随着技术市场的发展，它在我国社会主义市场体系中的重要地位将日益被人们认识。由于高新技术是知识经济的主要动力和源泉，因此，在培育和完善技术市场时，要大力培育和完善高新技术市场。

4. 劳动力市场

劳动力市场是进行劳动力商品交换的场所及其交换关系的总和。它是生产要素市场的重要方面。劳动力市场具有以下三方面的基本职能：一是通过市场价格机制对劳动力质量进行客观评价；二是通过市场上的双向选择调节劳动力供求关系，实现劳动力资源的合理配置；三是通过优胜劣汰的竞争机制激发劳动者的潜在能力，不断提高他们的业务技术素质。由于目前我国的劳动力市场还处于初创时期，客观上存在着两种劳动力市场：一是自由劳动力市场；二是国家指导的劳动力市场。劳动力市场的建立，为劳动者自由选择职业，企事业单位挑选合格劳动力创造了有利条件。同时，进一步发展劳动力市场，将能够实现生产资料与劳动力的最佳结合，产生最佳经济效益。在知识经济的到来和发展中，培育和完善劳动力市场，还要特别注意高科技人才和高技术劳动者的智力劳动力市场的完善和发展。

5. 信息市场

信息市场是指人们传播知识、接受和提供咨询等方式，对信息资源进行交流的场所。信息是一种软件商品，它不是以实物形式满足人们的某种需要。它的收集、整理、分析、储存和传播要花大量劳动，具有使用价值和价值。因此，信息的传播和交流也必须遵守价值规律，通过市场进行。由于信息技术是高新技术的前导技术，信息产业是高技术产业的前导产业，信息产品是知识经济的重要产品，所以，必须大力培育和完善信息市场。

随着社会主义市场经济的发展，商品生产者和经营者越来越需要获得确切的经济信息如供求信息、价格信息、技术信息等，对信息的需求量将越来越大。建立信息市场，对于促进生产和流通具有重要的作用。

6. 房地产市场

房地产市场是指经营房产和地产的领域和场所，是土地，房屋等建筑物让渡使用权的特殊商品市场，它是随着房地产业的兴起而产生和发展的。

土地和建筑物是社会生产和生活的必要物质条件。在社会主义社会中，土地属于国家或集体公共所有，但是由于土地占有和使用的垄断，产生了地租，因而在让渡土地占有权和使用权时，必须以地租为依据缴纳一定的费用，这种费用还必须根据土地的优劣呈级差状态，这种费用就是土地价格。在实际经济生活中，无论是国家征用土地还是单位转让土地，都是有代价的。地产作为一种特殊的商品，必然要有让渡地产占有权和使用权的地产市场。同时，房屋等建筑物的商品化，也必然存在房产市场。

在房地产市场形成以后，房地产除了能够实现自身的使用价值外，还可以按照商品经济的运行规律，发挥房地产所特有的高附加值和基础性、先导性的产业优势，通过房地产的开发与经营，节约和合理使用土地，积累建设资金，改善人民群众的住房条件，从根本上改变长期形成的土地无偿使用、浪费严重、住房再生产萎缩等现象，促进经济发展。

7. 产权市场

产权市场是企业产权有偿转让的交易活动场所。传统的产权理论认为，企业的产权属国家或集体，是神圣不可侵犯的，因而也不能转让。随着生产力的发展和社会进步，产权被推进市场，作为商品进行买卖。企业作为整体性的产权，当然也就可以投进市场进行交易。

从一定意义上讲，企业就是一定权利的集合体，企业本身也是商品。这是因为，企业的任何一部分财产，都是属于它的所有者的，企业的所有者为了达到一定的目的，可以出卖企业，企业自然就成为商品了。把企业推向产权交易市场意味着企业不仅可以成为另一个企业的买主，而且它自身也可能被其他企业所购买。我国企业股份制的试点并大力推广，已使企业财产商品化、证券化、货币化（价值化），使企业本身也成为有价格可买卖的对象。企业产权市场化使企业面临生与死的选择，从而感到竞争的压力，这对于增强企业活力，提高全社会企业经济效益都会产生很大作用。我国的产权市场将随着我国企业产权制度的改革而逐步走向完善。

9.2.3 社会主义市场体系的培育和完善

在经济体制改革前，我国实行高度集中的计划经济体制，排斥市场和市场机制，以致造成了市场发育成长的"断带"。改革以来，特别是党的十四大确立建立社会主义市场经济体制后，市场进入加快培育时期，市场体系逐步形成。其最明显的标志是：市场体系的构成要素已由过去单一的消费品市场向多类市场发展，生产要素市场也有了不同程度的发育；价格经过调放结合的初步改革，向着既明确反映价值又灵敏反映供求的要求趋进；条块分割、地区封锁的状态，初步改变为跨部门、跨地域的市场联系；国内统一市场基本形成并开始与国际市场接轨。但是，与建立一个统一、开放、竞争、有序的市场体系这一目标相比，所面临的任务则是十分紧迫的。

我国要在20世纪90年代和21世纪上半叶实现国民经济和人民生活水平先后跨上两个台阶的发展战略，在改革和发展的进程中，既遇到了经济体制转换的问题，也要解决经济结构、经济效益、经济利益等深层次的问题。只有解决这些问题，才能极大地发展生产力，增强综合国力和改善人民生活。这在很大程度上有赖于市场体系的培育和成长，在经济运行中造就竞争激励机制，健全稳定约束机制。因此，从经济发展的目标和任务来看，培育和完善市场体系的紧迫性是十分明显的。

我国现阶段由于生产要素市场发展滞后，因此，培育和完善市场体系，首先，要大力发展生产要素市场，特别是大力发展技术、信息、资金、劳动力等生产要素市场。只有建立起发达的生产要素市场，完善的市场体系才能形成，社会主义市场经济体制的运行才能有良好的条件。

其次，理顺产权关系。作为市场主体的企业，拥有生产要素的产权，才能彻底摆脱附属于政府部门的地位，真正成为市场运行中的法人主体，成为自主经营、自负盈亏、自我发展、自我约束的生产经营者。这样，各类市场、各个市场主体之间，就可能在明晰的产权关系的硬预算约束的基础上，建立起不仅以商品为媒介的交换关系，而且还以生产要素为媒介的经济联系。一旦这种全方位的、相互协调的市场主体联系得到加强和稳定，市场体系也就具有了稳定而又紧密的基础，统一的大市场也就必然形成。

再次，推进价格改革。培育和完善市场体系，推进价格改革，使价格体系合理化，是一个关键的问题。从现阶段的实际情况来看，一是要稳定价格总水平。推进改革总会引起价格的相应上涨，但要注意价格上涨与各方面承受能力的相应关系，既要有利于发挥价格调节供求的作用，又要控制价格扭曲对市场造成的伤害；二是要完善市场价格形成机制，使商品价格和生产要素价格按照价值规律和市场供求关系自动变化，能够对市场发挥其调节功能作用。

最后，发展市场中介组织，加强市场管理和监督。当前要着重发展会计师、审计师和律师事务所等公证和仲裁机构，计量和质量检验认证机构，信息咨询机构，资产和资信评估机构等；建立和发挥行业协会、商会等市场中介组织对市场的服务、沟通、公证、监督作用；制定和完善市场法规，建立正常的市场进入、市场竞争和市场交易秩序，保证公平交易，平等竞争，保护经营者和消费者的合法权益；还要发挥社会舆论对市场的监督作用，建立有权威的市场执法机构，加强对市场的法规管理和宣传教育，提高市场交易的公开化程度。

市场体系的培育和完善，是一个复杂的系统工程，因受到各种条件的影响和制约，只能是一个渐进的过程，为此，要从各方面积极创造条件，最终实现市场体系的完善。

9.3　社会主义市场经济的现代企业制度

9.3.1　现代企业制度的基本特征

现代企业制度，是指与社会化大生产相适应，反映社会主义市场经济体制的要求，使企业真正成为面向国内和国际市场的法人实体及市场竞争主体的一种企业体制。

现代企业制度的基本特征是：

1. 产权关系清晰

用法律来界定出资者和企业之间的关系，即产权关系。用法的形式明确各自的权利、义务和责任，就是产权关系清晰。必须指出，借贷行为不构成产权关系，债权人与企业是一种借贷契约关系。要理顺国有企业产权关系，一要在明确企业中的国有资产所有权属于国家的前提下，在国有产权制度改革的基础上，确立国有资产的产权主体，并明确产权主体的权利、义务和责任；二要在清产核资、界定产权的基础上，明确企业中的哪些财产是国有资产；三是建立准确反映产权关系的财务会计制度。

2. 政企职责分开

一是把国家社会经济管理职能和国有资产所有权职能分开，确立国有资产产权主体，形成国有资产产权主体与企业的产权关系；二是把政府行政管理职能与企业经营管理职能分开。政府通过政策法规和经济手段等宏观措施，调节市场，引导企业经营活动，不干预企业的生产经营活动，取消企业与政府之间的行政隶属关系，把企业承担的社会职能转出去，分别由政府和社会组织承担。企业只按照市场要求，组织以提高劳动生产率和经营效益为目的生产经营活动，在市场经济竞争中优胜劣汰。

3. 权利、责任明确

既要明确出资者与经营者各自应承担的权利和责任，企业的出资者，作为财产所有者，按其投入的资本额享有所有者的权利，同时，又按其资本额对企业破产时发生的债务承担有限责任。企业法人，作为资产在经济上的占有者、经营者，具有独立的法人财产权。一方面应有自主经营的权利；另一方面又有承担自负盈亏和资产保值增值的责任。其责任也仅以全部法人财产为限。

4. 管理科学规范

一是建立科学的组织管理机构，使企业权力机构、经营机构和监督机构权责分明、相互制约、各司其职；二是建立科学的内部管理体制，包括形成合理的领导体制、科学民主决策体制、职工参与民主管理制度、严格的内部经济核算体系、体现效率和竞争的内部劳动人事分配制度等管理制度；三是建立企业规章，使运行机制规范化，形成激励和约束相结合的企业经营机制，协调好出资者、管理者和职工之间的关系。

现代企业制度的形式是多种多样的。其有效形式是公司制，包括有限责任公司和股份有限公司等。

（1）有限责任公司。亦称有限公司。它是由两个以上股东共同出资，每个股东以其认缴的出资额对公司行为承担有限责任，公司以其全部资产对其债务承担责任的企业法人。有限公司的资本不表现为等额股份，不向公众募集股款，不发行股票。股东交付股金后，公司出具股权证书，作为股东在公司中所拥有的权益凭证，这种凭证不同于股票，不能自由流通，需在其他股东同意的条件下才能转让，并要优先转让给公司原有股东。有限公司的股东对公司债务只负有限责任，从而大大降低了投资的风险性。有限公司的优点是设立程序比较简单，不必发布公告，也不必公开账目，公司内部机构设置灵活。其缺点是由于不能公开发行股票，筹集资金的范围和规模一般都较小，难以适应大规模生产经营活动的需要。因此，有限公司这种形式一般适合于中小企业。

（2）股份有限公司。亦称为股份公司，在英、美称公开公司或公众公司。它是指注册资本由等额股份构成，并通过发行股票（或股权证）筹集资本，公司以其全部资产对公司债务承担有限责任的企业法人。与其他类型的公司相比较，股份有限公司是典型的"资合"公司，各国法律都把它视为独立的法人。在股份有限公司，股东的身份、地位、信誉不再具有重要意义，任何出资人都可以成为股东，不受资格限制。股东是单纯的股票持有者，其权益主要体现在股票上。股份有限公司的资本总额分为每股金额相等的股份，以便于根据股票数量计算股东应有的权益。在交易所上市的股份有限公司，其股票可在社会上公开发行，可以自由转让，但不允许退股，以保持公司资本的稳定。股份有限公司的股东，只以其认购的股份对公司承担责任。一旦公司破产，公司债权人只能对公司的资产提出还债要求，而不得向股东讨债，股东对债务只负有限责任。股份有限公司的账目必须公开，以保护股东和债权人的利益。股份有限公司的优点是，集资规模大，股东风险小，能迅速扩展企业规模，增强企业在市场上的竞争能力。此外，由于股票可以上市，易于转让，提高了资本的流动性，这就对公司经营者形成压力，鞭策他们努力提高企业的经济效益。股份有限公司的缺点是，公司设计程序复杂，组建和歇业不方便；公司营业情况和财务状况向社会公开，保密性差；股东购买股票主要是为了取得股息或在交易市场获得投机利润，缺乏对企业长远发展的关心；所有权与经营权的分离，也会导致复杂的授权和控制关系，给宏观调控带来某些困难。尽管如此，股份有限公司仍然是现代市场经济中最适合大中型企业的组织形式。在市场经济国家，大中型企业通常都采取股份有限公司的形式。这些公司在企业总数中的比例并不大，但其营业额、利润和使用的劳动力都占有很大的比例，并在国民经济中占主导地位。

党的十八届三中全会《中共中央关于全面深化改革若干重大问题的决定》指出要推动国有企业完善现代企业制度，并明确提出了新时期现代企业制度改革的任务：

（1）推动国有企业完善现代企业制度。国有企业属于全民所有，是推进国家现代化、保障人民共同利益的重要力量。国有企业总体上已经同市场经济相融合，必须适应市场化、国际化新形势，以规范经营决策、资产保值增值、公平参与竞争、提高企业效率、增强企业活力、承担社会责任为重点，进一步深化国有企业改革。

（2）准确界定不同国有企业功能。国有资本加大对公益性企业的投入，在提供公共服务方面做出更大贡献。国有资本继续控股经营的自然垄断行业，实行以政企分开、政资分开、特许经营、政府监管为主要内容的改革，根据不同行业特点实行网运分开、放开竞争性业务，推进公共资源配置市场化。进一步破除各种形式的行政垄断。

（3）健全协调运转、有效制衡的公司法人治理结构。建立职业经理人制度，更好发挥企业家作用。深化企业内部管理人员能上能下、员工能进能出、收入能增能减的制度改革。建立长效激励约束机制，强化国有企业经营投资责任追究。探索推进国有企业财务预算等重大信息公开。

（4）国有企业要合理增加市场化选聘比例，合理确定并严格规范国有企业管理人员薪酬水平、职务待遇、职务消费、业务消费。

9.3.2　现代企业经营机制的基本内容

所谓企业经营机制，是指企业经营过程的各构成要素之间相互联系、相互制约的关系体系、功能及运行原理的总称。企业经营机制的基本内容，主要包括动力机制、约束机制和运行机制。

企业动力机制，是指推动企业发展的各构成要素的体系及功能的总称，主要包括激励机制和竞争机制、风险机制。激励机制是企业发展的内部动力，主要包括两个方面：物质激励和精神激励。物质激励就是通过一定的经济利益的刺激，激励与调动企业员工的积极性、主动性和创造性；而精神激励主要是通过授予优秀员工各种荣誉称号，通过强有力的思想政治工作塑造企业精神，激励员工的主观能动性和创新精神。这样，企业全体员工的积极性、主动性和创造性才能得到充分的发挥，企业的发展就有了内在的取之不竭的动力。

竞争机制和风险机制，是与激励机制相对称的经济范畴。竞争机制和风险机制是企业外部作用于企业的动力机制。市场经济必然有竞争，竞争的作用机制是优胜劣汰，这一机制的作用必然对企业形成强大的外在压力，迫使企业奋发努力，在激烈的竞争中求生存、求发展。同时，企业作为市场主体，不仅要负盈，也要负亏，即企业必须承担经营管理不善带来的风险。企业若经营不善，资不抵债，就要破产或者被兼并，企业的风险机制形成企业另一外在压力，企业为了承受这种压力，就必须依据市场变化调整决策，并不断改善经营管理，提高经济效益。

总之，企业内在的动力机制和外在动力机制结合起来，构成完善的动力机制，促使企业充满活力地发展。

企业的约束机制是指制约企业行为的各构成要素的关系体系及功能的总称。企业为了实现利润最大化目标，必须约束自己的生产经营行为。这种约束既来自企业外部，也来自企业内部。具体包括：

预算约束。预算约束也就是把企业支出控制在预算收入之内，支出不能超过收入。硬化企业的预算约束，就是要使企业在生产经营活动中自觉地量力而行，根据自己的收入状况、经济力量和偿还能力，来决定扩大还是缩小投资规模，增加还是减少生产资料的购买，提高还是降低职工的工资等。在传统体制下，由于国家对企业实行财政补贴、减免税收、降低利率等，因而是一种软预算约束。这种"父爱主义"不利于企业的自我约束。因而，硬化企业的预算约束，乃是促进企业加强经济核算，提高资金利用效率的根本条件。为此，不仅要求企业在生产经营中严格以收抵支，还要有较硬的税收、财政、信贷制度。这样才能强化企业的自我约束功能，有效地抑制企业的各种短期行为和扩张冲动。

市场约束。市场约束是指市场信号对企业经济活动的制约。市场主要是通过价格信号来影响企业，价格水平的高低影响着企业的产品销售和利益，从而影响着企业的生存与发展。在这种情况下，企业的经营活动就不能随心所欲，而必须根据市场信号的变动及时调整生产方向与规模，才能实现利润最大化的经营目标。

计划约束。计划约束是指国家的指导性计划或指令性计划对企业生产经营活动的约束。在市场经济条件下，国家对企业实行的计划约束主要采取指导性计划的形式，通过各种经济杠杆来影响市场，引导企业的经济活动。对少数重要产品和生产资料实行的指令性计划，实际上也是对企业行为的一种规范方式。它用指令性的强制力来引导和约束企业行为，把企业活动纳入国民经济总体运行的轨道。

法律约束。法律约束是指通过制定具有强制性和约束力的经济法规来规范企业的经济行为，保护企业合法的权益，制止企业违法行为。市场经济是一种法制经济，有比较完善的法律基础。企业的行为，必须符合法律规范，一切经济行为有法可依，有法必依，违法必究。

除此之外，约束机制还包括审计约束、纪律约束、合同约束、社会道德约束等。

运行机制，是指企业运行过程中各构成要素的关系体系及功能的总称。运行机制包括决策机制、信息机制、技术创新机制及营销机制等。信息机制是企业的神经系统,是企业科学决策和及时应变的依据。现代企业都应建立灵敏、准确的信息系统,加强现代信息技术的运用,及时收集、整理、分析市场信息,迅速反馈给决策部门。决策机制是企业的中枢系统。它的主要功能就是依据信息反馈进行决策,制定企业发展战略,技术创新战略和市场营销战略。企业决策直接关系着企业的命运和前途,一定要实行科学决策和民主决策,提高决策水平,并要依据市场变化对决策进行适时调整,以保证决策的科学性和可行性。技术创新机制是企业的动力源。现代企业只有注重以市场为导向,不断开发新技术、新资源、新产品,亦即不断进行技术创新,才能求得生存和发展。为此,就要按照江泽民同志的指示:"企业要加强技术开发力量和加大资金投入,大型企业都要建立技术开发中心,做到新产品生产一代,储备一代,开发一代。"[1] 只有这样,企业才能获得持续发展的源源不断的推动力,掌握市场竞争的主动权。营销机制的重要功能是保证企业利润最大化目标的顺利实现。它是企业运行机制整体运作效果的重要体现。

总之,企业运行机制完善和整体功能的充分发挥,是企业能够适应千变万化的市场环境,实现产供销良性循环、企业经济顺畅、高效运行、长盛不衰的根本保证。

9.3.3 企业转换经营机制的目标和途径

从我国企业的实际情况和发展社会主义市场经济的需要看,企业转换经营机制的目标就是要使企业真正成为自主经营、自负盈亏、自我约束、自我发展的法人实体和市场竞争的主体,也就是要把企业,特别是国有企业改造成为与社会主义市场经济体制相适应的微观经济主体。

自主经营,就是企业能够独立自主地根据市场导向,对自己的生产经营活动做出决策和经营管理的权利,包括资产经营形式的选择权、生产经营计划权、产品销售权、物资采购权、产品定价权、进出口权、投资权、资金支配权、资产处置权、联营兼并权、劳动用工权、人事管理权、工资奖金分配权、内部机构设置权、拒绝摊派权等。

社会主义市场经济体制之所以要求企业自主经营,首先,是因为企业只有在享有自主决策权利的情况下,才有可能对市场信号做出灵敏的反应,才能够针对市场信息做出决策,市场供求机制、竞争机制和价格机制的调节功能才能得以发挥。所以,企业自主经营是市场机制发挥作用的基本条件。其次,企业

---

① 江泽民:《论科学技术》,中央文献出版社 2001 年版,第 139 页。

自主经营是企业自负盈亏的前提。权利和责任是对应的，有权利，就应承担相应的责任；要承担责任，就必须拥有相应的权利。因此，要求企业承担盈亏责任，就必须赋予企业自主经营的权利。一个企业，如果不能对生产和经营活动进行自主决策，而是听从外来指挥，它是不应该也不可能对其生产经营的后果承担任何责任的。

对国有企业来说，自负盈亏的基本含义，是要求企业在以其经营收入弥补支出和履行对国家承担的财产义务之后，剩余的盈利归企业自主支配，亏损由企业自身承担。在自负盈亏的条件下，企业盈利越多，留归它支配和剩余就越多，这就会对企业的经营活动产生有力的刺激作用。而如果企业发生亏损，则首先要用过去结余的留利来弥补，如果还不够，则要按一定比例扣减企业的工资总额，这就会对企业的生产经营产生有效的约束作用，促使企业加强经济核算，节约生产资源，提高营运效率。

在传统体制下，企业既不负盈，也不负亏。国家对企业实行统收统支，企业吃国家的"大锅饭"。不仅企业的盈利被国家全部拿走，而且企业的亏损也全部由国家包下来。结果造成企业的经营活动既缺少内在激励，又缺少自我约束的不利局面，而这又导致企业生产资源极大浪费的恶果。这说明，要建立一个有效率的企业经营机制，就必须贯彻企业自负盈亏的原则。

自我约束，是指企业在其内部的预算约束和外部的市场约束、法律约束及社会道德约束下，自觉地规范自己的行为。使企业的经济行为适应社会主义市场经济运行规律的要求，保持自己的良好信誉，求得生存与发展。

自我发展，是指企业能够依靠自身的积累，不断发展壮大自己。它主要表现为企业资产规模和生产规模不断扩大，科学技术水平和创新能力不断提高，企业管理者、生产者的素质不断提高，竞争能力不断增强，经济效益也不断提高，等等。

企业转换经营机制的根本途径是建立现代企业制度。据 2015 年发布的《中共中央、国务院关于深化国有企业改革的指导意见》，进一步完善现代企业制度，其主要路径包括：

（1）推进公司制股份制改革。加大集团层面公司制改革力度，积极引入各类投资者实现股权多元化，大力推动国有企业改制上市，创造条件实现集团公司整体上市。根据不同企业的功能定位，逐步调整国有股权比例，形成股权结构多元、股东行为规范、内部约束有效、运行高效灵活的经营机制。允许将部分国有资本转化为优先股，在少数特定领域探索建立国家特殊管理股制度。

（2）健全公司法人治理结构。重点是推进董事会建设，建立健全权责对等、运转协调、有效制衡的决策执行监督机制，规范董事长、总经理行权行为，充分发挥董事会的决策作用、监事会的监督作用、经理层的经营管理作用、党组织的政治核心作用，切实解决一些企业董事会形同虚设、"一把手"说了算的问题，实现规范的公司治理。要切实落实和维护董事会依法行使重大决策、选人用人、薪酬分配等权利，保障经理层经营自主权，法无授权任何政府部门和机构不得干预。加强董事会内部的制衡约束，国有独资、全资公司的董事会和监事会均应有职工代表，董事会外部董事应占多数，落实一人一票表决制度，董事对董事会决议承担责任。改进董事会和董事评价办法，强化对董事的考核评价和管理，对重大决策失误负有直接责任的要及时调整或解聘，并依法追究责任。进一步加强外部董事队伍建设，拓宽来源渠道。

（3）建立国有企业领导人员分类分层管理制度。坚持党管干部原则与董事会依法产生、董事会依法选择经营管理者、经营管理者依法行使用人权相结合，不断创新有效实现形式。上级党组织和国有资产监管机构按照管理权限加强对国有企业领导人员的管理，广开推荐渠道，依规考察提名，严格履行选用程序。根据不同企业类别和层级，实行选任制、委任制、聘任制等不同选人用人方式。推行职业经理人制度，实行内部培养和外部引进相结合，畅通现有经营管理者与职业经理人身份转换通道，董事会按市场化方式选聘和管理职业经理人，合理增加市场化选聘比例，加快建立退出机制。推行企业经理层成员任期制和契约化管理，明确责任、权利、义务，严格任期管理和目标考核。

（4）实行与社会主义市场经济相适应的企业薪酬分配制度。企业内部的薪酬分配权是企业的法定权利，由企业依法依规自主决定，完善既有激励又有约束、既讲效率又讲公平、既符合企业一般规律又体现国有企业特点的分配机制。建立健全与劳动力市场基本适应、与企业经济效益和劳动生产率挂钩的工资决定和正常增长机制。推进全员绩效考核，以业绩为导向，科学评价不同岗位员工的贡献，合理拉开收入分配差距，切实做到收入能增能减和奖惩分明，充分调动广大职工积极性。对国有企业领导人员实行与选任方式相匹配、与企业功能性质相适应、与经营业绩相挂钩的差异化薪酬分配办法。对党中央、国务院和地方党委、政府及其部门任命的国有企业领导人员，合理确定基本年薪、绩效年薪和任期激励收入。对市场化选聘的职业经理人实行市场化薪酬分配机制，可以采取多种方式探索完善中长期激励机制。健全与激励机制相对称的经济责任审计、信息披露、延期支付、追索扣回等约束机制。严格规范履职待遇、业务支出，严禁将公款用于个人支出。

（5）深化企业内部用人制度改革。建立健全企业各类管理人员公开招聘、竞争上岗等制度，对特殊管理人员可以通过委托人才中介机构推荐等方式，拓宽选人用人视野和渠道。建立分级分类的企业员工市场化公开招聘制度，切实做到信息公开、过程公开、结果公开。构建和谐劳动关系，依法规范企业各类用工管理，建立健全以合同管理为核心、以岗位管理为基础的市场化用工制度，真正形成企业各类管理人员能上能下、员工能进能出的合理流动机制。

转换企业经营机制还要有外部条件的配合。从外部条件来看，主要是：

（1）转变政府职能。企业转换经营机制与政府转变职能是密不可分的。在传统计划体制下，政府不仅具有对宏观经济运行进行调控的职能，而且还有管理企业的微观经济职能。适应市场经济体制的要求，企业要转换经营机制，政府就必须相应地转变职能。政府转变职能的根本途径就是按照宏观管住、微观放开的原则，界定政府与企业的关系。凡是企业拥有的权利，各级政府不要干预；凡是可以通过市场或由企业自己解决的问题，各级政府不要包揽。政府转变职能后，应发挥规划、协调、管理、监督、服务的作用。

（2）建立比较完善的社会主义市场体系。完善的市场体系，是社会主义市场经济体制运行的基本条件，也是企业作为市场主体从事经济活动的基本条件。若市场体系残缺不全，社会主义市场经济体制无法正常运行，企业作为市场主体也无法正常地进行经济活动。

（3）建立和完善社会监督体系、社会保障体系和社会服务体系。企业转换经营机制，成为自主经营、自负盈亏的法人实体，还应有相应的各项配套改革。首先，建立和完善监督体系，监督企业行为，使之符合社会利益。其次，建立和完善社会保障体系，形成多层次的社会保障体制，同时，还应建立和完善社会服务体系，加强社会为企业提供服务的职能，减轻企业的社会负担，为企业改革和发展创造条件。

本章小结

1. 市场主体，是指在市场运行中进入市场并从事各种交易活动的当事人（包括自然人和法人），它是相对于市场客体而言的。现代市场主体由消费者、企业和政府构成。

2. 社会主义市场体系是由各种相互联系、相互制约的市场组成的有机整体。它具有同一性、竞争性、开放性、可调控性和多元性等特征。

3. 按照市场客体要素，可以把市场划分为生活要素市场和生产要素市场。生产要素市场包括生产资料市场、金融市场、技术市场、劳动力市场、信息市场、房地产市场及产权市场。

4. 现代企业制度，是指与社会化大生产相适应，反映社会主义市场经济体制的要求，使企业真正成为面向国内和国际市场的法人实体及市场竞争主体的一种企业体制。其基本特征是：产权清晰、权责明确、政企分开、管理科学，其主要实现形式是公司制。

5. 企业经营机制，是指企业经营过程的各构成要素之间相互联系、相互制约的关系体系、功能及运行原理的总称。企业经营机制的内容，主要包括动力机制、约束机制和运行机制。

6. 企业转换经营机制的目标就是要使企业真正成为自主经营、自负盈亏、自我约束、自我发展的法人实体和市场竞争的主体。企业转换经营机制的根本途径是：理顺产权关系以硬化企业的预算约束；实行政企分开以使企业完全面向市场；加强和改善企业管理，提高企业科学管理水平。

复习思考题

1. 什么是市场主体？市场主体与客体的关系是怎样的？
2. 什么是市场体系？社会主义市场体系的基本特征有哪些？
3. 社会主义市场体系按客体要素和竞争程度可以划分为哪些市场？
4. 简要说明现代企业制度的含义和基本特征。
5. 什么叫企业经营机制？企业经营机制包括哪些内容？

第10章 社会主义市场经济的产业结构调整、经济发展与宏观调控

┌─ **本章要点** ──────────────────────────────────────┐
◇ 产业结构的分类以及影响产业结构变化的因素
◇ 经济发展与经济增长的关系以及影响经济增长的主要因素
◇ 提高社会主义经济效益的重要意义
◇ 社会主义宏观经济调控的必要性
◇ 社会主义宏观经济调控的目标
◇ 社会主义宏观经济调控的手段
◇ 社会主义宏观经济调控的政策
└──┘

我国经济发展中的突出矛盾是产业结构不合理，我国已经进入必须通过调整产业结构，才能促进经济发展的阶段。本章主要阐述产业结构的内涵、分类、影响产业结构变化的因素；调整和优化产业结构的方向和任务以及经济发展的内涵等问题。

10.1 产业结构的调整

10.1.1 产业及产业结构

产业这一概念是伴随经济发展的历史而不断变化的。在私有制产生之初，它是指财产的意思，如地产、房产、家产等。在前资本主义社会的中晚期阶段，产业是指农业和手工业。随着资本主义社会的产生和发展，产业除了包括农业和手工业之外，还泛指纺织、机械、煤炭、冶金、电力、建筑、交通等各生产行业。到了当代，人们又进一步把租赁、金融、保险、广告、仓储、信息等各种劳务业列为产业。可见，产业是指社会分工中具有相对独立性，在社会经济职能上具有

特殊性的同类社会经济活动的集合。产业结构，就是随着社会一般分工和特殊分工的不断分化而形成和发展起来的。

随着生产力水平的不断提高，社会劳动分工越来越细，新的生产部门、新的行业不断涌现，各个部门行业之间形成了互相依存、互为条件和相互制约的物质和经济联系。这种联系只有保持质的适合性、量的比例性和合理的序列，社会再生产才能顺利进行并取得好的经济效益。这种具有一定质量、一定数量和一定序列的产业部门的组合，就叫做产业结构。换言之，产业结构就是指国民经济和各个产业部门之间的每个产业部门内部的构成，以及它们之间相互制约的经济联系和数量对比关系。

研究产业结构的状况，一般使用两类指标：一类是用各产业就业人数及在总就业人数中所占比重、各产业的资金额及在总资金额中所占比例等来说明产业结构；另一类是用各产业所创国民收入或国民生产总值及其在全部国民收入或国民生产总值中所占比重来说明产业结构。前一类指标反映资源配置在各产业间的分布；后一类指标反映各行业间生产经营成果。如果将各部门两类指标结合起来分析产业结构，可以反映各部门经济效益的状况。

10.1.2　产业结构的分类

1. 两大领域、两大部类分类法

两大领域是把国民经济各部门分为物质生产领域和非物质生产领域。物质生产领域包括农业、工业、建筑业、运输邮电业、商业（包括饮食业和物资供销业）等部门。非物质生产领域包括科学、文化、教育、卫生、金融、咨询等部门。两大部类分类法，是按照马克思的社会再生产原理进行的，即将社会产业分为生产资料产业和生活资料产业。这种划分，是对社会生产分类的高度的理论抽象。在现实经济生活中，往往把两大部类具体区分为农业、轻工业和重工业三大产业部门，以此来体现两大部类的关系。但农、轻、重的划分和两大部类的划分是不能完全等同的；两大部类以全部社会产品为划分对象，而农、轻、重三大产业部门则仅是反映了社会产生的主体。

2. 三次产业分类法

按照经济活动的先后层次或与自然界的关系进行划分，第一次产业的属性是直接作用于自然界，生产初级产品的产业，包括种植业、畜牧业、渔业、狩猎业和林业等部门，以上各业的总和又称为广义农业。第二次产业则是加工取自自然界的生产物，也就是将初级产品加工成为满足人类生活进一步需要的物质资料产业，包括制造业、建筑业、电力、煤气、供水等，再加上采掘业和矿业又称为广

义工业。第三次产业则是提供满足人类生活进一步需要的物质资料产业，或为传递物质产品而进行服务的产业，包括运输业、通讯业、仓储业、商业、餐饮业、金融业、房地产业、科教文卫事业、国防等，可称为广义上的服务业。第一、第二次产业都是有形物质财富的生产部门，第三次产业则是前二者衍生的无形财富的生产部门。联合国经济合作与发展组织进一步对三次产业的划分标准和范围进行了统一，划定了口径。三次产业分类法是现代市场经济理论中最重要的产业结构分类方法之一，特别是知识经济时代，技术创新速度加快，新兴产业快速发展，该方法对全面认识和研究各产业部门（尤其是非物质生产部门）之间的关系和趋势具有重要意义。

3. 生产要素分类法

这种分类方法是按不同产业在社会再生产过程中对劳动力、资金、技术等依赖程度的差别，将社会产业分为劳动密集型产业、资金密集型产业和技术密集型产业。

按生产要素划分产业的方法，只是依各产业使用各种生产要素的组合比较而相对划分的，不存在绝对的划分标准。一般来说，轻纺工业、商业、饮食业等属于劳动密集型产业；钢铁工业、石油工业、化学工业等属于资金密集型产业。电子工业、航天工业等属于技术密集型产业。产业结构从劳动密集型逐步向资金密集型、再向技术密集型过渡，是世界各国经济发展的普遍规律。

4. 传统产业和新兴产业分类法

按照产业出现的先后顺序不同，可把产业分为传统产业和新兴产业。传统产业是指具有悠久历史的产业，如煤炭工业、电力工业、纺织工业、钢铁工业等。新兴产业是指第二次世界大战后出现的产业，如计算机工业、原子能工业、新兴材料工业、生物工程、光纤通信等。传统产业是新兴产业的基础，新兴产业又是改造传统产业的必要条件。

10.1.3 影响产业结构变化的因素

一个国家或地区的产业结构是在一系列自然、社会和技术因素的作用下形成的，并且随这些因素的变化而变化。影响产业结构变化的因素，主要有以下几个方面：

1. 社会需求结构

社会需求结构中的中间需求与最终需求的比例，个人消费结构，积累和消费的比例，以及国际贸易中国际市场需求结构的变化，都是影响和决定产业结构的主要因素。随着生产力的发展和居民收入的增长，需求结构经常处于变化之中。

原有的需求中，有的增长快，有的增长慢，有的还可能下降，而新的需求则层出不穷。与此相适应，各个产业部门的增长速度必然有快有慢，并不断出现逐渐萎缩的传统部门被新兴部门所取代的现象。可见，社会需求构成最终制约和决定着一国长期产业结构的变动。

2. 资源供给结构

一个国家资源拥有量及其结构状况是制约该国产业结构的一个重要因素。资源主要包括劳动力、资金和自然资源等。劳动力供应相对充裕的国家，劳动密集型产业就相对发达。资金供应相对充裕的国家，资金密集型产业就相对发达。自然资源贫乏的国家，产业结构会以进口原料加工和销售技术为中心，如日本；某种资源特别丰富的国家，可能形成以该资源利用优势为特征的产业结构，如中东石油出口国；而资源门类丰富的一些大国，则可能形成自成体系的产业结构，如中国、美国。在现代，科学技术的进步，有时会相对削弱自然资源对产业结构的影响。

3. 国际经济关系

依据国家资源条件建立起来的产业结构，往往会同生产结构必须符合社会需求结构的要求相矛盾。为此，就必须积极开展国际贸易和国际经济合作。通过国际贸易和国际经济合作，一方面，可以开拓国际市场和弥补本国生产某种商品的产业发展的不足；另一方面，进口某些国外新产品可借以开拓本国市场，为本国发展同类产业创造条件，但要注意某些进口可能对本国某类产业发展产生压抑作用。与此同时，由于运用对外贸易调整产业结构在很大程度上要取决于国际经济、政治形势的客观变化，也就是说，国际贸易不单是个经济问题，还受到政治因素的影响和制约，因此，我国在注意发展国际经济关系时，还必须坚持自力更生的原则。

4. 科学技术进步

科学技术是第一生产力，是产业结构演进的最强大的推动力。首先，技术进步会使资源消耗强度下降，使可替代资源增加，改变生产需求结构，从而使产业结构发生变化。其次，技术进步会引起生产基金占用量同生产量的比例发生变化，因而会引起生产基金的结构发生变化，这就会使产业结构作相应调整。最后，技术进步会使劳动生产率提高，使劳动力发生转移。在生产规模不变时，物质生产领域所需要的劳动力人数就会随着技术的进步而减少，使劳动力游离出来向其他部门转移，从而会使产业结构发生变化。此外，技术进步还会通过新兴产业的出现、新产品的开发，通过扩大自然资源的开发利用领域和提高资源利用率以及提高产品在国际市场上的竞争力等，引起产业结构发生变化。所以，对科学技术的发展及其推广应用的预测，是合理安排与调整产业结构的一个重要依据。

除以上四个因素外，一个国家的经济发展战略、经济政策、经济体制以及历史的、政治的、文化的、社会的各种情况和传统，也会影响产业结构的形成和发展。

10.1.4　我国产业结构的调整和优化

1. 我国产业结构调整的必要性

自20世纪80年代以来，我国产业结构发生了积极的变化，总体格局已得到了改善。但是，历史上形成的产业结构不合理的状况仍没有根本改观，而且在发展中又出现了一些新的矛盾和问题。总的来讲，当前我国产业结构中存在的主要问题有以下几个方面：

（1）第一产业发展滞后。我国第一产业劳动力在全部劳动力中所占比重偏高，远远超过第二、第三产业的劳动力比重。但农业生产水平、技术水平较低，农产品的生产还不能较好地适应国民经济发展对它的需要。

（2）第二产业内部发展不协调。主要表现是基础产业发展滞后，加工工业总规模偏大，加工工业的高速发展超出了基础产业和基础设施的支撑能力，能源、原材料短缺问题严重，制约了整个工业的发展。

（3）第三产业落后。我国第三产业产值在国民经济中的比重不仅大大低于发达国家的水平，也低于发展中国家的平均水平，十分落后，而且第三产业内部结构也不合理，交通通讯、信息咨询、金融保险、科技开发、教育卫生事业等严重落后和短缺，远远不能满足国民经济发展的需要。

（4）区域趋同。这主要是指各地区之间产业结构差不多。搞"大而全"、"小而全"，没有因地制宜，不符合分工原则，其结果是地区优势没能得到充分发挥，地区间的比较利益和全社会的经济效益难以提高。

根据我国产业结构存在的突出问题及其可能进一步发展的趋势，当前和今后一段时间，有必要对产业结构作进一步的调整。这种调整的必要性在于：①有利于解决国民经济发展过程中产业结构的失衡问题，逐步实现产业结构的合理化、现代化；②有利于国民经济各产业部门的相互衔接，供给结构与需求结构相适应，为国民经济持续、快速、健康发展提供保证；③有利于提高新技术产业在产业中的比重，并带动整个国民经济在更高的技术基础上向前发展；④有利于生产要素的优化组合，使资源有效利用，宏观经济效益提高，从而有利于经济和社会发展战略目标的顺利实现。

2. 产业结构调整与优化的基本方向和主要任务

关于我国产业结构调整优化的基本方向，党的十八大报告明确指出："要推进经济结构战略性调整。这是加快转变经济发展方式的主攻方向。必须以改善需求结构、优化产业结构、促进区域协调发展、推进城镇化为重点，着力解决制约经济持续健康发展的重大结构性问题。"在当前情势下，着力推进产业结构升级的主要任务有：

（1）加快传统产业转型升级。无论过去还是将来，传统产业都是我国经济发展的主体力量。党的十八大报告要求加快传统产业转型升级，是考虑我国新时期工业、农业、服务业都面临转型升级的迫切要求，也是转变经济发展方式的主要任务。必须增强推进传统产业转型升级的自觉性，特别是加快推进工业转型升级，强化需求导向，努力使产业发展更好适应市场变化。坚持利用信息技术和先进适用技术改造传统产业，深化信息技术在各行各业的集成应用，提高研发设计、生产过程、生产装备、经营管理信息化水平，提高传统产业创新发展能力。把企业技术改造作为推动产业转型升级的一项战略任务，建立长效工作机制。加大淘汰落后产能、节能减排、企业兼并重组、质量品牌建设等工作力度，促进全产业链整体升级。

（2）推动战略性新兴产业、先进制造业健康发展。战略性新兴产业是以重大技术突破和重大发展需求为基础，对经济社会全局和长远发展具有重大引领带动作用的产业。先进制造业是产业核心竞争力的集中体现，我国规划布局的节能环保、新一代信息技术、生物、高端装备制造、新能源、新材料、新能源汽车等重点领域与先进制造业发展紧密相关。大力发展战略性新兴产业和先进制造业，既是增强我国经济社会可持续发展能力、优化产业结构的战略举措，也是构建产业竞争新优势、培育新的经济增长点、掌握未来发展主动权的必然选择。加强统筹规划，调动发挥各方面的积极性，推动重大技术突破，加快形成先导性、支柱性产业，切实提高产业核心竞争力和经济效益。实施国家科技重大专项，集中力量突破高端装备、系统软件、关键材料等重点领域的关键核心技术，着力提升关键基础零部件、基础工艺、基础材料、基础制造装备研发和系统集成水平。面向未来发展和全球竞争，制定产业发展要素指南和技术路线图，建立一批具有全球影响力的制造基地，促进制造业由大变强，充分发挥战略性新兴产业和先进制造业在优化产业结构中的带动作用。

（3）推动服务业特别是现代服务业发展壮大。服务业是国民经济的重要组成部分，具有涉及领域广、带动就业多、消耗资源少、拉动增长作用强等特点。优化产业结构，必须把发展服务业作为战略重点，不断提高服务业比重和水平。大力发展面向民生的服务业，在巩固传统业态基础上，积极拓展新型服务领域，不断培育形成服务业新的增长点。着力发展生产性服务业，培育研发设计、现代物流、金融服务、信息服务和商务服务，促进制造业与服务业、现代农业与服务业融合发展。从促进消费升级出发，不断创造新的消费需求，特别是要把基于宽带和无线的信息消费作为新一轮扩大消费需求的重点领域，积极培育发展电子商务、网络文化、数字家庭等新兴消费热点。深化服务领域改革开放，营造服务业大发展的政策和体制环境，构建充满活力、特色明显、优势互补的服务业发展格局。

（4）合理布局建设基础设施和基础产业。能源、交通等基础设施和基础产业是国民经济现代化的重要依托，是优化产业结构的重要支撑。立足国内保障能源供应，加快能源生产和利用方式变革，强化节能优先战略，全面提高能源开发转化和利用效率，合理控制能源消费总量，构建安全、稳定、经济、清洁的现代能源产业体系。按照适度超前的原则，统筹铁路、公路、水运、民航、管道等运输方式发展，统筹区际、城际、城市、农村交通发展，加强各种运输方式的衔接协调，加快现代物流体系建设，为工农业生产和人民生活提供便捷、安全、高效的运输服务。

（5）发展现代信息技术产业体系。抓住信息产业持续引导经济社会创新发展的历史性机遇，紧跟现代信息技术发展步伐，把发展新一代信息技术产业作为优化产业结构的重要战略基点，推动形成继汽车、房地产后的重大投资消费领域。加快电子信息制造业与软件业升级换代和创新发展，集中突破高性能集成电路、新型显示、关键电子元器件、材料以及基础软件、信息安全软件、行业应用软件等核心关键技术，全面提升产业核心竞争力。推动通信业转型发展，统筹信息网络整体布局，加快"宽带中国"建设，构建下一代国家信息基础设施，推进三网融合，重点推动新一代移动通信、下一代互联网、移动互联网、云计算、物联网、智能终端等领域发展。积极迎接新的工业革命趋势，推动信息产业和制造业、服务业融合发展，加快信息网络技术在经济社会全方位应用，充分发挥新一代信息技术产业对国家经济社会发展的支撑能力。做好网络空间战略布局，加强互联网基础管理，完善网络与信息安全保障机制，提高安全保障能力，健全安全保障体系，提升应急通信保障能力，确保国家经济与信息安全。

（6）推动大中小微企业协调发展。坚持和完善基本经济制度，不断释放企业发展活力，逐步形成大中小微企业合理分工、各种所有制企业协调发展的产业组织结构。引导企业兼并重组和管理创新，提高大中型企业核心竞争力，培育更多具有国际竞争力的大企业大集团。继续实施中小企业成长工程，增强创新活力和吸纳就业能力，提升企业管理水平，提高"专精特新"和集群发展水平。不断改善中小企业发展环境，切实解决面临的主要困难，完善服务体系，增强中小企业生存能力、竞争能力和可持续发展能力。切实落实支持小微企业发展的政策措施，营造环境，完善机制，支持小微企业特别是科技型小微企业发展。

10.2　经 济 发 展

10.2.1　经济发展

1. 经济发展的含义

经济发展是指一个国家或地区随着经济增长而出现的经济、社会和政治的整体演进和改善。具体地说，经济发展的内涵包括三个方面：一是经济数量的增长，即一个国家或地区产品和劳务通过增加投入或提高效率获得更多的产出，构成经济发展的物质基础；二是经济结构的优化，即一个国家或地区投入结构、产出结构、分配结构、消费结构以及人口结构等各种结构的协调和优化，是经济发展的必然环节；三是经济质量的提高，即一个国家或地区经济效益水平、社会和个人福利水平、居民实际生活质量、经济稳定程度、自然生态环境改善程度以及政治、文化和人的现代化，是经济发展的最终标志。

2. 经济发展与经济增长的关系

经济发展与经济增长有密切联系。经济增长不仅包含在经济发展之中，而且还是促进经济发展的基本动力和物质保障。一般而言，经济增长是手段，经济发展是目的；经济增长是经济发展的基础，经济发展是经济增长的结果。虽然在个别条件下有时也会出现无增长而有发展的情况，但从长期看，没有经济增长就不会有持续的经济发展。

经济发展与经济增长又是有区别的。经济增长只是指一国经济更多地产出，其增长程度仅仅以国民生产总值与国民收入，以及它们的人均值的增长率等单一指标来表示。而经济发展除了包括经济增长的内容外，还包括随着经济增长而出现的经济、社会和政治等方面的演进，其发展程度需要用能反映这种变化的综合性指标来衡量。

经济增长的内涵较狭窄，是一个偏重于数量的概念，而经济发展的内涵则较宽，是一个既包含数量又包含质量的概念，在质和量的统一中更注重经济质态的升级和优化。单纯的经济增长并不等于经济发展。如果经济的增长是在低效益即过多的要素投入基础上达到的，即使产出增长了，社会和个人也不会因此而得到增加的收益，实际生活质量没有多大提高；如果经济的增长是在损害经济结构优化的情况下达到的，如工农业结构及积累同消费结构遭到损害，即使产出增长了，居民的福利及生活质量也没有多少提高；如果经济增长了，但带来的不是整个社会和居民的福利的普遍增进，而是出现了收入与分配上的极端不公，两极分化；如此等等，都可以说是只有经济增长而无经济发展。最明显的例证是，一些石油输出国的人增多，GNP 水平达到或超过了工业发达国家，但其生活质量、工业结构并不能与发达国家相提并论。这说明，如果只是传统经济在原有结构、类型、体制基础上单纯依赖增加资源消耗去实现数量增长，而没有经济质态的升级和优化，就不可能带来经济、社会和政治的整体演进和改善。这种情况就是经济增长与经济发展不同步，有增长而无发展。

因此，需要正确处理经济发展与经济增长的关系。作为一个发展中的社会主义国家，我们当然要注重经济的增长，抓住有利时机把经济搞上去，但同时更要注重经济的发展，要使社会经济结构不断优化，在产出不断增长的基础上，使社会和个人的福利不断增进，实际生活质量不断提高。

3. 影响经济发展的主要因素

影响经济增长的因素都是影响经济发展的因素。但由于经济发展的内涵要比经济增长的内涵宽得多，因而影响经济发展的因素也就要比影响经济增长的因素多而复杂。其中，资本形成、人口与人力资源、科学技术、自然资源四大因素对一国经济发展具有重要影响。

在经济活动中，作为基本的生产要素之一，人口的数量和质量对经济发展起着尤为重要的作用。并且从发展趋势来看，这种作用越来越大。

（1）人口数量。人是生产者和消费者的统一，人口数量发展必须与物质资料生产发展相适应。一方面，人作为生产者，是社会生产力的主体，一定的人口数量是经济发展所不可缺少的，适度的人口增长也是推动经济发展的一个因素；另一方面，人作为生产者又是有条件的，不仅要同生产资料结合，还要受年龄、体质和技能的限制。而人作为消费者又是无条件的，从生到死整个生命周期都要消费。

人作为生产者对生产资料的需要和作为消费者对消费资料的需要，决定了人口数量及其增长速度必须限制在物质资料生产发展阶段和所允许的范围内。否则，它就会延缓甚至阻碍经济发展。因此，一个国家在一个特定时期内，当资金、技术和自然资源等非劳动资源供给不变时，要求有一个既能使各种非劳动资源充分利用又能使人均收入最大化的人口规模，这个规模被称为最佳人口规模。

现在，人口对经济发展的影响主要表现在人口规模过大和增长过快上。据统计，公元初年，世界人口约为 2.5 亿，到 1750 年增长到 7.28 亿，直到 20 世纪初的 1900 年，也只有 16 亿。1950 年上升为 25 亿，到 1980 年，人口迅速增长到 44

亿，而 1987 年又突破 50 亿大关 2015 年已经突破 72 亿，115 年的时间全球人口增长了 3.5 倍！

人口的这种过快增长与物质资料生产发展不适应是明显的，过大的人口规模已对经济发展造成了巨大的压力。这些压力主要表现在：第一，使经济增长的其他因素（如土地、矿产等自然资源）更加短缺。第二，削弱了资金的积累能力。第三，阻碍了人力资源的发展。第四，给社会吸收劳动力就业和提高就业效率带来了严重困难。第五，限制了社会和个人福利的增进以及居民实际生活质量的提高。第六，造成了自然环境污染、生态平衡破坏。此外，还引发了各种社会问题，有的甚至直接威胁到社会的安定。

采取各种切实有效的政策措施控制人口数量，保证劳动人口的充分就业和人民生活水平的稳定提高，是促进经济迅速发展的当务之急。我国是世界第一人口大国，庞大的人口数量，成为制约经济发展的一个重要因素，因此坚定不移地执行计划生育政策就理所当然地成为我国的一项根本国策。通过计划生育政策，使得我国人口的增长速度大幅度地减缓，这对于提高我国人民生活水平，促进经济发展和社会进步起到了积极的作用。

（2）人力资源。导致经济增长快于投入增长的原因有两个：一是规模经济的作用；二是人力资源质量的提高，并且后一因素被认为是最主要的因素。人力资源的质量即人力资源对经济发展的影响主要表现在以下几个方面：

①知识的多寡是影响人力资源质量的重要原因。知识包括的范围很广，主要是技术知识和管理知识。技术知识是指物理学意义上的有关产品如何制造、组合和使用的知识。管理知识是最广义的管理技术和企业组织方面的知识。经济学家认为，知识进步对提高要素生产率的作用最大，而且，技术知识与管理知识同等重要。

②人力资源质量的提高可以改善劳动力的资源配置状况。劳动力资源配置的改善指两种情况：第一，劳动力从农业部门转移到非农业部门；第二，非农业的独立经营者和在自己企业中工作不领报酬的人员转移到其他行业中就业。这些劳动力在原来的行业中生产率低，收入少，转移到其他行业就提高了生产率或增加了收入，使国民收入增加。

③人力资源质量还会影响到一个国家的资本吸收能力。一些发展中国家在 20 世纪四五十年代曾大量吸收外国资本，以求经济发展，却并没有产生理想的效果。而第二次世界大战中遭受严重的创伤的日本和西欧，战后在利用外资方面却取得了巨大成功。发展经济学家认为，产生这种不同效果的原因，就是人口的素质存在着巨大差异。发展中国家教育十分落后，劳动者的生产技术水平和管理

水平极为低下，因此，这些国家的人力资源质量差，资本吸收能力低。在人力资源的约束下，大量地引进外资，并不能较快地提高经济效率。日本和西欧虽然在战争中物质资本损失严重，但是这些国家拥有的较高文化教育水平和生产技能的人力资源，对资本吸收能力很高，一旦有大量的物质资本可供利用，经济就很快被推向前进。

可见，人力资源在经济发展中的作用是显著的，要使得发展中国家经济较快发展，必须扩大人力资源的投资，并采取适当的人力资源发展战略与政策。人力资源的质量提高主要依赖于对人力的投资。舒尔茨提出的"人力资本投资"理论认为，对儿童和成人的教育，改进他们的营养和健康，将劳动力迁移到就业机会较好的地点，降低生育率等各种提高劳动质量的支出，都可以看做是一种资本积累的过程。依靠这类支出能够提高劳动者的生产率和收入。加雷·贝克尔指出，教育投资是生产性投资，对经济发展有着巨大的影响，人力资本形成的主要途径是教育。就我国的现实情况而言，加大对教育的投资，是提高人力资源质量的关键，也是我国经济得以持续发展的根本。

4. 经济发展模式

经济发展模式是指在一定时期内国民经济发展战略及其生产力要素增长机制、运行原则的特殊类型，它包括经济发展的目标、方式、发展重心、步骤等一系列要素。通常，人们将经济发展模式划分为以下三种类型：

（1）平衡发展模式和不平衡发展模式。平衡发展模式是指在国民经济各部门中同时进行大规模投资，使国民经济各部门按同一比率或不同比率全面发展。不平衡发展模式则强调经济发展的不平衡性，主张将一国有限的资源有选择地集中配置在某些产业部门和地区，通过这些部门和地区的超前发展带动整个国民经济的平衡发展。

（2）内向型发展模式和外向型发展模式。内向型发展模式是指在国内建立起强大的工业部门，以这些工业部门的发展来替代进口，满足国内的需求。该模式的发展目标在于建立自己独立完整的工业体系，发展重点是建立满足国内需求的产业部门，因此它一般选择传统工业为国民经济的支柱产业，其进出口战略是"进口替代"战略。外向型发展模式是指在国内建立和发展以国际市场为主要销售场所的工业部门，逐渐增加出口产品所占的比重，推动经济的发展。该模式的发展目标在于建立适合参加国际分工的产业体系，发展重点是发展出口产业，因此它一般选择能充分利用本国人力、物力，具有比较成本优势的产业为国民经济的支柱产业，该模式的进出口战略是"出口导向"战略。

（3）粗放型发展模式和集约型发展模式。粗放型发展模式也称速度型发展模式，是指主要依靠生产要素量的扩张来实现的经济发展，该模式的发展目标在于追求较高的发展速度，发展重点在经济数量方面，表现为以较多的投入使生产规模迅速扩大。集约型发展模式也称效益型发展模式，它是指主要依靠生产要素优化组合、提高要素质量和使用效率来实现的经济发展，该模式的发展目标在于追求经济效益，发展重点放在经济的质量方面，表现为反映经济效益的指标有较大的提高、人民生活水平有明显的改善、经济结构和比例更为协调和平衡。

　　一国经济发展究竟选择何种模式，不完全取决于人们的主观愿望，还要受客观因素的制约，这些客观因素包括社会生产力水平、自然资源的人均占有量及开发状况、劳动力的供给量与素质、社会文化背景、国家规模、国际环境，等等。不同的国家，其自然、经济、政治、社会和文化等条件不同，经济发展模式也会各不相同；同一国家，当它处在不同的历史发展阶段时，经济发展模式也不相同。在生产技术一定的条件下，经济发展战略的实现最终将受到一国可供利用资源的约束，如果发展目标超越这一硬的约束条件，则这一发展战略不可能长久维持下去；反之，如果在制定发展战略目标时低估增长潜力，则会造成资源闲置，使实际增长速度低于潜在增长速度。

10.2.2　社会主义经济效益

1. 社会主义经济效益及评价标准

　　社会主义经济效益，是指社会主义经济活动过程中，劳动占用、劳动耗费与所取得的能够满足人民需要的劳动成果之间的对比及评价。社会主义经济效益可以区分为微观经济效益和宏观经济效益。微观经济效益是指一个企业的经济效益；宏观经济效益是指整个国民经济的经济效益。微观经济效益与宏观经济效益既有一致性，又有矛盾性。它们的一致性表现在：微观经济效益是宏观经济效益的基础，宏观经济效益又是微观经济效益的外部保证条件。因为企业是国民经济的细胞，只有每个企业都提高了经济效益，整个国民经济的效益才能提高。同时，在社会化大生产条件下，各企业、各部门之间相互依赖、密切联系，要求保持一定的比例关系。只有国民经济全局比例关系协调，企业的经济活动才能顺利进行，企业提高经济效益才能具备前提条件。微观经济效益与宏观经济效益的矛盾性主要表现在：有的经济活动，从微观经济效益看，可能是比较大的，但从宏观经济效益看，则是小的，甚至对宏观经济效益的提高是不利的。在现实经济活动中，我们应该兼顾微观经济效益与宏观经济效益，努力把二者统一起来。当微观经济效益与宏观经济效益出现矛盾时，应当按照局部利益服从全局利益的原则，以宏观经济效益为主，微观经济效益应服从宏观经济效益。

评价企业经济效益的高低，可以用以下标准：

（1）从生产一定数量和质量的有用性劳动产品同生产这些产品的劳动占用、劳动耗费的对比中得到评价，对同类企业来说，劳动占用、劳动耗费相同，生产劳动产品数量最多、质量最好者效益最高；若产品数量质量相同，则劳动占用、劳动耗费最少者效益最好；总之，能用最小的劳动占用、劳动耗费生产出最多的劳动产品的企业，其效益最高。

（2）企业产品是否适销对路，能否满足劳动者的需要，满足需要的程度，企业生产的产品为消费者所欢迎，能够满足劳动者的需要，满足需要的程度越高，效益越高。如果企业生产的产品是消费者所不需要的，或者是废品，则生产越多，浪费越大。

（3）企业经济效益应与宏观经济效益结合起来考察。我们已经知道，微观经济效益与宏观经济效益既有一致性，又有矛盾性。因此，在考察微观经济效益的高低时，就不能只是孤立地分析微观效益，而是必须与宏观效益结合起来考察。例如，若微观经济效益的提高是以生态平衡的破坏、环境污染、宏观效益的下降为代价，这样的微观效益是不可取的，只有微观效益与宏观效益相一致才是可取的。

2. 提高社会主义经济效益的重要意义

提高社会主义经济效益，就是要在社会主义经济活动中，用尽可能少的劳动占用、劳动耗费，生产出更多的符合社会需要的产品。提高经济效益是社会主义一切经济活动的核心和根本出发点，对社会主义经济建设意义重大。

第一，提高经济效益是加速国民经济发展的重要保证。我国是一个人口多、底子薄、技术落后、资金短缺的社会主义大国。要加速国民经济发展，需要大量人力、物力、财力。从我国的现实状况看，能耗高，能源浪费严重，资金使用效益也低。因此，提高经济效益，用较少的劳动占用、劳动耗费生产出更多的物质财富，是解决能源紧张、资金短缺的关键，从而是加速国民经济发展的重要保证。

第二，提高经济效益是实现社会主义生产目的的有效手段。社会主义生产目的是满足劳动者经常增长的物质文化生活需要，这些需要靠发展生产来满足，社会生产部门通过不断提高经济效益，向社会提供日益增多的、适销对路、价廉物美的商品，劳动者经常增长的物质文化生活需要才能获得满足，社会主义生产目的才能更好地实现。

第三，提高经济效益是发展社会主义精神文明的物质条件。马克思指出："物质生活的生产方式制约着整个社会生活、政治生活和精神生活。"① 依据马克

---

① 《马克思恩格斯选集》第 2 卷，人民出版社 1972 年版，第 82 页。

思的这一论断，社会主义物质文明和精神文明是相互依赖、密切联系的，以马克思主义为核心的精神文明的发展，既是社会主义物质文明建设的保证条件，又是社会主义物质文明的强大动力，而社会主义物质文明则是促进社会主义精神文明发展的物质基础。只有物质生产部门提高了经济效益，才能拿出更多的人力、物力和财力从事精神文明建设，促进社会主义精神文明的发展。

第四，经济效益是评价企业经营管理水平高低的重要标准。市场经济说到底是效益经济，企业生产经营状况如何，管理水平高低，完全可以通过效益指标反映出来。特别是在市场经济条件下，企业只有不断提高经济效益，才能在激烈的市场竞争中战胜对手，不断发展壮大，否则就有可能被竞争规律淘汰。因此，经济效益直接关系着企业的生死存亡。

总之，提高经济效益，对于整个国民经济的发展和人民生活水平的改善有着决定性的意义。在过去社会主义经济实践过程中，有较长一段时间，我们存在着只重视发展速度而忽视经济效益的倾向，以至于经济发展了，速度上去了，但人民生活水平却没有得到相应的提高。党的十一届三中全会以来，我们党认真总结了社会主义经济建设正反两方面的经验和教训，提出了社会主义经济建设要以经济效益为中心的指导思想，从而扭转了过去的错误倾向。但从当前来看，我国的经济效益水平仍然比较低，有些指标还低于我国历史上的最好水平，提高经济效益仍然是我们需要解决的重要的迫切的问题。

3. 提高社会主义经济效益的途径

在社会主义市场经济条件下，无论是微观经济效益还是宏观经济效益，都受多种因素的制约。因此，提高经济效益也应从多方面努力。

提高宏观经济效益，重要的在于处理好国民经济比例、速度与效益之间的关系。比例是指国民经济各部门、各环节之间的比例关系；速度是经济增长的比率；效益是投入与产出的关系。比例、速度、效益一般说来是一致的。如果国民经济比例关系协调，发展速度就快，效益也比较好；如果发展速度较快，也标志着国民经济合比例，效益好；良好的效益也必然表现为较快的增长速度和合理的比例关系；若国民经济比例关系不协调，经济增长速度必然要受到制约，效益也必然低。当然，比例、速度、效益也会出现不一致，特别是速度与效益之间存在矛盾。其矛盾主要表现在，有时速度快，但效益未必好；若只追求高速度，生产的产品不符合社会需要，则速度越快，浪费越大。

显然，处理好比例、速度、效益三者之间的关系，是提高宏观经济效益的关键问题。在这三者关系中，比例是基础，是前提。因此，处理好比例、速度、效益三者之间的关系，首先就要遵循按比例分配社会劳动规律的要求，认真研究并安排好国民经济中的各种比例关系，特别是安排好国民经济中三次产业之间，工农业之间，工业内部，农业内部，积累与消费，人口增长与经济发展，能源、交通运输业与工农业之间，经济建设与科学文化教育事业以及地区经济之间等主要比例关系，只要主要比例关系安排好了，建立起合理的产业结构，国民经济协调发展就有了保证，提高经济效益和发展速度也就具备了前提条件。其次，特别要处理好速度与效益的关系。当速度与效益发生矛盾时，一定要以效益为中心，速度服从效益，在提高效益的前提下，尽力争取较快的发展速度。

提高微观经济效益，第一，尽快建立产权清晰、权责明确、政企分开、管理科学的现代企业制度，使企业真正成为市场经济的主体和市场竞争的主体，能够依据市场信息的变化，自主地做出经营决策。第二，适应市场需求，抓好产品的适销对路，符合社会需要。同时注重节约、降低生产、流通过程中人力、物力、财力的消耗，这是提高微观效益的重要途径。第三，高度重视科学技术的作用。科学技术是第一生产力。我国经济效益低，根本原因是我国技术装备落后，劳动力素质差，产品更新换代慢。因而，要提高经济效益，必须采用先进技术，加快技术进步的步伐，提高劳动者的技术熟练程度和科学文化素质。积极而有效地采用新技术、新材料、新工艺及时进行产品的更新换代。第四，高度重视人才问题。市场竞争归根到底是人才竞争。有了人才，才能不断发展先进技术，引进先进技术并加以推广、消化和创新；才能不断开发新产品，才能不断提高管理水平，从而极大地提高经济效益。为此，就必须大力发展教育事业，培养人才，尊重知识，尊重人才，善于发现人才，大胆利用人才，爱护人才，并为人才的脱颖而出创造良好的条件。第五，研究、制定、实施科学可行的企业经营发展战略，为企业发展勾画蓝图，这也是企业在社会主义市场经济条件下，求得生存和发展，提高经济效益不可缺少的条件。

10.3　社会主义市场经济的宏观调控

10.3.1　社会主义市场经济宏观调控的必要性

在社会主义市场经济条件下，国家对国民经济的宏观调控，是指政府根据经济发展战略目标和经济规划的要求，在市场经济运行的基础上，综合运用经济手段、法律手段和必要的行政手段，对国民经济运行进行调节和控制，从而实现社会总需求和社会总供给在总量上和结构上相互适应，保证国民经济持续、快速、健康发展。

社会主义市场经济体制中建立宏观调控体系之所以必要，主要源于以下几个方面：

1. 社会化大生产的客观要求

社会主义经济是建立在社会化大生产基础之上的市场经济。社会化大生产的顺利进行要求在全社会范围内按比例分配社会劳动，要求保持国民经济总量上、结构上的均衡和协调。社会化大生产的这一要求若完全由市场机制自发地实现，则必然会给社会带来巨大的损失甚至造成严重的经济危机。为了保证社会再生产的顺利进行，合理配置社会资源，客观上要求国家对国民经济运行进行必要的干预，克服自发调节可能出现的盲目性。

2. 实现经济发展战略目标和社会主义生产目的的需要

社会主义的生产目的是为了满足人民的物质文化需要。这个根本目的是通过各个不同发展阶段的具体发展目标体现的。在社会主义市场经济条件下，市场在资源配置中虽然占基础地位，但单纯依靠市场的自发调节，通过市场竞争所达到的资源配置和收入分配目标不一定与社会主义生产目的和经济发展计划目标完全吻合。为了将市场的自发调节纳入整个经济有计划引导的发展轨道，实现社会主义预定的目标和预期目的，国家自觉地对国民经济运行进行宏观调节和控制是完全必要的。

3. 社会主义市场经济正常运行的内在要求

市场作为资源配置的主要手段有许多优点，但市场机制不是万能的，它有其自身的弱点和消极方面，必须通过加强和改善国家对经济的宏观调控，来解决市场失灵和市场无力解决的问题。市场机制的缺陷主要表现在以下几个方面：

（1）市场调节具有短期性和滞后性，不能解决国民经济的长期发展问题。国民经济在宏观层次上主要考虑经济发展速度、总量平衡、结构优化、币值稳定、充分就业等重大问题。但市场调节是一种"马后炮"式的事后调节，并且市场调节是由企业的微观利益（局部利益）驱动的，其调节具有短期性，不能预示经济发展的未来方向和目标，难以协调局部利益与整体利益的矛盾。因此，国民经济的长期发展问题需要政府的宏观经济调控来解决。

（2）市场调节具有一定的盲目性和自发性。市场机制是通过价格的波动来调节供求的，而从价格形成、信号反馈到商品生产，有一定的时间差，再加之微观主体掌握的经济信息不足，微观决策带有一定的被动性和盲目性，常常使市场在盲目的供求变化中运行，引起经济波动。

（3）市场机制难以解决外部性问题。所谓"外部性"，是指有些经济活动的社会效用同个体效用之间、社会成本同个体成本之间有差别，它们的结果不能在一个企业内部表现出来。比如，兴建一个工厂，它对整个社区的经济发展会产生好的影响，即具有正的外部经济效应，但这种积极影响并不表现在企业内部的经济计算上。相反，有些生产活动从企业看，是获得了经济效益，却污染了环境，但污染环境并不在这个企业的成本上表现出来，它造成的社会损失是一种外部不经济，或负的外部经济效应。市场机制往往不能够对外部经济或外部不经济进行评价，若政府不进行适当的干预，那么，市场主体将会过度地从事具有负外部经济效应的经济活动，而尽可能少地从事具有正外部经济效应的经济活动。所以，在市场经济条件下，政府有必要通过法律手段、经济手段甚至必要的行政手段对付外部经济效应进行限制，而对正外部经济效应予以鼓励，或者采取一定措施将外部效应最大限度地内部化。

（4）某些公共产品的供给不能通过市场机制来调节。公共产品，指的是一类特殊的具有外部效应的物品，主要用于国防、基础教育、城市环境、公共卫生等领域。公共产品不具有消费上的排他性，只要出现之后，每个人都可以从中受益，但是生产者却无法利用市场机制从中收回生产成本，因此，公共产品也就很难通过市场来提供。众所周知，一定数量的公共产品的存在是市场经济正常运行的基础条件，所以必须通过政府出面干预，来合理地组织公共产品的供给。

（5）市场机制不能解决分配不公问题。市场机制能较好地解决效率问题，但不能解决公平问题。虽然市场交易的原则是平等的、等价的，但由于人们资源禀赋不同，即财产、个人能力、教育程度等不同，社会成员在进入市场时便是不平等的。而在市场经济竞争机制的优胜劣汰作用下，竞争市场可能会带来很不公平的收入分配。因此，需要国家采用税收政策和社会保障制度来调节个人收入分配，避免贫富差距悬殊。

（6）市场机制无法限制垄断。优胜劣汰是市场竞争的必然结果，因而市场竞争在促进经济效率提高的同时，也导致了市场的集中与垄断趋势。垄断会抑制竞争，造成全社会福利损失及市场效率的下降，因此，需要政府采取措施抑制垄断，保持市场的竞争状态。

总之，政府的宏观调控可以弥补市场的缺陷，解决市场机制自身无法解决的问题，为市场经济的运行创造良好的外部环境。现代市场经济国家，无论实行何种市场经济模式，都不能离开政府的宏观调控，我国社会主义市场经济的正常运行也不例外，也要求国家实施有效的宏观调控。尤其是，我国作为一个处于"追赶阶段"的发展中国家，市场体系尚不完善，经济生活中常常会出现由市场体系残缺而造成的市场失败，在这种情况下，我们要有效地积累和使用资金，优化经济结构，实现高速增长，政府卓有成效的干预就显得更为重要。

10.3.2 社会主义宏观调控的目标

宏观经济调控目标是由若干具体目标组成的一个目标体系，其主要涉及经济增长、就业、物价、国际收支、收入分配、资源配置、环境保护等众多方面。这里择其主要目标分述如下：

1. 充分就业

劳动者实现充分就业，能够使社会劳动资源得到充分利用，有利于提高居民收入，有利于促进社会稳定。充分就业并不等于失业率为零，实际上零失业率既不可取也不可能。这是因为：（1）适当规模的摩擦性失业可以为经济结构调整和新的资本——劳动组合提供劳动后备军；（2）由于劳动者的职业偏好经常变化，劳动力市场上必然存在一部分自愿性失业；（3）固定资本更新替换的周期性会使就业总量出现周期性波动，从而存在周期性的失业。我国改革前 30 年零失业率的"充分就业"政策已被证明是不成功的，它既降低了资本的效率又降低了劳动的效率。1978 年以来，我国事实上抛弃了零失业率政策，实际的失业率逐渐提高。那么，多高的失业率才是自然的、合理的和充分就业政策可以容忍的呢？这是一个需要进一步讨论的问题。但有一点必须指出，西方国家当失业率达到 5% 时，政府就要想尽一切办法降低失业率，争取失业率尽可能低的充分就业。我国是个强调劳动者利益的社会主义国家，政府更加有责任花更多的力气创造更多的就业机会，争取实现充分就业。

充分就业目标有短期和长期之分，前者主要解决周期性失业，即由宏观经济运行中总量失衡造成的经济波动而导致的失业，周期性失业单靠市场机制自身的调节能力是无法解决的，必须借助于政府的干预。长期充分就业目标所要克服的是结构性失业，即由于经济结构和技术结构变动而造成的结构性失业，这种失业带有长期性，是政府的长期就业政策要解决的。

2. 经济增长

经济增长是指一国在一定时期内产品和劳务数量的增加，即在一定时期内的国民收入、国民生产总值或人均国民收入、人均国民生产总值的提高。经济增长是促进经济发展的基本条件，是实现充分就业目标的必要条件和物质基础。我国作为一个发展中国家，要实现工业化和现代化，赶上发达国家，必须保持一个较高的经济增长速度。但经济增长速度一定要合理，防止不顾客观条件的盲目增长。当国民经济出现总量的或结构性的资源闲置或利用率不高时，宏观调控的重要任务便在于刺激需求以使闲置或利用率不高的资源得以充分利用，使经济增长达到经济条件许可下的高速度；反之，若总需求已大大超出总供给，宏观调控便需降低增长率以抑制投资需求和消费需求的增长，使总供求的矛盾趋于缓和。

3. 物价稳定

物价稳定通常是指维护国内币值的稳定。它不是指物价的冻结，而是指物价的变动可以控制在一定幅度以内，以防止通货膨胀。保持物价稳定，有利于企业进行经济核算，改善经营管理，促进技术进步；有利于稳定金融秩序，巩固币值；有利于贯彻按劳分配原则，调动劳动者的积极性；有利于维持社会稳定局面。总之，物价稳定，是进行现代化建设的必要条件，政府必须密切注视物价变动趋势，防止通货膨胀的发生。

4. 国际收支平衡

在开放经济条件下，国际收支平衡对国内经济持续快速健康发展有重要的影响，因而是一项有重要意义的宏观经济目标。国际收支大量顺差，会增加国内通货膨胀的压力，会引起本币升值，削弱出口企业的国际竞争力，不利于扩大出口，还会引起其他国家的不满，导致国际贸易摩擦加剧。长期巨额逆差也会对国民经济带来十分不利的影响，它会导致国家的外汇储备减少，国际清偿能力降低，损害国家的国际信誉，会引起本币汇率下降，外币汇率上升。国内资本会因此大量外流，从而导致本国的经济增长率下降，失业率上升。一般而言，国际收支平衡要求将外汇收支差额控制在合理范围之内，保持适度的外汇储备，并使外债规模保持在合理的偿债率之内，使一定时期外债的还本付息总额同该时期出口收汇的比例不超过国际公认的警戒线。

10.3.3 社会主义宏观经济调控的手段

在市场经济条件下，政府主要运用经济手段、法律手段和必要的行政手段，对宏观经济进行调控。

1. 经济手段

政府运用经济手段进行宏观调控，主要是通过经济计划、经济杠杆、经济政策来引导调节经济运行。

经济计划是由国家统一制定的国民经济和社会发展计划，是国家经济决策的主要体现，是国家引导和调控经济运行的基本依据。经济计划的重点是：合理确定国民经济和社会发展的战略目标；搞好经济预测和总量调控；规定结构调整方向，集中必要的人力、物力和财力进行重点建设，促进生产要素合理配置；协调政府各职能部门的行动，使各经济杠杆的运用相互配合，促进国民经济更好更快地发展，等等。国家计划应当按照科学的计划决策程序，以定性、定量分析为依据，通过咨询、比较、论证而制定。国家计划要以市场为基础，主要采取粗线条的、弹性的、指导性的计划。同时，国家计划要保持宏观性、战略性和政策性，只有这样，国家计划才有可能指导经济的发展。

经济杠杆是一种客观存在的经济机制，主要包括价格、工资、利率、汇率、税收、信贷等与价值规律相联系的经济范畴。经济杠杆的功能和作用主要有：（1）分配功能。财政税收、信贷利息和工资等经济杠杆，具有对国民收入进行分配和再分配的作用；（2）调节功能。国家运用经济杠杆，通过调节国民收入分配和再分配，从宏观上调节社会总供给和总需求的关系，从微观上调节商品生产者和经营者的经济活动，以促进国民经济协调高效地运行；（3）控制功能。国家综合运用各种经济杠杆，对国民经济运行进行调控，把那些关系国民经济全局的重大经济活动控制在社会经济协调发展所需要的限度之内；（4）激励功能。经济杠杆是与经济利益密切相关的，它利用各经济主体对其自身利益的关心和追求，通过调整经济主体的物质利益关系来实现经济杠杆对经济的调节、影响作用。

宏观经济调控中发挥经济杠杆的作用，是通过一系列宏观经济政策实现的。

2. 法律手段

法律手段是国家通过制定和实施经济活动的法律、法规、条例来规范调整经济活动的管理手段。

运用法律手段调节经济运行具有以下特征：第一，对市场经济主体具有普遍的约束力。作为社会经济生活的行为准则，经济法规是国家制定的，体现国家的意志，谁也不能凌驾或超越法律之上，因而具有普遍的约束力。第二，对市场经济主体的调节具有相对稳定性。在法律有效期内，其约束力是相对稳定的，非经法定程序不得随意修改或废止，有利于保证宏观经济运行的稳定性。第三，对市场经济主体具有严格的强制性。法律是由国家强制实施的，市场经济主体必须严格执行。法律的强制性对市场主体形成一种心理压力，从而可强化其自律性。第四，对市场经济主体的活动范围具有明确的规定性，增强了宏观调控的透明度，减少了被调控者的行为抵触。

市场经济是法制经济，法律手段是宏观经济调控的基本手段之一，包括经济手段在内的其他调控手段，必须以法律为基本的依托，在法律范围内行使和运用。否则不仅其他手段难以有秩序地运用，而且会引起严重的社会混乱。

3. 行政手段

行政手段是国家行政机关凭借政权的力量，通过制定和下达指标、命令、规定等，直接干预经济生活的种种措施。行政手段是按照行政系统、行政层次、行政区域逐次下达的，它具有强制性、垂直性、权威性、速效性、灵活性等特点。

在市场经济中，行政手段虽不是政府宏观调控的主要手段，但是保留适当的行政手段是必要的，因为行政干预作为政府管理经济的一种特殊方式，对经济活动的调控能起到特殊作用，如出现突发性通货膨胀、严重自然灾害、国际环境恶化等问题时，在经济手段、法律手段难以有效发挥作用的情况下，行政干预和必要的强制性管理就显得十分重要。但是，由于行政手段是政府对市场活动从外部实施的直接干预，是一种超经济的强制力，具有容易与长官意志联系在一起、造成"一刀切"、割断经济运行的内在联系、忽视和抹杀企业与局部的利益关系、压抑下级的积极性等明显缺陷，所以，应当避免在宏观调控过程中滥用，必须把其限制在必要的限度之内。

上述宏观经济调控手段之间既有区别又有联系，每种调控手段既有自己的特殊功能，又有各自的局限性，单独使用往往不能形成宏观调控的合力。因此，在宏观经济调控中应该综合运用各种手段，做到以经济手段、法律手段为主，辅之以必要的行政手段，发挥这些手段的整体功能，有效地调控宏观经济的运行。

10.3.4 社会主义宏观经济调控的政策

宏观调控政策是一个政策体系，主要包括财政政策、货币政策、产业政策、收入政策、价格政策、国际收支政策，等等。它们之间各有侧重、相互补充、共同发挥作用。限于篇幅，这里主要分析财政政策、货币政策、产业政策和收入政策。

1. 财政政策

财政政策是指政府运用国家预算、税收、补贴、国债等财政手段，通过对国民收入的分配和再分配，来实现社会供求总量平衡，促进经济结构合理化，缩小收入差距的一种经济政策。财政政策包括财政支出政策和财政收入政策。财政支出主要用于政府购买、公共工程建设和转移支付，财政收入主要来源于税收。根据财政政策对于经济运行的不同影响，可以把财政政策区分为扩张性财政政策和紧缩性财政政策。

扩张性财政政策，主要包括：（1）减少税收，降低税率，扩大减免税范围。其政策效应是：增加微观经济主体的收入，以刺激微观经济主体的投资需求，从而扩大社会供给。（2）扩大财政支出，增加财政赤字。其政策效应是：扩大社会总需求，从而刺激投资，扩大就业。（3）通过公开市场业务，政府买入国债，投放货币。其政策效应是：扩大流通中的货币量，以扩大社会总需求，从而刺激生产。（4）增加财政补贴。财政补贴往往使财政支出扩大，财政赤字增多。其政策效应是：扩大社会总需求，刺激供给增加。

紧缩性的财政政策主要包括：（1）增加税收，提高税率，缩小减免税范围。其政策效应是：减少微观经济主体的收入，以抑制其投资需求，进而使之产生减少供给的作用。（2）压缩财政支出，减少财政赤字。其政策效应是：缩小社会总需求，抑制经济过热，降低经济过快过高的发展速度。（3）在公开市场业务中，政府卖出国债，吸收货币。其政策效应是：减少流通中的货币量，以压缩社会总需求，抑制经济过热。（4）减少财政补贴。财政补贴的减少，使财政支出得到一定控制，财政赤字可能减少，其政策效应是：减少社会总需求，以利于抑制经济的过快增长。

财政政策的取向要根据宏观经济形势和宏观调控总目标要求来确定，为实现宏观调控总目标服务。从短期来说，财政政策目标是促进经济的稳定增长，为此，财政政策的运作主要是发挥"相机抉择"作用，即政府根据宏观经济运行状况来选择相应的财政政策，调节和控制社会总供求的均衡。在经济停滞和衰退时期，企业开工不足，工人失业增加，一部分经济资源未被利用，经济正常运行和发展主要受需求不足的制约。这时，政府可以采取扩张性财政政策，即增加财政支出，减少税收，以刺激总需求扩张，增加供给，降低失业率。反之，在经济过热时期，可利用的经济资源已经得到比较充分的利用，经济正常运行和发展主要受供给能力的制约。这时，过大的需求不会引起供给的增加，只会引起通货膨胀。因此，政府应采取紧缩性财政政策，以抑制总需求，降低通货膨胀率。

从中长期来说，财政政策的目标首先是资源的合理配置，为此，财政政策可通过财政支出方向直接作用于经济结构的调整，通过财政补贴等手段引导社会投资的方向，以配合国家产业政策，为经济的持续稳定增长创造均衡条件。中长期财政政策的另一重要目标是收入的公平分配，为此，可运用财政政策中的税收和转移支付手段来调节各地区、各阶层的收入差距，达到兼顾平等和效率，促进经济社会协调发展的目的。

2. 货币政策

货币政策是指中央银行为实现特定的经济目标运用货币政策工具调节货币供应量，进而影响宏观经济的方针和措施的总和。概括地讲，西方各国中央银行货币政策所追求的目标有四个，即稳定物价、充分就业、经济增长和国际收支平衡。在我国，货币政策目标要以国家总的宏观调控目标为依据，兼顾各方面的利益，保持良好的宏观经济环境，创造有利于稳定物价，并使国民经济持续快速健康发展的条件。具体讲要从促进经济增长、就业增加、稳定通货，以及国际收支平衡等方面考虑，但其侧重点主要放在稳定物价或稳定货币，从而促进经济增长上。为实现货币政策目标，中央银行主要采用三大政策工具，即法定存款准备金率、再贴现率和公开市场业务。

在市场经济发达的国家，中央银行对货币政策工具的使用是依次通过以下三个环节实现其政策目标的：（1）从中央银行到商业银行等金融机构和金融市场。中央银行的货币政策工具操作，首先影响的是商业银行等金融机构的准备金、融资成本、信用能力和行为，以及金融市场上货币供给和需求的状况。（2）从商业银行等金融机构和金融市场到企业、居民等非金融部门的各类经济行为主体。商业银行等金融机构根据中央银行的政策操作而调整自己的行为，从而对企业和居民的消费、储蓄、投资等产生影响。（3）从非金融部门经济行为主体到社会各经济变量，包括总支出量、总产出量、物价、就业等。

中央银行如何运用货币政策来调节经济运行，其前提是对经济运行状况有一客观准确的分析与把握。如果出现总需求不足、失业率上升、经济增长乏力甚至经济衰退时，中央银行应采取扩张性货币政策，即放松银根、扩大货币供应量，以刺激有效需求的增长。可供选择的政策手段主要是增加货币发行量、降低法定存款准备金率、降低再贴现率、在公开市场上购进政府债券等。其中任何一项政策措施都会产生扩大货币供应量的扩张效应，多种手段的联合运用则效果更为显著。如果出现总需求大于总供给，经济过热，形成通货膨胀的压力时，中央银行应采取紧缩性货币政策，即紧缩银根、减少货币供应量，以抑制总需求的膨胀势头。相应的政策手段主要有提高法定准备金率、提高再贴现率、在公开市场上抛售政府债券。这些政策措施的运用都会产生紧缩货币供应量的紧缩效应，多种政策措施的联合运用会对总需求的膨胀势头产生强有力的抑制作用。

3. 产业政策

产业政策是有关调控资源配置结构的经济政策，主要包括产业结构政策、产业组织政策和产业布局政策。

（1）产业结构政策。产业结构政策主要是规划一定时期内产业结构演进的方向和步骤，以及国民经济各产业发展的顺序和态势，它是产业政策中最重要的一部分。产业结构政策的目标是产业结构优化，即产业结构的合理化和高度化。产业结构合理化，意味着各种生产要素在产业部门间合理配置，即保持产业之间均衡协调，发挥良好的产业关联效应。产业结构高度化是建立在产业结构合理化基础上的，它是为了使社会生产能力和社会需求满足程度不断在新的更高水准上相互适应。根据世界各国产业结构演变的规律，产业结构高度化主要表现为以下三方面的演进过程：①第一、第二、第三产业比例的结构性变化，由第一产业占优势比重逐级向第二产业，特别是第三产业占优势比重演进；②工业中产业结构变动，由以轻工业为中心转向以重工业为中心；在重工业化过程中以原材料工业为重心转向以加工组装工业为重心，再进一步是向现代化、自动化生产演进；③产业结构的资源密集度的变动，由劳动密集型产业为主向资金密集型为主、再向技术密集型产业为主演进。产业结构高度化是产业结构由一种均衡状态上升到新的均衡状态的动态演进过程，只有产业结构既实现合理化又实现高度化，才能使社会经济不断发展，人民生活水平不断提高。

实现产业结构的优化，实际上包括了优化增量配置结构和调整存量配置结构这两个侧面。因此，产业结构政策又可分解为产业振兴政策和产业调整政策。产业振兴政策应对鼓励发展和扩大的产业及发展措施做出规定。我国《90 年代国家产业政策纲要》明确提出了培植一批带动我国今后经济增长的支柱产业，即机械电子、石油化工、汽车制造业和建筑业。还提出了优化我国对外经济贸易结构，以促进产业结构优化的具体要求。实践证明，产业结构优化的真正难点在于衰退产业、夕阳产业和长线产业的存量调整。其困难来自"资源配置的不可逆性"的障碍。这种障碍主要表现在职工技能在产业的不通用性和有形固定资产用途的不可变性。因此，需要借助产业调整政策来超越资源配置的不可逆障碍，以实现资源存量的有效调整。为此，产业调整政策措施，首先应着力于建立解决结构性失业的社会保障制度和支持再就业制度。其次，应建立衰退产业、长线产业、设备废弃的补偿补助制度。最后，有组织地使企业在区位、产业、组织、产品、技术等方面，实施综合性、系统性的"腾挪"工程。

（2）产业组织政策。产业组织政策的目标是通过企业组织结构的优化，实现产业内的"有效的竞争"。所谓有效竞争即是实现规模经济和竞争效益的统一。因此，产业组织政策实际上也是由两个分政策组成的，即反垄断政策和集中化政策。在现代市场经济中，反垄断、反不正当竞争行为的经济政策体系，是为维护市场竞争的活力和公平所不可或缺的，是产业内资源配置效率和效益的重要保证。集中化政策是推动产业内的生产和经营趋于集中，从而实现规模经济的政策措施。

在某一个产业中处理好规模经济和竞争效益的关系，应考虑以下因素：①产业组织的行业差异。大企业乃至特大企业与中小企业各自生存的空间在产业之间有着极大的差异。这种差异主要来自行业的经济规模的大小，比如，石化、钢铁、汽车等行业一般经济规模都是巨大的，因此，这些行业的生产和经营的集中度应较高。而皮革，家具、纺织、服装、食品等轻纺工业一般经济规模不如前者那么明显，因此，竞争效应的重要性高于规模经济。②产业组织政策的时代特征。在工业化的不同阶段，国家产业组织政策的主旋律有较大的差异，比如，在工业化的扩张期，资本密集型产业成为工业化的主导部门，对资本密集型产业实施"大公司"、"集团化"战略，以推动这些部门的生产和经营实现规模经济，是产业组织政策的重点目标。同时，也要注意防止垄断的不经济现象的发生，维护行业内良好的有序竞争秩序。而在工业化的成熟期，竞争效益的问题将成为产业组织政策更为瞩目的焦点。

当前，我国企业组织结构不合理的主要表现是企业"大而全"、"小而全"，集中度低，缺乏规模效益，缺乏具有国际竞争力的巨型企业。要优化我国的企业组织结构，提高产业竞争力，一方面要发挥市场调节的作用，加大市场竞争的力度；另一方面要加强政府的政策引导，鼓励企业兼并，支持优势企业的规模扩张，降低产品成本，促使小规模、低效率企业转产、破产或与大企业联合，加快资产重组过程，组建大型企业集团，提高产业规模化程度。

（3）产业布局政策。产业布局政策是从一个国家或地区的整体上，处理资源在地理空间上的配置结构的政策。在一定的经济发展阶段，协调好提高国民经济的整体效益和缩小地区间经济发展水平的差异这两者之间的关系，即是产业布局政策的任务。因此，产业布局政策的目标就可具体化为以缩小地区间经济发展水平的差距，实现共同富裕为终极目标，以安排好地区间的先富和后富的梯次和落差为近期目标。

一般来说，在工业化的起步期和扩张期，国民经济的整体效益高度依赖于资源配置的规模效益和集聚效益。因此，在经济发展的这一历史阶段，资源在区位上的相对集中配置，是不以人的意志为转移的客观规律。这就是我国改革开放以来，选择让东部沿海地区先富起来为重心的产业布局政策目标的依据。由于资源倾斜配置的区位选择应以"区位比较效益"较高为原则，而东部沿海地区恰好符合这一原则，所以通过对其实施政策倾斜，东部沿海地区迅速成为我国经济增长的热点，极大地加快了我国经济增长的步伐。

随着工业化的深入和成熟，资源在区位上的过度密集配置的负效应——规模不经济和集聚不经济将逐渐显现出来。同时，使资源在区位上的不均衡配置所造成的社会不公问题逐渐尖锐起来。这时产业发展在客观上也必然需求新的区位空间，资源的区位流向将有所改变。今后，我国产业布局政策的重心将逐步移向强调社会公平，强调中西部地区的经济开发和发展。推动中西部相对落后地区的经济发展不仅需要政策倾斜，而且需要投资倾斜，要加大对中西部地区的投资力度，改善投资环境，改变区位比较利益低下的局面。

4. 收入政策

收入政策是指政府根据既定的宏观调控目标而规定的个人收入总量及结构的变动方向，以及政府调节收入分配的根本方针和原则。收入政策的主要内容包括两个方面：收入政策目标的选择和政策实施措施的制定。

收入政策目标选择可分为收入总量政策目标选择和收入结构政策目标选择。收入总量政策的目标选择主要着眼于近期，通过收入总量的变化，调节总需求，保证国民经济总量平衡，保障经济稳定增长。在选择收入结构政策目标时，政府主要应考虑收入差距的可接受程度，在平等与效率之间做出选择。在市场经济中，平等与效率之间往往存在着矛盾。一旦社会成员之间的收入差距过分悬殊，影响社会稳定时，政府的收入结构政策应侧重于缩小收入差距，增进平等。反过来，如果收入分配中平均主义严重，劳动者缺乏生产积极性，经济效率低下，政府的收入结构政策应侧重于提高经济效率。

政府在选择收入结构政策目标和收入总量政策目标之后，可以采取多种措施促进目标的实现。具体说来，可供选择的措施主要有：

第一，以法律形式规定最低工资标准。为保障社会成员的最低生活水平，政府可以以法律形式分地区确定最低工资标准，劳动者无论在哪一行业或部门就业，其工资收入都不得低于这一标准。

第二，税收调节。政府对个人收入可以征收累进所得税，从而抑制一部分人收入过高，有利于增进平等。

第三，实施工资和物价管制，即政府采取冻结工资和物价的非常措施。在经济过热、通货膨胀压力增强时，政府可以在一个短时期内冻结工资和物价的上涨，以抑制总需求的过度扩张。

第四，增加转移支付和其他各种福利措施。例如，政府对失业者和低收入阶层发放失业补助金和救济金等，有助于改善低收入者的处境。

此外，政府还可通过征收高额财产税和遗产税等，防止收入过分悬殊；通过举办公共工程等，增加就业机会，降低失业率，提高某些个人和阶层的收入。

本章小结

1. 产业结构是指具有一定质量、一定数量和一定序列的产业部门的组合。影响产业结构变动的因素主要包括：社会需求结构、资源供给结构、国际经济关系和科学技术进步等。

2. 经济发展是指一个国家或地区随着经济增长而出现的经济、社会和政治的整体演进和改善。资本形成、人口与人力资源、科学技术、自然资源等因素是影响经济发展的重要因素。

3. 社会主义经济效益是指在经济活动过程中，劳动占用、劳动耗费与所取得的能够满足人民需要的劳动成果之间的对比与评价。企业经济效益的评价指标主要包括企业自身生产效率的高低，产品是否满足需求和企业的经济效益是否与宏观经济效益相一致。

4. 提高经济效益是社会主义一切经济活动的核心和根本出发点，对社会主义经济建设意义重大：第一，是加速国民经济发展的重要保证；第二，是实现社会主义生产目的的有效手段；第三，是发展社会主义精神文明的物质条件；第四，是评价企业经营管理水平高低的重要标准。

5. 宏观调控是指政府根据经济发展战略目标和经济规划的要求，在市场经济运行的基础上，综合运用经济手段、法律手段和必要的行政手段，对国民经济运行进行调节和控制，从而实现社会总需求和总供给在总量上和结构上相互适应，保证国民经济持续、快速、健康发展。社会主义宏观调控是社会化大生产的客观要求，是实现经济发展战略目标和社会主义生产目的的需要，是社会主义市场经济正常运行的内在要求。

6. 社会主义宏观调控的近期任务是维护经济稳定，中期任务是维持经济持续增长，长期任务是维持经济与社会长期协调发展。宏观调控的主要目标包括：充分就业、经济增长、物价稳定和国际收支平衡。

7. 宏观经济调控方式是指国家为实现宏观调控目标而对国民经济活动进行调节和控制的形式。主要包括直接调控和间接调控两种。市场经济条件下，政府主要运用经济手段、法律手段和必要的行政手段对宏观经济进行调控。

8. 宏观调控政策是指国家为促使宏观经济按一定的调控目标运行而制定的解决经济问题的指导原则和干预措施。宏观调控政策是一个政策体系，主要包括财政政策、货币政策、产业政策、收入政策、价格政策、国际收支政策等。

复习思考题

1. 为什么要调整我国的产业结构？
2. 什么叫经济效益？评价社会主义企业经济效益高低的标准是什么？
3. 什么叫宏观调控？怎样理解社会主义市场经济宏观调控的必要性？
4. 试述社会主义宏观调控的任务、目标、方式及手段。

第 11 章　社会主义市场经济的社会保障制度和法制建设

```
─ 本章要点 ─
◇ 社会保障制度的内涵
◇ 建立和完善我国社会保障制度的必要性
◇ 市场经济在本质上是法治经济
```

社会保障是国家为保障社会成员的基本生活权利而提供的救助和补贴，是缓解效率与公平矛盾的最基本手段。法制建设又是市场经济运行机制正常运行的必要保证。本章主要阐述社会保障制度的内涵；我国社会制度的建立和完善；法制经济的内涵；社会主义市场经济的法治化建设等问题。

11.1　社会主义市场经济的社会保障制度

11.1.1　社会保障制度的内涵

所谓社会保障，是指由政府建立的为保证社会成员的基本生活权利而提供的各种救助和补贴的总称。社会保障制度是国家和社会通过立法对国民收入进行分配和再分配，对社会成员特别是生活有特殊困难的人们的基本生活权利给予保障的社会安全制度。它通过聚集众多的经济力量，配合政府的财力，共同分担少数人因遭受意外事件或因自然规律丧失劳动能力所致的收入减少或中断，以达到风险分担、互助互济，确保社会成员基本生活水平的目的。

社会保障制度是随着商品经济的发展，特别是机器大工业的发展，逐渐成为各国普遍实行的制度，它最早产生于西欧，是为弥补市场经济的缺陷而出现的必然产物。

社会保障是一个庞大的体系，主要由社会救济、社会保险、社会福利、社会优抚和社会互助等方面组成。

1. 社会救济

社会救济是指对于遭到不可抗拒的天灾人祸、失业待业、鳏寡孤独、生老病痛、因身心障碍丧失劳动自救能力的社会成员，以及低于国家规定最低生活水准的社会成员，国家和社会向其提供的最低生活需求的物质资助。社会救济是公民应当享受的权利，国家和社会必须认真履行这一最起码的社会保障职责。

2. 社会保险

社会保险是根据立法，由劳动者、劳动者所在单位或社会及政府多方共同筹资，帮助劳动者及其亲属或遗属，在遭遇工伤、死亡、疾病、年老、失业、生育等风险时，防止收入中断、减少和丧失，以保障其基本生活需求的制度。它包括养老保险制度，工伤保险制度，医疗保险制度，待（失）业保险制度，农村社会保险制度及机关、事业单位的社会保险制度等。社会保险由国家举办，带有普遍性、强制性、互助性、储蓄性及补偿性等特征，是社会保障体系中最基本的内容，必须通过立法形式强制推行。

3. 社会福利

社会福利是国家或社会在法律和政策范围内，在居民住宅、公共卫生、环保、基础教育领域，向全体公民普遍提供资金帮助和优价服务的社会性制度。社会福利表现为国家及社会团体举办的多种福利设施，提供的社会服务以及举办的各种社会福利事业，目的是为了改善人民生活，提高公民的生活质量。

4. 社会优抚和社会互助

社会优抚是国家和社会按照规定，通过"政治褒扬和物质保障相结合，群众优待和国家抚恤相结合"的形式，对法定的优抚对象，如现役军人及其家属、退休和退伍军人、烈属等，为保证其一定的生活水平而提供的资助和服务，是一种带有褒扬、优待和抚恤性质的特殊制度。社会互助是由各种社会组织以募捐等形式筹集资财，用于特殊困难的社会成员的救助方式，它不带有法定的强制性，是社会成员或组织奉献爱心帮助困难者渡过难关的互助行为。

社会保险制度不仅是经济发展到一定阶段的产物，而且它一经产生，便对经济发展、社会进步有着十分重要的作用：第一，维护和提高劳动者的素质。使劳动者解除生、老、病、死、伤残、失业等后顾之忧，并为劳动者及其子女接受教育和职业培训提供必要的物质条件，不断提高劳动者的技能和科学文化水平。第二，调节社会经济关系。通过向社会以及成员统筹保险基金，分配给维持基本生活有困难的人们，这在一定程度上缩小了贫富差别，调整了经济关系。第三，维护社会安定。使社会成员通过社会保障体系获得基本生活保障，可以消除部分社会成员因基本生活无力保障而产生的不利于社会安定的消极或躁动情绪，有利于维护安定的大局。社会保障的上述作用，将随着市场经济的发展而日渐突出，任何发展市场经济的国家都应予以高度重视。

11.1.2　建立和完善我国社会保障制度的必要性

1. 我国社会保障制度的历史沿革和评价

新中国成立后，人民政府十分重视社会保障工作，着手建立和发展包括社会救济、社会保险、社会福利和社会优抚在内的社会保障制度。

在社会救济方面，从新中国成立初开始，针对当时城市流散着大批失业工人和无业游民，各级政府采取了果断措施，向他们提供基本生活保障，化消极因素为积极因素。以后，在城市长期实行对困难户定期定量救济，在农村对孤寡老人实行"五保"，对"老、少、边"地区进行扶贫工作，帮助他们脱贫。还开展大量的防灾救灾工作，每年对上述救济所需的经费，主要由财政拨付予以保证。

在社会保险方面，主要是 1951 年政务院制定、1953 年修订颁布了《中华人民共和国劳动保险条例》，对企业职工、国家机关、事业单位工作人员陆续实行生育、疾病、工伤、年老退休、死亡和遗属社会保险。当时使用"劳动保险"而未使用国际上惯用的"社会保险"，原因是保险针对劳动者，而没有扩及全社会。《条例》没有规定失业保险，这是因为当时认定社会主义制度下不存在失业现象，失业只是资本主义固有的现象。截止到 1956 年，《条例》基本覆盖了企业全体职工，此后又颁布了一系列法规和政策。当时，劳动部是全国劳动保险的最高监督机关，中华全国总工会是全国劳动保险事业的最高领导机构。劳动保险金一部分由企业直接支付，一部分由中华全国总工会统筹。但在"文化大革命"时期，劳动保险制度遭到严重破坏，管理机构被撤销，工会组织被停止活动，退休费用的社会统筹被取消，社会保险变成了企业保险。企业不再按工资总额的一定比例提取劳动保险基金，把退休金、疾病津贴一律改为营业外列支，于是造成企业的社会负担越来越重，而且企业之间的负担越来越重。在农村实行了以家庭赡养为基础，辅以集体、国家和社会救济相结合的养老保险制度，到 1979 年全国 90% 以上的生产大队办起了低水平的合作医疗，等等。

在社会福利方面，企业以留有企业福利基金，国家机关、事业单位以财政拨款的方式为劳动者在住房、生活福利方面提供保障。在社会范围内，通过举办福利院、养老院、儿童福利院、精神病疗养院等方式，收养无依无靠的孤、老、残、幼和精神病人，还开展弱智儿童教育，举办社会福利工厂，为残疾儿童与成人受教育和从事生产提供了必要条件。另外，我国还实行了奖学金制度和九年义务教育制度，为青少年接受学校教育创造了物质条件，等等。

在社会优抚方面，采取了对现役军属由城镇企业和农村集体给予优待，对烈士遗属坚持长年定期发放抚恤金，开设荣军医院保证伤残军人的治疗和生活，等等。

总之，我国传统体制下的社会保障制度，在经济比较落后，资金相当匮乏的条件下，已取得了巨大的成就，在保障人民的基本生活，社会安定，保证经济建设顺利进行等方面发挥了重要作用。但总的说来，由于历史的原因，社会保障制度很不完善，具有下列特点：一是单位式保障。劳动者在哪个单位就业，就由哪个单位负责。二是就业式保障。劳动者一旦就业，就没有失业和失去保障的忧虑。三是福利式保障。劳动者就业后不需任何个人负担，就可以获得所在单位可能给予的一切福利。四是身份式保障。在城乡之间，不同经济所有制之间，固定工、合同工、临时工之间，因"身份"不同，保障内容亦不相同。显然，传统的与就业制度相联系的保障制度，是不完全的，并未真正形成社会统筹安排的社会保障制度，有必要进行改革。

我国社会保障制度的改革，是随着我国经济体制改革的进程而发展的，并随着经济体制改革的深入，其力度也不断加大。

（1）1984 年在部分地区开始探索养老保险制度改革，在国有企业和大部分城镇集体企业中推行了养老金社会统筹，确定实行企业补充保险，职工个人缴费制度。一些地区还大胆探索了社会统筹与个人账户相结合的制度。在试点基础上，1986 年国务院颁布了《国营企业实行劳动合同制暂行规定》，建立了劳动合同制工人的养老保险制度。这期间，还着手建立了过去不曾有过的失业保险制度，树立了在发展社会主义商品经济过程中劳动者暂时失去工作即失业是难以避免的，因此，建立失业保险制度是必要的新观念。同时，考虑了失业保险的享受条件、失业津贴标准和享受期限、建立失业保险基金等，并逐步把失业保险制度建立起来。在试点基础上，国务院 1986 年颁布了《国营企业职工待业保险暂行规定》，确定由企业缴费，建立待业保险基金，待业救济金等项待业保险待遇在基金中开支。待业保险业务由劳动部门所属的劳动服务公司管理。在生育保险制度改革方面，1988 年国务院颁布了《女职工劳动保护规定》，产假由 56 天增加为 90 天，产假期间工资照发。

（2）进入 20 世纪 90 年代，随着改革的深入，社会保障制度改革也加快了步伐。1991 年国务院颁布了《关于企业职工养老保险制度改革的决定》，肯定了社会统筹的方向，提出了社会统筹基金实行部分积累的模式，建立基本养老保险与企业补充保险和个人储蓄性养老保险相结合的制度，实行国家、企业、个人三方共同负担费用等一系列原则，形成了以收定支、略有节余、留有部分积累的养老保险模式。与此同时，对医疗制度进行了改革的尝试，目的是减少国家财政支出和医药浪费，使职工少量纳费，逐步过渡到社会医疗保险。在工伤社会保险方面，1992 年劳动部、卫生部、全国总工会联合颁布了《职工工伤与职业病致残程度鉴定标准》，把伤残等级作了更详细的划分，同时逐步建立工伤社会保险基金。

（3）1992 年党的十四大报告第一次提出建立社会主义市场经济体制的同时，也第一次明确把深化社会保险制度改革作为经济体制改革的 4 个重要环节之一。1993 年党的十四届三中全会决定进一步明确了建立新型社会保障制度的目标、原则，社会保障制度改革的步伐明显加快。1993 年《人民日报》发表"加快农村合作医疗保健制度的改革和建设"的专题报告，提出了通过多种合作形式，建立起能满足基本医疗保健需求的农村健康保险制度，争取"九五"期间农村合作医疗保健覆盖率由当时的 15% 左右达到 50% 的目标。1995 年，国务院发出《关于深化企业职工养老保险制度改革的通知》（以下简称《通知》），提出了职工养老保险制度改革的目标是到 20 世纪末，基本建立起适应社会主义市场经济体制要求，适用城镇各类企业职工和个体劳动者，资金来源多渠道，保障方式多层次、社会统筹与个人账户相结合、权利与义务相对应、管理服务社会化的养老保险体系。改革的原则是保险水平要与我国社会生产力发展水平及各方面的承受能力相适应；社会互济与自我保障相结合，公平与效率相结合；政策统一，管理法制化；行政管理与保险基金管理分开。措施是基本养老保险费用由企业和个人共同负担，实行社会统筹和个人账户相结合；建立基本养老金正常调整机制；鼓励建立企业补充养老保险和个人储蓄性养老保险；严格控制基本养老保险费的收缴比例和基本养老金的发放水平，减轻企业和国家的负担；根据国家有关规定，坚持专款专用原则，切实搞好基金管理，确保基金的安全和保值增值；提高养老保险管理服务的社会化程度；实行社会保险行政管理与基金管理分开，执行机构与监督机构分设的管理体制，等等。1997 年 7 月，国务院《关于建立统一的企业职工基本养老保险制度的决定》出台，对 1995 年《通知》的精神做出了更为具体的规定。

（4）党的十八大以来，党和政府以构建城乡统筹公平的社会保障体系为目标，坚持把解决好人民群众最关心、最直接、最现实的利益问题放在各项工作的首要位置，以保基本、兜底线、促公平、可持续为准则，不断筑牢民生保障底线，社会保障事业进入了"普惠时代"。十八大报告指出，加强社会建设，必须以保障和改善民生为重点。坚持以保障和改善民生为重点，即着力解决好人民最关心最直接最现实的利益问题，做到发展为了人民、发展依靠人民、发展成果由人民共享，完善保障和改善民生的制度安排，大力促进就业，加快发展教育、完善社会保障、推进基本公共服务均等化、加大收入分配调节力度，坚定不移走共同富裕道路，努力使全体人民学有所教、劳有所得、病有所医、老有所养、住有所居，这是党中央推进社会建设的重大战略思想和举措。

以上充分说明了党中央、国务院对建立社会保障体系的重视和加快社会保障制度改革的决心，使我国的社会保障程度和水平也有了很大的提高。

2. 深化我国社会保障制度改革的必要性

从我国社会保障制度的发展和改革历程可以看出，在经济比较落后，资金相对匮乏的条件下，我国的社会保障工作已迈出了很大步伐，取得了巨大成就，但与社会主义市场经济体制对社会保障的客观要求相比，我国的社会保障水平还比较低，社会保障面窄，内容不全。同时还存在着不少问题，如经费负担不合理，没有实行社会统筹，管理工作社会化水平低，社会保障法制不健全等。当前，为了适应建立社会主义市场经济体制的需要，改革和健全我国的社会保障制度已成为体制改革中不可缺少的环节。进一步深化我国社会保障制度改革的必要性在于：

（1）适应以公有制为主体，多种所有制经济共同发展的需要。我国原有的社会保障体制，只有国有和部分集体企业的职工和国家机关、事业单位的职工才能享受各项社会保险，忽视了其他方面广大劳动者的要求，他们的基本生活需要得不到社会保障，给他们造成了很大的心理障碍和后顾之忧。同时，也不利于职工在不同所有制单位间流动，限制了企业自主用人，职工自由选择职业，在客观上也不利于其他所有制经济的发展。所以，必须改变那种从所有制上把劳动者划分为三六九等的社会保障，建立一种新型的、使各种所有制的劳动者都能合理享受的社会保障制度。

（2）建立社会主义市场经济体制的需要。在市场经济发展过程中，由于技术进步、产业结构调整、市场需求变化和市场竞争等原因，必然会有部分企业在优胜劣汰的市场竞争中失败，往往会导致一部分职工失去就业机会和就业岗位，他们的收入也会随之中断。而且，在现代工业社会中，各种事故会造成一些职工伤残。另外，劳动者都有生老病死等所造成的费用支付问题。这些都会使本已存在的社会收入差距所造成的社会问题更加突出。这些问题是市场调节本身无法解决的，要求政府通过对国民收入的再分配，调节经济利益关系，建立失业保险、再就业工程和城镇最低生活费保障制度。这一方面会缩小社会成员之间的收入差距，另一方面会使丧失稳定收入的人们，得到了基本生活的保障，从而减少社会矛盾和改革的阻力。

（3）转换企业经营机制，搞活企业的需要。我国原有社会保险制度的筹资是采取企业营业外列支、实报实销、冲减利润的方式，这在"统收统支"的体制下，实质上是完全由国家财政负担，对企业关系不大。当前国家和国有企业的利润分配关系已发生重大变化，企业是自主经营、自负盈亏的商品生产者和经营者，社会保障费用由企业留利中支付，这种社会保障实际上成为"企业保障"。这一方面会使国有企业的负担越来越重，另一方面又会造成新老企业的负担不均，如有些老企业的退休费用已占工资总额的 50% 左右，个别企业甚至已超过工资总额，而有些新建企业负担率不到 4%。这不利于企业之间，特别是国有企业同其他所有制企业之间的竞争。在上述体制下，无论是国家负担还是企业负担，个人都不缴纳任何社会保险费用。随着我国社会向老龄化发展，庞大的费用，完全由国家或企业来负担，是难以承受的，而且也很难提高社会保障水平，因而必须改革原有筹资办法，实行社会保障费用由国家、企业、个人三方合理负担，建立多层次的社会保障制度。同时，原有的"只保就业，不保失业"的"铁饭碗"的劳动保险制度阻碍了劳动力的合理流动，企业破产制度的实行，以及企业用工制度的改革。只有改变原有社会保险筹资方式，实行社会统筹，健全企业职工失业保险制度，才有利于转换企业经营机制，充分发挥企业的积极性和创造性，平等地参与市场竞争，真正搞活企业。

（4）发展农村经济，维护广大农民利益的需要。我国原有的农村社会保障主要采取以"人民公社"制度为依托的"集体保障"制度。随着农村普遍实行以家庭联产承包为主的责任制后，原有的集体保障功能趋于瓦解。家庭小型化趋势，又使家庭保障功能弱化。农业生产的商品化和市场化，大量农民脱离土地从事其他产业，又带来了更多的社会风险，扩大了农民间的收入差距。所有这一切都说明，目前我国需要逐步建立以养老保险为主的农村社会保障体系。这不仅能促进农村中商品经济的发展，而且还有利于打破农民"养儿防老"的观念，减少计划生育的阻力，提高农民素质。同时，还对于调节国家和农民的关系、缩小城乡差别、巩固工农联盟，都将产生深远的影响。

（5）维护社会稳定，推进社会主义精神文明建设。只有社会稳定，我们才能集中精力发展经济和进行现代化建设，而人民生活有保障则是社会稳定的基础和首要条件。完善社会保障制度，可以聚集社会和个人的经济力量，加上政府的帮助，对丧失劳动能力和暂时失去工作的劳动者给予物质上的帮助，以保证其基本生活，有助于消除社会的不安定因素，维护社会的安定团结。同时，建立完善的社会保障制度，也是推进社会主义精神文明建设，培养人们良好的思想道德风尚的重要途径。因为社会保障的经费，来源于全体劳动者创造的价值的一部分，每个劳动者都为保障基金的筹集做出了自己的贡献。但是，保障基金的使用不是平均分配，而是只有发生困难的劳动者才能享受。这本身就体现了劳动者之间团结互助、关心他人的良好社会风气。

综观世界各国社会保障制度推行的结果，它既是社会环境的"稳定器"，又是社会经济收入的"调节器"，也是提高经济素质的"添加剂"，我国有必要通过完善社会保障制度来推动社会主义市场经济体制的建立和发展。

11.1.3 我国社会保障制度改革的目标、原则和思路

1. 我国社会保障制度改革的目标

改革传统的保障制度，完善社会保障体系，是建立社会主义市场经济体制的重要环节。改革社会保障制度的目标是推动社会保障事业逐步走向规范化、法律化和现代化，重构社会保障体系的基本框架，提高社会保障的社会化水平。其内容包括：

（1）保障的主体。包括家庭保障、群体保障和社会保障三类。同家庭保障和群体保障相比，社会保障的显著特点：一是保障事业社会化，主要表现在保障资金来源的社会化；保障事业管理的现代化。二是社会保障通过国家立法和行政措施设立。

（2）保障的对象。一类是全体公民，主要在住房、环保、公共卫生和基础教育等方面，享受社会提供的资金帮助和优价服务。另一类是特定公民，主要包括退休职工享受养老保险和医疗保险；暂时失去就业机会和劳动能力者，享受失业保险和生育保险，必要时得到社会救济；工伤致残者享受工伤保险；各类灾民得到社会救济；生活在贫困线以下的居民得到社会救济以及政府提供的廉价住宅等；现役军人及其家属，退伍军人及烈属享受社会优抚。

（3）保障的资金。一类是社会保险资金，今后将主要由企业和职工共同缴纳，并通过开征社会保险税筹措。另一类是用于社会福利、社会优抚和社会救济的资金，主要通过税收筹集、财政拨付。建立新型的社会保障制度，亟待改革目前的现收现付制，充分保证社会保障资金的安全与增值。

（4）保障的水平。保障的水平应与国力相适应，尤其是与各方面的承受能力相适应。社会保障的覆盖面要逐步扩大，社会保险项目要逐步增加，社会保险金给付标准要逐步提高。

2. 我国社会保障制度改革的原则

改革社会保障制度，必须联系我国实际，坚持以下正确的原则：

（1）社会保障制度建设关乎基本民生改善和社会公平正义，是实现基本公共

服务均等化的重要体现，社会关注度高，利益诉求多样。特别是在我国人口老龄化加剧和城镇化进程加快的新形势下，深化社会保障制度改革的任务更加艰巨和紧迫。为确保改革稳步推进、取得实效，必须牢牢把握以下基本原则。

（2）坚持从基本国情出发，以实现社会保障全覆盖、保基本为优先目标。我国正处于并将长期处于社会主义初级阶段，生产力发展水平总体上还比较低，城乡和地区之间发展差距比较大，社会保障制度发展的经济基础仍然比较薄弱，统筹兼顾的难度依然很大。在社会保障制度改革进程中，要善于把我国基本国情与社会保障事业发展规律结合起来，巩固完善具有中国特色的社会保障制度模式，坚持与经济社会发展水平相适应，恰当把握改革的进度和力度；从我国人口结构、城乡二元结构正在发生显著变化的实际出发，积极应对人口老龄化加快给社会保障制度带来的严峻挑战，努力推进城乡社会保障统筹发展；以全覆盖、保基本为优先目标，尽力而为、量力而行，扩大社会保障覆盖范围，稳步提高各项社会保障待遇标准，既要让城乡居民更多分享改革发展成果，又要引导广大人民群众形成对社会保障的合理预期。

（3）加强顶层设计，增强制度的公平性和可持续性，增强改革的整体性和协调性。社会保障是由多项具体制度构成的制度体系，各项制度既相互独立又紧密联系，既关乎当前又涉及长远。社会保障制度改革必须充分考虑这些基本特点。要在坚持公平与效率、权利与义务、统一性与灵活性相结合的同时，更加注重增强制度的公平性和激励约束功能，实现人人享有基本社会保障；在着力解决现实突出问题的同时，更加注重增强制度的可持续性，实现社会保障制度长期稳定运行；在坚持不懈地推进单项社会保障制度改革完善的同时，更加注重从整体上进行制度的顶层设计，实现各项制度的有效整合和成熟定型；在合理确定和发挥各项制度的基本功能作用的同时，更加注重各项制度之间的相互协调，实现不同制度之间的顺利转换衔接。

（4）坚持试点先行，及时总结推广改革创新经验。社会保障制度改革关系广大人民群众的切身利益，必须积极稳妥地推进。三十多年来的实践表明，社会保障制度改革必须坚持试点先行，通过试点掌握规律、积累经验、探索途径，在总结试点经验的基础上逐步推开。要充分考虑各方面的承受能力，合理把握改革的节奏和力度，避免因局部利益调整带来社会不稳定；积极鼓励基层大胆创新，并及时把成功的经验做法上升为普遍性政策和法规制度，使各项社会保障制度在创新实践中不断完善。

（5）坚持科学民主决策，加强对改革方案的研究论证和改革实施的社会监督。社会保障制度改革是一项涉及多领域、多学科的系统工程，复杂性、敏感性都很强，必须按照科学严谨、公开透明的程序进行决策。在设计制订改革方案前，要深入开展调查研究、反复进行理论研究，使方案更加符合客观实际、更好遵循客观规律；在研究形成改革方案时，要充分听取专家意见、广泛征求公众意见，使方案更加具有可行性、更好体现社会意愿；在发布实施改革方案后，要深入细致地进行宣传解读、及时跟踪督导改革进程，实事求是地向社会通报改革成效和存在的矛盾，注重健全社会监督机制、畅通社会监督渠道，使广大人民群众对改革拥有更加充分的知情权，以更高的热情参与到社会保障制度改革进程中来。

3. 全面建成覆盖城乡居民的社会保障体系

党的十八大把社会保障全民覆盖作为全面建成小康社会的重要目标，要求坚持全覆盖、保基本、多层次、可持续方针，以增强公平性、适应流动性、保证可持续性为重点，全面建成覆盖城乡居民的社会保障体系。党的十八届三中全会进一步提出建立更加公平可持续的社会保障制度的改革目标，标志着我国社会保障制度改革进入一个新的重要时期。在这一新的重要时期，改革的重点任务有以下几项：

（1）加快推进社会保险制度改革。一是坚持社会统筹和个人账户相结合的基本养老保险制度，完善个人账户制度，健全多缴多得激励机制，确保参保人权益，实现基础养老金全国统筹，坚持精算平衡原则。稳定统账结合的基本制度模式并逐渐定型。以健全机制、明确责任、确保参保人权益为主要内容，进一步完善个人账户制度。逐步实现基础养老金全国统筹，以更高层次的社会统筹来更充分地体现社会公平，更有效地利用社会保障资金造福人民群众。对养老保险基金收支平衡进行精算预测，为养老保险制度可持续稳定运行提供可靠依据。二是推进机关事业单位养老保险制度改革。按照社会统筹与个人账户相结合的基本模式，改革机关和事业单位养老保险制度，破除养老保险"双轨制"，同时建立体现机关事业单位特点的职业年金制度。三是整合城乡居民基本养老保险制度、基本医疗保险制度。把现行的新型农村社会养老保险和城镇居民社会养老保险整合为统一的城乡居民基本养老保险制度，把现行的新型农村合作医疗制度和城镇居民基本医疗保险制度整合为统一的城乡居民基本医疗保险制度，实现城乡居民在制度上的公平和公共资源上的共享。四是完善社会保险关系转移接续政策，扩大参保缴费覆盖面，适时适当降低社会保险费率。适应劳动者就业流动性增强的需要，以统筹城乡和异地就医结算为重点，进一步完善社会保险关系转移接续政策。在扩大参保缴费覆盖面、增强基金平衡能力的前提下，适时适当降低社会保险费率，有效平衡国家、单位和个人的负担。

（2）加快建立健全保证社会保障制度可持续发展的体制机制。一是健全社会保障财政投入制度，完善社会保障预算制度。明确政府所承担的社会保障责任，更好发挥公共财政在民生保障中的作用。通过实施预算管理，增强社会保障资金管理使用的透明度和约束力。二是建立健全合理兼顾各类人员的社会保障待遇确定和正常调整机制。以职工和居民收入为基础合理确定社会保障水平，建立综合考虑收入增长、物价变动等主要因素的正常调整机制，实现社会保障待遇与经济社会发展相联系的持续、有序、合理增长。三是加强社会保险基金投资管理和监督，推进基金市场化、多元化投资运营。在确保当期养老金发放和保证基金安全的前提下，积极稳妥地推进基金的市场化、多元化投资运营，健全基金监管体制，实现保值增值。加强对社保基金的法律监督、行政监督和社会监督，确保基金安全和有效使用。四是研究制定渐进式延迟退休年龄政策。综合考虑我国人口结构、就业结构变化趋势和社会保障可持续发展要求，采取与此相适应的渐进式调整延迟退休年龄办法，逐步完善职工退休年龄政策。五是健全社会保障管理体制和经办服务体系。根据社会保障制度新的改革发展变化，及时调整社会保障行政管理体制，着力整合行政管理职能，提高行政管理效率。加强社会保障经办管理服务规范化、标准化、信息化建设，优化经办服务流程，建立标准统一、全国联网的社会保障管理信息系统，实现精确管理和便捷服务。

（3）加快推进多层次社会保障体系建设。一是推进城乡最低生活保障制度统筹发展。在不断完善城乡最低生活保障制度的同时，把着力点逐步转向城乡统筹，推进城乡制度整合和待遇衔接。二是改革和完善住房保障制度。建立健全符合国情的住房保障和供应体系，积极探索保障性住房建设、管理、分配的有效方式，更加公平有效地解决住房困难群众的住房问题。建立公开规范的住房公积金制度，改进住房公积金提取、使用、监管机制，着力提高住房公积金使用效率。三是积极发展补充社会保险和商业保险。制定实施免税、延期征税等优惠政策，加快发展企业年金、职业年金等补充社会保险和各类商业保险，构建多层次社会保障体系。四是健全特殊群体的服务保障制度。积极应对人口老龄化，加快建立社会养老服务体系和发展老年服务产业，更好满足老年人特殊的服务保障需求。健全农村留守儿童、妇女、老年人关爱服务体系，重点围绕留守人员的基本生活保障、教育、就业、卫生健康、思想情感等方面实施有效的关爱服务。健全残疾人权益保障制度，大力营造尊重残疾人的良好社会氛围，让残疾人平等享有各种社会权益。健全困境儿童分类保障制度，完善工作机制和监管机制，加强政策制度创新和服务体系建设。

深化社会保障制度的改革任重而道远，应采取积极有效的可行对策，加快我国社会保障体系的完善和发展。

11.2　社会主义市场经济的法制建设

11.2.1　市场经济在本质上是法治经济

1. 法治经济的内涵

所谓法治是指根据法律治理国家。它是社会政治和经济生活的基本原则，与民主、平等、自由等原则相互联系、相互作用。法治原则既表示一种价值准则，即法律必须体现民主、平等、自由、权利等的要求，又必须具备严格的形式化标准。作为社会生活的普遍原则，法治代表一种特殊的治理国家的方式，即要求确立法在社会中的统治地位，严格依法办事，是一种贯彻法律至上的治国方式。

法治和法制是既有联系又有区别的两个概念。所谓法制，是指统治阶级按照自己的意志，通过政权机关建立起来的法律制度，包括法律的制定、执行和遵守，是统治阶级实行专政的方法和工具。法治和法制虽然都有制定和依据法律治理国家的内涵，但它们又各有自己不同的侧重点。法制即一国、一地区法律制度的总称，只要有国家存在就有法制，它基本上等同于一国的法律上层建筑。法治则与一定的民主制度有直接的联系和共生性，它首先强调的是统治者要依法治理国家，法律高于统治者的意志，反对依靠统治者的个人特性来治理国家。因此，法治是与人治、专制、特权相对立的概念，而法制则并不必然意味这种对立。

所谓法治经济，包含两方面的含义：一是要求必须有调整各种市场行为的比较完备的法律体系，而这些法律必须尽可能地符合和表达市场经济规律的要求，即法的完备性和符合规律性。二是要求法在市场经济活动中具有崇高的权威，市场经济必须是法律占统治地位的经济，严格依法办事的经济，即确立合法性原则。这两方面的有机结合才能构成法治经济的内涵，不能强调一方面而忽视另一方面。

市场经济在本质上是法治经济，说明了一是市场经济需要法治，二是法治有赖于市场经济。社会主义市场经济具有在本质上是法治经济的客观必然性。

2. 市场经济是法治经济的必然性

党的十八大以来，党中央高度重视依法治国，强调落实依法治国基本方略，十八届四中全会以后，习近平同志提出了全面建成小康社会、全面深化改革、全面依法治国、全面从严治党的战略布局，并就全面依法治国在这个战略布局中的地位和作用作了阐述，是我们党在新的历史条件下的治国理政方略。我国在建立社会主义市场经济体制的过程中，提出法治问题，是从一个侧面揭示了社会主义市场经济是法治经济的客观必然性。这是因为：

（1）法治是建立市场经济秩序的需要。市场经济需要法治，就是要通过法治形成稳定的、积极的市场秩序。市场经济运作的基本条件是激烈的市场竞争与严格的市场规则并存。激烈的竞争是市场经济富于生机和活力的表现，优胜劣汰是市场经济的基本法则。没有市场竞争就不会有市场经济的高效率。但市场竞争必须以正常的市场秩序为前提，因为竞争必须遵循规则，如果市场规则混乱，商品生产者和经营者在竞争中不择手段、背信弃义而形成市场的无政府状态，这不是正常的市场经济。只有建立起严格的市场规则，限制竞争固有的自发性和盲目性，使竞争朝着主要依靠提高产品和服务的质量，最大限度地发挥市场主体的能量和功效，最大限度地满足社会需要的方向健康发展，从而为市场经济的运行提供一个良好的市场环境和市场秩序。而市场规则是在竞争中形成的，有的规则是市场竞争的直接产物，有的则是国家权力机关依据市场运行规律制定的，表现为法律制度。国家通过法治规范市场秩序是现代市场经济运行的突出特点和必备条件。

（2）法治是调整市场主体的行为方式及保障其权益的需要。市场经济是竞争经济，市场竞争内在地要求市场主体依法行为，遵守各种市场规则，这不仅有利于维护每个市场主体自己的合法权益，也有利于保护其他市场主体的合法权益。市场主体的行为需要法律调整，即根据一定社会生活的需要，运用一系列法律手段（包括法律规范、法律关系、实现法的活动等），对社会关系施加的有结果的、规范的组织作用，它是国家运用国家权力以法律手段对市场主体行为进行的有组织、有结果的调整，并有国家强制力做保障。对市场主体行为进行法律调整的目的是根据社会主义市场经济发展的客观需要，运用法律手段，确认市场主体的资格、赋予市场主体相应的权利和义务、依法追究市场主体违法犯罪行为的法律责任等，从而使市场主体的行为规范化、有序化，形成和保护社会主义市场经济的法律秩序。另一方面，法治还承担着保障市场主体权益的功能。市场主体行为的目的在于获得一定的经济利益，法律是保护市场主体合法利益的重要手段。调整市场经济的法律、法规不仅要把对市场主体合法权益的确认、保护贯穿于全部条文之中，而且还应专门规定保护的措施和手段，如我国的《民法通则》、《经济合同法》等都有民事、经济纠纷的诉讼程序和仲裁程序的规定，就是以司法保护或经济纠纷的调解与仲裁的形式作为保障市场主体合法权益的重要手段，同时，除调整市场主体行为、保障其权益外，对市场主体的行为进行法律监督也是市场经济需要法治的题中应有之义，通过法律监督来衡量市场主体的行为是否符合法律、法规的有关规定，具备合法性，能够保护市场主体的正当竞争，防止垄断，制裁、打击各种违法犯罪行为，为社会主义市场经济健康发展提供保障。

（3）法治是对市场经济进行宏观调控的需要。在市场经济条件下，宏观调控的内在要求是宏观调控必须纳入法治轨道。市场经济要求宏观调控具有稳定性、连续性和保障性，对市场主体要坚持一个标准和尺度，保证主体之间的竞争公平。这在客观上要求把宏观调控纳入法治轨道，用法律这一特殊手段保障宏观调控的实现，使国家的宏观调控行为规范化、法制化。我国要建立社会主义市场经济体制，必须走宏观调控与社会主义法治紧密结合的道路，使宏观调控通过法律形式更加充分发挥其对市场经济的引导、促进、保证、调整作用。这是因为，首先，法律具有规范性、普遍性，宏观调控也具有普遍性、规范性，使二者结合起来，把宏观调控措施上升为法律规范，可以使宏观调控更为有效。其次，法律具有国家强制性，以法律通过对市场主体权利、义务的规定和确认来实现宏观调控的要求，可以使宏观调控更有保证。最后，法律具有公平性、公正性的特点，运用法律手段可以减少宏观调控的随意性，保证对市场经济宏观调控的统一性、公正性。总之，社会主义市场经济条件下的宏观调控，应当日益重视社会主义法治在宏观调控过程中的作用，实现二者的有机结合，以达到预期的目的。

3. 法治在市场经济中的作用

市场经济是以法律为边界的法治经济，客观上要求在国家宪法的基础上，制定完备的市场经济法律，并保证其在实际生活中得到严格的执行和遵守。法治将在社会主义市场经济体制的整个历史发展过程中发挥重要作用。这种作用包括：

（1）引导作用。市场经济的法制性在本质上要求任何经济活动都必须在法律规定的范围内进行，由法律规定经营制度、财产制度、分配制度等一整套社会经济关系，引导着经济活动按一定的秩序运行，制约着违反经济关系、经济秩序的事件。如我国的宪法中关于以公有制为主体，多种所有制经济共同发展的所有制结构，国有经济是国民经济中的主导力量，国家实行社会主义市场经济，农村中的家庭联产承包为主的责任制是劳动群众集体所有制经济等规定，以宪法的形式确认了我国经济体制改革的一系列基本原则，引导着市场经济健康发展的方向。又如，全民所有制工业企业法中关于国有企业是依法自主经营、自负盈亏、独立核算的社会主义商品生产和经营单位，国家依照所有权和经营权分离的原则授予企业经营管理，企业对国家授予其经营管理的财产享有占用、使用和依法处分的权利，并负有保值增值的责任等规定，引导着国有企业经营机制的转换，等等，都充分显示了法律对市场经济的引导作用。

（2）规范作用。法律法规作为人们的行为准则，自从产生以来，就起着规范人们行为的作用。发展社会主义市场经济更需要制定完备的法律来规范人们的经济行为。因为在市场经济中，市场主体需要按照法律规定进行公平竞争，政府也需要依法进行宏观调控，维持市场经济秩序。只有利用经济法规明确什么是合法的或者是法定必须执行的，什么样的事是非法的，必须禁止的，才能规范政府和市场主体的行为。如市场经济法律规定维护公平竞争，反对不正当竞争；规定维护市场经济秩序，禁止任何组织或个人扰乱社会经济秩序；规定建立统一开放的市场经济体系，反对条块分割、封锁和垄断；鼓励产品质量达到并超过行业标准、国家标准和国际标准，禁止生产、销售假冒伪劣产品等，都是规范市场经济健康发展的有力武器。我国目前尚处于建立社会主义市场经济体制的起始阶段，更需要建立完备的市场经济法律体系来规范市场主体的经济行为和政府的宏观调控措施，使发展市场经济一开始就走上法治正轨。

（3）保障作用。市场经济要求具有健全的法制保障。在建立社会主义市场经济体制的过程中，只有完善市场经济法律体系，使市场经济关系、经济运行和经济管理规范化、制度化，才能保证市场经济的有效运行。市场经济法制的保障作用表现在：保障市场主体的地位平等、意志自由和正当权益；企业职工的合法权益，消费者的合法权益，以及待业人员的正当权益等。发挥市场经济法律在这些方面的保障作用，不仅有利于促进市场经济的健康发展，而且有利于维护社会稳定。

11.2.2　市场经济法律体系的内容

习近平同志在党的十八届四中全会报告中提出了推进全面依法治国的总目标是建设中国特色社会主义法治体系，建设社会主义法治国家。所谓市场经济法律体系，是指调整市场经济关系的法律规范的总称。十八届四中全会报告指出，社会主义市场经济本质上是法治经济。完善社会主义市场经济体制，必须完善与之相适应的所有制结构、现代企业制度、宏观经济调控体系和统一开发、竞争有序的市场体系，以及符合国际惯例，积极参与国际竞争与合作的对外开放体制，形成"保护产权、维护契约、统一市场、平等交换、公平竞争、有效监管"的格局，这一切都需要制定和完善发展规划、投资管理、土地管理、能源和矿产资源、农业、财政税收、金融等方面法律法规，促进商品和要素自由流动、公平交易、平等使用，依法加强和改善宏观调控、市场监管，反对垄断，促进合理竞争，维护公平竞争的市场秩序。

1. 宪法是制定市场经济法律体系的依据

宪法是国家的根本大法，具有最高的法律效力，一切法律、行政法规和地方性法规都不得同宪法相抵触。我国现行宪法明确规定：国家实行社会主义市场经济；国家加强经济立法，完善宏观调控；国家禁止任何组织或个人扰乱社会经济秩序，以及关于我国现阶段的所有制结构。分配制度，经济管理体制和企业经营管理等规定。这些都是调整我国经济关系的基本原则和基本措施，为我国明确市场经济法律体系的内容提供了最高法律依据。所以，我国的社会主义市场经济法律体系应是以宪法为基础，将现行的法律规范按其调整的对象划分为法律部门，组成内容和谐一致的统一体。因为我国社会主义法律体系需要调整和规范的是全部社会关系，而社会关系是十分广泛、复杂的，又是多层次的。宪法对我国社会关系中根本问题的系统规定，是日常立法的依据和基础。市场经济法律体系的建立和完善，应围绕宪法的各项规定，完善各部门法规，逐步建立起调整各方面社会关系的各部门的、多层次的、完整的市场经济法律体系。

2. 民法是规范市场经济法律体系的基本法律

民法是调整平等主体之间的财产关系和人身关系的法律规范的总称，包括所有权、债权、法人制度、代理、时效、知识产权、亲属、继承等法律规范，以意思自治、等价有偿、诚实信用、自愿平等为原则。现行的民法包括民法通则、婚姻法、收养法、继承法、经济合同法、涉外经济合同法、技术合同法、著作权法、专利法、商标法、海商法等。由于市场经济中的商品交换关系是市场主体之间的经济关系，当事双方自由平等，共同协商决定他们之间的利益关系。因此，市场经济不可能依靠行政手段直接组织和运作，必须依靠法律调整，其中首先是依靠民法调整。在社会主义市场经济条件下，民法规定了市场经济活动的法律规则和法律保障措施，使市场主体能够据以从事经济活动，进行预测和计划，并相互竞争。它担负着维护社会公平、正义的任务，发挥着协调各种利益冲突的"调节器"功能。它一方面不容许使用恃强凌弱、巧取豪夺、假冒伪劣、坑蒙拐骗、为富不仁等不法手段损害他人和社会、国家利益而发财致富；另一方面保护企业和个人在不损害他人、社会和国家利益的前提下谋求自己的利益，从而有力地保护市场经济活动得以健康有序地进行，促使市场经济的发展。

3. 社会主义市场经济法律体系的结构

社会主义市场经济法律体系是社会主义法律体系的重要组成部分，如按市场运行的行为规范为标准，其基本结构包括：

（1）规范市场主体的法律。在市场经济体制下，市场主体是依法在市场上从事经营活动的企业和个人。规范市场主体的法律主要是规范一切实施营利行为的自然人和法人，明确其实施营利行为的资格，明晰企业和个人的市场主体地位，确保市场主体的参与者、竞争者的平等地位。相应的法律包括公司法、合作社法、合伙企业法、国有企业法、集体企业法、私营独资企业法、经营户法及破产法等，这是保证市场经济正常有序发展的基础性法律。

（2）规范市场秩序的法律。市场经济体制的建立和发展，需要正常的市场秩序。维护市场秩序，既要具有公平交易、平等竞争的条件，也要明确交易行为的法律界限，还要保障市场体系的完善，因而这类法律体系比较庞大。在市场管理方面的法律有产品质量法、消费者权益保护法、反垄断法、反不正当竞争法、反暴利法等。这是以法确定营利行为的范围及其合法与违法的界限，防止非法牟利，保障市场经济的有序运行。在市场行为方面的法律有经济合同法、专利法、商标法、著作权法、票据法、债权法、物价法等，这是以法确定市场交易行为中任何一方的权利和义务，成为共同遵循的准则。在完善市场体系方面的法律有商业法、信贷法、证券交易法、期货交易法、房地产法、工程招标投标法等，这是促进社会主义市场体系尽快完善和发展的法律手段。

（3）规范涉外经济活动的法律。市场经济的运行是对外开放、涉及国外市场的经济活动，既要遵循国际有关条约和惯例，又要保证国家的主权和利益。这方面的法律主要有对外贸易法、外国投资法、外资银行管理法、外汇管理法、反倾销法、国际商标法等，这是从国际经济环境这一更加广泛的范围上为我国市场经济的正常运行创造有利条件的法律。

（4）规范社会保障的法律。发展社会主义市场经济，必须以社会安定为条件，而完善社会保障的法律规范是保证社会安定的重要因素。因此，制定工会法、劳动法、社会保险法等社会保障法律，完善社会保障体系，实现社会保障的法治化也是市场经济法律体系的构成部分。

（5）规范市场宏观调控的法律。现代市场经济是有宏观调控的市场经济，而法律是宏观调控的最有效手段。宏观调控法律的任务是，在充分尊重市场主体的法律地位的前提下，通过对市场主体行为的促进、协调和引导，保证国民经济持续、稳定、协调地发展；同时，政府作为培育和发展市场的主体，其行为直接关系着市场经济的发展，也必须用法律加以规范。这方面的法律主要有预算法、银行法、物价法、税法、投资法、产业政策法、计划法等。

上述法律体系结构所列举的法律是社会主义市场经济法律体系所应有的内容。由于我国正处于社会主义市场经济体制的初创阶段，上述法律有的还没有制定出来，即使已有的也存在着随市场经济发展的深入而修订、补充和完善的任务。我国应加快完善经济立法工作，以确保全面依法治国战略布局的实现。

11.2.3 社会主义市场经济的法治化建设

1. 全民树立市场经济的法律意识

全民树立起市场经济的法律意识是加强市场经济法制化建设的思想基础。主要包括：

（1）树立市场经济必须是法治经济的观念。我们要建立的市场经济实质上是法治的市场经济，必须在全民中强调维护宪法和法律的尊严，任何法规都不能违背宪法。对法律的废、改或立，都必须依照法律程序进行。杜绝任何超越法律规定的权限，自立章法、自行其是、以言代法、以言废法的现象发生。

（2）树立以权利为本位和公开竞争的观念。首先，市场经济体制下的法律要以权利为本位，始终把赋予市场经济主体的充分权利放在首位，保证其独立行使权利，并以法律充分保证其正当的权利不受侵犯。其次，竞争是市场经济的重要机制之一，各个主体都应在同一起跑线上，既要反对行业的垄断行为，又要反对地方保护主义和不必要的行政干预，运用法律手段，建立起公平竞争的环境，确立和保护公平竞争的秩序。

（3）树立立法的国际性观念，大胆吸收和借鉴国外在市场法律建设上的文明成果。在不同经济基础之上的法律体系之间具有继承性，它们作为规范经济关系的具体手段，具有世界通用性，我们应当而且可以大胆地遵循、吸收和借鉴，无论是境内的涉外经济行为，还是境外的经营活动，都应参照国际通行的准则、惯例、法规来调整和规范，使我国的经济法制建设从内容上与国际通商惯例统一起来。

2. 坚持市场经济法制建设的正确原则

（1）既符合市场经济发展的一般规律，又符合我国社会主义市场经济的特点。市场经济作为经济手段，其运行的基本规律如价值规律、供求规律、竞争规律等，在不同社会制度下具有共同的作用，但在不同的社会制度下又各有其特殊性。我国的社会主义市场经济体制是与社会主义基本制度结合在一起的，在所有制结构上以公有制经济为主体；在分配制度上以按劳分配为主体；在宏观调控上把人民的当前利益和长远利益、局部利益和整体利益结合起来。在经济立法中，只有把市场经济的一般规律和我国社会主义制度的特点结合起来，才能保证我国的社会主义市场经济比资本主义市场经济运转得更好。

（2）从人民的根本利益出发，统筹兼顾。建立和发展社会主义市场经济，要求建立全国统一开放的市场体系，促进和保护公平竞争。这就应该在经济立法中，既要保护部门、地区的利益，又要从国家的全局出发，把部门、地方经济发展纳入整个社会主义市场体系的大局中，抵制和克服部门、地方保护主义。

（3）维护市场主体在经济活动中的地位平等，公平竞争。为了保证市场经济的健康发展，必须通过经济立法维护公平竞争，反对不正当竞争，保证市场主体平等的法律地位和相同的竞争条件。同时，还必须明确规定在市场经济活动中遵循自愿、平等、等价交换、诚实信用的原则，以规范市场主体的微观经济行为，维护公平竞争的市场秩序。

3. 加强市场经济法制化建设的主要途径

（1）加强经济立法工作，提高立法质量。加强经济立法是建立社会主义市场经济体制的迫切要求，搞好经济立法是市场经济法制建设的基础和前提。立法是人民代表大会及其常委会的职权，各级人大及其常委会应遵循立法要体现改革精神，用法律引导、推进和保障改革顺利进行的指导思想，适应市场经济发展的需要，加强对经济立法的组织领导。这包括：一是要适时修改和废止与建立社会主义市场经济体制不相适应的法律法规；二是尽快制定适应市场经济发展所需要的新法规，形成完善、科学的社会主义市场法律体系；三是对市场经济发展中所产生的新问题、新矛盾，除以行政或舆论手段进行干预外，必须通过新的立法来加以解决。通过加强立法，首先解决好市场经济有法可依的问题。

（2）加强执法和司法队伍建设，搞好市场经济的司法和执法工作。制定市场经济法规，只是解决市场经济活动中有法可依的问题，如果有法不依，对违法犯罪不追究查处，法律法规也就流于形式，难以发挥保障市场经济健康发展的应有作用。所以，还必须加强执法和司法队伍建设，强化市场的司法和执法工作，以维护宪法和法律的尊严。坚持法律面前人人平等，任何人、任何组织都没有超越法律的特权。一切政府机关都必须依法行政，切实保障公民权利，实行执法责任制和评议考核制。推进司法改革，从制度上保证司法机关依法独立公正地行使审判权和检察权，建立冤案、错案责任追究制度，做到有法必依，执法必严，违法必究，以此维护社会主义市场经济的正常秩序。

（3）建立、健全司法、行政的执法监督机制。司法机关和行政机关除根据宪法的规定，接受人民代表大会对自己实施法律的过程进行监督外，还要健全自身内部的监督机制。司法部门要通过建立和完善内部监督机制，教育广大干警要依法办事，做到法律面前人人平等，把执法工作提高到一个新的水平。政府机关应通过建立和健全行政组织法、公务员法、行政行为监督法、行政程序法等内部监督法规，为监督政府合法、高效地行使职权提供重要保障。

（4）加快发展为市场经济提供法律服务的中介组织。当前主要是发展会计师、审计师、律师事务所、计量和质量检验认证机构、信息咨询机构、资产评估机构以及专门性仲裁机构和行业性仲裁机构。通过确立它们在社会主义市场经济发展中的地位和权利，明确各自的职能和任务，来为社会主义市场经济的法制建设增添新的内容，必将有利于促进和保障社会主义市场经济的健康发展。

（5）高度重视市场经济法律的宣传和教育。通过多种有效的宣传教育形式，深入开展普法教育，在全社会范围内普及市场经济法律知识，增强全民的法律意识，着重提高领导干部的法制观念和依法办事的能力，改变某些法制观念淡薄、有法不知的现象，以提高人们依法办事的自觉性，并运用市场经济法规来保护和发展自己。这也是市场经济法制建设不可或缺的重要内容。

本章小结

1. 所谓社会保障，是指由政府建立的为保证社会成员的基本生活权利而提供的各种救助和补贴的总称，其主要内容包括：社会救济、社会保险、社会福利、社会优抚和社会互助。

2. 建立和完善我国社会保障制度的必要性主要包括以下几个方面：适应以公有制为主体，多种所有制经济共同发展的需要；建立社会主义市场经济体制的需要；转换企业经营机制，搞活企业的需要；发展农村经济，维护广大农民利益的需要：维护社会稳定，推进社会主义精神文明建设的需要。

3. 所谓法治，是指根据法律治理国家。法治经济一是要求确保法的完备性和符合规律性，二是要求确立合法性原则。市场经济在本质上是法制经济，说明了市场经济需要法治，法治有赖于市场经济。

复习思考题

1. 简要说明社会保障制度的含义及主要内容。
2. 为什么说市场经济是法治经济？

第 12 章　社会主义市场经济的对外关系

　　对外开放是发展社会主义市场经济的必不可少的条件，是我国的一项长期的基本国策。本章主要阐述经济全球化的必然趋势；社会主义发展对外经济关系的必然性；发展对外经济关系的基本原则；发展对外经济关系的基本形式等问题。

12.1　经济全球化的趋势

12.1.1　世界经济全球化趋势

　　经济全球化是当今世界经济发展的客观趋势。经济全球化（Globalization），从实质上讲就是在全球范围内实现资源的有效优化配置。经济全球化的根本前提是存在全球统一的大市场。在全球市场分隔的情况下，国与国之间的经济交往和地区间的自由贸易不等于经济全球化。经济全球化产生于 20 世纪 50 年代，到 90 年代已经形成高潮。进入 21 世纪，经济全球化进程进一步加快。突出表现为生产要素在全球范围内加速流动和配置，各国经济相互影响加深，联动性增强。经济全球化趋势已经成为不可逆转的历史潮流。其原因在于：

　　第一，社会生产力和现代科学技术的飞速发展是经济全球化形成和发展的根本原因。随着资本积累和社会生产力的发展，生产规模日益扩大，生产的专业化和社会化程度日益提高，社会化大生产已经成为现代工业社会的重要特征。社会化的大生产必然要求突破国界，在全球范围内配置资源、开拓市场。这就是经济全球化。同时，作为社会生产力发展标志的科学技术自 20 世纪 50 年代以来获得了突飞猛进的发展，特别是信息技术的发展，大大加速了信息传递和经济、贸易的运转速度，并大大节约了交易成本，从而有力地促进了经济全球化的进程。

第二，世界各国经济体制的趋同消除了经济全球化发展的体制障碍。在今天的世界上，已经有越来越多的国家认识到，只有选择市场经济体制，才能加快本国经济发展的速度、提高本国经济的运转效率和国际竞争力，封闭经济由于缺少外部资源、信息与竞争，而呈现出经济发展的静止状态。计划经济体制则由于存在信息不完全、不充分、不对称和激励不足问题，而导致资源配置与使用的低效率。所以，不管是传统的封闭经济，还是起源于前苏联的计划经济都不约而同地走上了向市场经济转型的道路。由此而造成的各国在经济体制上的趋同，消除了商品、生产要素、资本以及技术在国家与国家之间进行流动的体制障碍，促成了经济全球化的发展。

第三，微观经济主体的趋利动机推动了经济活动的全球化发展。众所周知，商品与要素的价格在世界的不同地区是不可能完全相等的。这种地区性差价的存在被人们称之为"区位优势"，而区位优势则为企业提供了进行全球性套利的空间，于是，便有了对外投资、技术转让，以及企业生产过程的分解与全球配置。正是企业出于套利动机的这种全球性扩张，推动了经济的全球化。

经济全球化是一个不以人的主观意志为转移的客观进程。作为经济全球化的主力和载体的跨国公司大发展，又加速了经济全球化的历史进程。第二次世界大战以来，随着各国对外开放度的提高，企业作为市场主体，日益走向全球化的发展道路。经济全球化的微观载体——跨国公司的生产经营全球化迅速发展，跨国公司成为影响世界经济发展的重要因素。集中表现在：

第一，跨国公司为主体的全球化生产与销售规模不断扩大。联合国《2012年世界投资报告》，截至2011年年底，以跨国公司为载体的世界对外直接投资存量达到16万亿美元，跨国公司的数量达到83 000家，其附属公司至少达80万家，对东道国经济的影响越来越突出。2011年，跨国公司附属公司聘用了6 900万名员工，创造销售额28万亿美元，增值7万亿美元，比2010年约高9%。2010年，全球跨国公司在国外和国内创造的增值约为16万亿美元约占全球GDP的四分之一。

第二，跨国公司间的合并、收购及战略联盟成为20世纪后期生产全球化的重要特征。1990年，跨国公司间世界范围内的合并、收购交易规模为990亿美元，1999年达到7 200亿美元，2008年则高达7 070亿美元。合并、收购交易规模在对外直接投资中的比重，从1996年的49%上升到1997年的58%。1999年则达到83.2%，是90年代以来的最高水平。随着经济自由化国际化及一体化的深入发展，跨国公司间合并、收购及战略联盟的交易规模也不断扩大。

第三，跨国公司间技术合作的全球化趋势不断增强。最近几十年来，跨国公司技术合作的加强是国际生产和竞争格局变化的必然反映。在 20 世纪 80～90 年代，国际化生产已越来越成为涉及若干产业的知识密集型生产，这必然增加跨国公司 R&D（研究与开发）的预算支出和加快开发新产品的步伐，以适应市场的需要。同时，由于技术进步的加快，产品生命周期越来越短，而技术进步也使产品生产成本、市场风险等不确定性增加，公司寻求增强对市场环境变化的适应能力和通过公司间的合作协议尽可能平衡 R&D 投资。另外，各国的投资自由化改革使市场的一体化程度提高，以技术进步为基础的竞争过程的扩散加快，为了分担由于在更为广泛的地理空间和新市场的开拓中因竞争而带来的 R&D 的高额成本的需要，公司间技术合作协议的发展与此期间的兼并和联合呈同向发展的态势。

第四，跨国公司是技术创新的主要拥有者和技术发明的领头羊。在经济自由化背景下，为了保持和增强自己的竞争能力，利用其他国家和地区及其公司已经存在的科学技术能力，利用不同国家的研究、开发成本的差异，获得 R&D 的规模经济和区位经济效益，跨国公司将 R&D 活动在地理位置上更广泛地分散开来，所带来的利润越来越大。R&D 的分散化使跨国公司体系将自己的发明能力与其他地方的技术力量结合在一起，发明了更多的新技术，增强了自身的竞争优势。

从发展现状来看，跨国公司已经成为重要的经济体，在世界经济贸易中的地位日益突出。跨国公司在世界范围内的经济扩展，特别是 20 世纪 90 年代以来的跨国投资与兼并，不断改变着国际经济分工协作关系，推动生产向全球一体化发展。跨国公司生产经营所到之处，努力与本土政治制度、经济制度和文化习俗融合，从本土化出发进行企业制度创新，在使企业适应地区市场竞争需要的同时，将新的竞争规则带到了本土文化中，逐渐把世界上每一个国家或地区纳入全球经济竞争中来，促进了全球市场的一体化。而且，跨国公司越来越独立于某个确定的国家，与多国经济竞争与合作，在一定程度上改变了传统意义上市场与国家之间的关系，从而对国家与市场、国家与国家之间的博弈产生了重要影响，并通过企业制度创新革新市场竞争规则，不断推进世界经济的全球化和市场化。据统计，2010 年，跨国公司的产值为 16 万亿美元，约占世界总产值的 1/4。联合国贸发会议《2011 年世界投资报告》指出，跨国公司已成为全球经济的核心，在推动经济全球化和世界对外直接投资的高速发展上起到了主导作用。2010 年，虽然外国直接投资流量大幅度降低，但跨国公司在全球经济中的作用正在扩大。2010 年。全世界 8.3 万家跨国公司的 85 万个国外子公司拥有雇员 6 900 万人，而在 1990 年仅有 2 400 万人。跨国公司 2010 年的销售额达 33 万亿美元，是该年世界出口额的近两倍上，而在 1990 年，这两个数字大致相同。同期，目前跨国公司国外子公司销售额分别占全球 GDP 的 1/4 和出口额的 1/3。跨国公司通过在海外设立子公司，不仅可以绕过许多壁垒，迅速掌握当地的市场需求，有效利用当地资源，也可以通过内部贸易降低生产和交易成本，提高经济效益。这便促成了生产、流通和消费的全球化，使经济具有实际意义上的全球化。

经济全球化主要有以下五个方面的特征：

（1）生产活动的全球化。生产活动的全球化是在生产的国际分工的基础上发展而来的，全球化的进程使过去传统的国际分工正在发展成为世界性的分工，分工的形式和内容都有了新变化。

①全球化赋予国际分工以新的内容。从国际分工的发展历史看，最早的分工是以自然资源为基础的分工，后逐步发展成为以现代工艺和技术为基础的分工。在以自然资源为基础的分工中，天赋和历史形成的劳动生产率的差别被认为是国际分工的唯一因素。随着科学技术和社会生产力的发展，传统观点已无法解释新的国际分工的形成。生产力的发展水平是引起和决定新的国际分工的主要力量。分工不仅表现为传统的产业间的分工，而且发展成为产业内部和产业间分工并存；从产品分工发展到产品生产的专业化分工，从生产领域的分工发展到服务领域的分工，科学技术和新生产要素不断创造出新的比较优势，一个国家只要符合国际分工链条上某一环节的优势，就可以通过参与国际分工将这一优势转化为利益。

②全球化使分工的形式和形成机制发生变化。生产活动的全球化表现在生产关联型的国际分工从垂直型分工发展成为水平型分工，从注重产品的前后向联系发展到重视产品型号、产品零部件的分工以及产品工艺流程的分工，经济发达水平相近的国家参与分工的可能性增大。同时，国际分工的形成机制正在由市场机制主导转向跨国公司和区域集团主导。公司内部的分工日益成为国际分工的主要形式。区域一体化的经济组织的产生和发展，成为影响区域内国家之间、产业间、产品间分工的主要力量。

（2）流通领域的国际化。流通领域的国际化具体表现为，各国的商品交换和投资活动不断向世界范围扩展，国际商品贸易和国际资本流动的规模不断扩大。据统计，2014 年国际商品贸易总额（BPM6）为 9 万亿美元，为世纪初的 450 倍；国际直接投资为 6 万亿美元，为世纪初的 300 倍，第二次世界大战后国际贸易增长速度超过世界生产的增长速度。流通领域的国际化反过来促进了生产国际化的发展，把生产的社会化不断推向前进。

（3）产业结构调整的全球化。发生在 20 世纪的第三次科技革命使技术的全球扩散趋势明显，也加强了各国间的联系，使全球产业结构的调整成为可能。这一次产业结构调整不仅涉及一些产业的整体转移，还涉及同一产业的一部分生产环节的转移。过去产业结构的调整通常是在一个国家内部进行，但在经济全球化的过程中，西方比较开放和发达的国家，如美国和英国，借助于国际分工体系和国际投资，将一些国内需要调整的部门、不具有比较优势的生产环节及时转移到其他国家和地区，形成跨国产业转移。这种转移主要采取了两种形式：一是发达国家之间通过跨国公司之间的交叉投资、企业兼并，在更大的经济规模基础上配置资源，开拓市场，更新技术，实现了资金和技术密集型产业的优化和升级。在整个 20 世纪 80 年代的国际直接投资中，有 95% 都是发达国家间的相互投资，其结果是出现一批国际化程度很高的部门。二是发达国家将劳动与资源密集型的产业向发展中国家转移，尤其是将一些劳动密集型的生产环节向发展中国家转移。这种转移和调整在 90 年代出现高潮，使发展中国家接受的外资大幅度的提高。

（4）金融的全球化。金融全球化主要表现在：金融市场规模的扩大，形成了全球金融市场，主要包括国际信贷市场、国际债券市场、国际股票市场、国际外汇市场和国际衍生金融工具市场；各国经济增长对国际资本市场的依赖度增强；科技革命又加速了国际金融的信息化和时效性；金融全球化产生了防范金融风险的要求，并对政府宏观调控的能力提出了挑战。

（5）全球性经济网络和规则的初步产生。世界性的生产、流通、信息网络正在形成，各国国内的生产、流通活动已经成为世界市场的一部分，成为产品价值生产和实现链条上的一个环节。处于这一体系中的国家，可根据世界生产和流通的信息来安排自己的生产和销售，通过商品、技术、信息的广泛交流，不断将本国的优势通过参与国际分工配置到世界经济范围内，以获得更大的经济利益。

经济全球化必然会导致一系列全球性经济规则的产生，它要求参与这一进程的国家放弃或出让部分主权，形成一系列共同的规则。但迄今为止，这类规则还是由发达国家主持制定的，往往是发达国家的利益体现，还有许多不合理之处，发展中国家不能以此放弃参与经济全球化，必须千方百计地加入规则的制定过程，以确保本国利益得到承认，在参与和斗争中争取更多平等的机会。

12.1.2　经济全球化的影响

经济全球化是生产力发展的结果，在推动世界经济发展的同时，也有其负面的作用，因此，它所带来的影响是双重的。

1. 经济全球化的积极影响

（1）经济全球化使各国的贸易壁垒削弱，生产要素的国际流动加强，各国可以充分利用两种资源和两种市场，实现资源的有效合理配置。同时，通过参与国际分工和国际竞争相互取长补短，发挥比较优势和不断创造比较优势，促进本国和世界生产力发展。

（2）经济全球化在一定程度上是借助于高新技术的发展而实现的，而高新技术的研究和开发又具有较高的社会性和广泛的合作性，许多重大的项目需要多个国家、多学科人才的合作才能完成，而一旦取得成功则使很多国家共同受益，全球化使这种合作变得更加方便和节约。

（3）经济全球化促进了世界产业结构的调整与升级，使世界产业发展和产业结构出现了世界范围内的梯度推移。在发达国家的带动下，许多国家被迫进行产业结构的调整，使产业结构不断升级以适应国际经济和贸易的需要，而在产业结构的大调整中，各国可能会面临新的发展机会。

（4）经济全球化在给各国提供机会的同时，也改变了以往的国际经济关系，使国际经济关系出现了多元化和复杂化，由国别关系、地区关系发展成多极关系和全球关系，任何一个国家都不可能完全主宰世界。而处理上述各种关系需要各国之间的广泛协调，因此，对协调机制提出了更高的要求。

（5）经济全球化给发达国家和发展中国家带来不同的利益。对发达国家而言，由于经济全球化的多数规则都是由它们制定的，因而在推行过程中也必然使这些国家占尽先机；通过推进自由贸易，使发达国家的资源优势迅速转变成竞争优势和利益优势，获得了源源不断的利润；发达国家通过跨国公司投资使生产遍布世界各地，不仅降低了生产成本，也加强了对发展中国家经济的控制；发达国家利用手中掌握的闲置资本加强对国际金融市场的控制，等等。

经济全球化对发展中国家来说既是机遇又是挑战。因为经济全球化为发展中国家对外开放，加快本国经济发展提供了新的机会，有利于它们吸引外国的资金以弥补国内建设资金的不足；通过引进先进技术和管理经验，缩短与世界先进水平的差距，提高本国企业的技术吸收能力和技术创新能力，节约研究和开发资金，加快本国人力资源的开发和利用；经济全球化有利于发展中国家规范自身的贸易体系和贸易规则；通过广泛的参与和竞争形成新的比较优势和利益，等等。

2. 经济全球化的消极影响

（1）经济全球化在给人们带来利益的同时也带来负效应。它能够使各种负效应迅速扩散。例如，一国通货膨胀或通货紧缩很快就会通过传导机制传递给其他国家，一国的经济危机也会迅速影响世界，从而加剧了世界经济的动荡和不稳定。

（2）经济全球化加剧了世界经济的不平衡发展，使各国之间的贫富差距进一步扩大。如上所述，由于全球化的规则是发达国家制定的，在某种程度上是发达国家利益的体现和反映，因此，发达国家比发展中国家从中受益更大。因为发达国家一直是世界经济的主导力量，通过全球化进程可以进一步扩大它们对世界经济的控制能力。而大多数发展中国家则处于全球化浪潮的边缘，在更为开放的经济中，这些国家的民族产业和民族经济的发展将受到冲击，在世界经济中的地位将进一步下降。

（3）经济全球化对国家主权产生了强大的冲击。经济全球化冲破了国家自然疆界的限制，扩大了货币、技术、信息对经济生活的作用，引起了传统的国家主权内容的变化，一个主权国家拥有的权利现在可能会变成国际共有的权利，这使各国的经济活动更多地受国际惯例和国际规则的约束，出现了所谓"无国界企业"和"无国籍公司"。在这种情况下，国家的政治和经济安全都受到一定的冲击，因此，各国政府都要适时进行调整，否则，将难以适应国际经济不断变化的要求。同时，也要警惕一些国家打着经济全球化的幌子干涉别国内政。

12.2　我国的对外开放

12.2.1　我国对外开放的基本国策和基本原则

1. 对外开放是我国的一项长期的基本国策

（1）对外开放是经济全球化的客观要求。随着国际分工的发展，经济全球化的趋势加强，各国不得不主动或被动地参与国际分工。一个国家经济发展的成败得失在很大程度上依赖于参与国际化、全球化的程度。在这种背景下，一国的经济不可能脱离国际经济而独立存在。为此，我国政府制定了对外开放和参与国际经济的发展战略，积极参加各种国际经济和区域经济组织，与世界各国建立广泛的联系，逐步按照国际经济的规则和惯例进行经济活动，使我国步入了国际分工与合作的大经济圈中。

（2）对外开放是社会主义市场经济的内在要求。市场经济是开放、竞争的经济，它与垄断、封闭是对立的。建立在社会化大生产基础上的市场经济，需要打破地区封锁，建立统一有序的国内市场，使资本和劳动力等生产要素自由合理流动，实现资源的有效配置。市场经济发展到一定阶段，必然要走向国际，通过参与国际分工，互通有无、取长补短、调剂余缺。既然我们已经确立了建立社会主义市场经济的改革目标，就必须遵循市场经济的准则。同时，除了培育和完善国内市场体系，还应通过参与国际市场，认真学习发达国家市场经济中一些市场规则、科学的管理方法、先进的技术，提高管理企业、生产商品、驾驭国内和国际市场的水平。当然，我们所要建立的市场经济是社会主义市场经济，除了符合市场经济的一般要求外，还要符合社会主义本质。因此，要正确处理引进、消化、创新之间的关系，利用好两种资源、两种市场，为社会主义市场经济体制的发展和完善服务。

（3）对外开放是节约社会劳动，提高经济效益的重要途径。每个国家由于拥有的自然资源和经济条件不同，因而在社会生产上都有自己的优势，也有自己的劣势。生产某种产品有较高的劳动生产率，而生产另一种产品则相反。生产同一种产品耗费的社会劳动在不同国家之间也会有很大差别。因此，对每一个国家来说，应当充分发挥本国经济上的优势，多生产那些对自己最有利的产品，投入国际市场，来换回本国要耗费较多的社会劳动才能生产的产品，以此来促进本国专业化生产的发展，以较少的代价获取较大的经济效益。

（4）对外开放是实现现代化的必要条件。我国目前处于社会主义初级阶段，生产力发展水平还远远落后于世界发达国家，这就决定了必须在社会主义条件下经历一个相当长的初级阶段，去实现工业化和经济的社会化、市场化、现代化。

党的十三大提出了我国经济建设大体分三步走的战略部署，并确定了到 20 世纪末的第二步和 21 世纪中叶的第三步奋斗目标。党的十五大更进一步明确提出了三步走的战略部署，确定了到 21 世纪中叶基本实现现代化的奋斗目标。实现现代化，我国有很多有利条件，但也存在不少困难，其中最主要的是建设资金短缺，科学技术水平低，劳动者素质不高，现代化大生产的科学管理经验不足，尤其是经济活动的效率和效益太差，所有这些都严重地制约着经济发展。解决这些问题的一个重要的途径就是实行对外开放，扩大对外经济贸易和技术交流，发展开放型经济，从而更好地利用国外资金，以补充国内资金的不足；更好地引进先进技术、人才和科学管理经验，以提高我们的生产技术水平和管理水平；更好地吸收世界文明成果，在比较高的水平上起步，并赢得时间，缩短与发达国家的差距，最终实现现代化。

（5）对外开放是对历史经验的总结。对外开放，是指在平等互利的基础上与世界各国和地区广泛地开展政治、经济、文化、科学及其他方面的往来活动。它是我国的基本国策之一。对外开放政策是在深刻总结我国历史经验的基础上提出来的，对我国社会主义改革和实践具有重要的指导意义。

在新中国成立以前，中国是半殖民地和半封建的社会，经过长期的战争，社会经济遭受了严重的破坏，社会生产力很低。新中国建立以后，面临着艰巨的建设任务。20 世纪 50 年代初期，我国开始利用外资，当时主要是从苏联贷款，用以引进"一五"建设期间的 156 个重点工程项目所需的成套设备，除此以外，还同苏联和东欧国家合资经营一些项目，60 年代和 70 年代中期，只是采用延期付款的方式引进部分外资。总之，从 50 年代至 70 年代末，我国利用外资的规模非常小，整个社会经济处于封闭状态。之所以如此，主要是特殊的国内外环境造成的。从当时的国内外环境来看，战争刚刚结束，新的战争的可能性仍然存在，加之以美国为首的资本主义国家对我国在政治上的孤立和歧视。在经济上的封锁、禁运、制裁等，以及国际上社会主义和资本主义两大阵营对峙的局面，从而只有少数的社会主义国家同我国开展经济往来。60 年代中苏关系恶化，进一步强化了我国"自力更生"的思想，使得我国在对外经济关系中，基本上是采取"闭关锁国"的方针。

党的十一届三中全会以后，我们认真总结历史经验教训，认识到长时间的闭关自守是我国落后的重要原因，终于提出了实行对外开放的基本国策。经过 20 多年的改革和实践，我国对外开放的程度不断提高，对外开放推动了我国经济和整个社会的发展，巩固了中国在国际中的地位，使人民的生活水平不断提高。从而进一步验证了这一政策是正确的，也是必需的。

30 多年的改革开放，中国与世界经济的依存与互动不断增强，已成为全球最具规模的"工厂"与最具潜力的"市场"，在全球经济格局中，中国的地位举足轻重。然而，与发达国家比，"中国制造"在全球贸易中的还尚有差距，尤其是在全球金融危机和经济低迷的情势下，中国更需要融入全球化进程，推动经济发展。

党的十八大召开以来，全党继续解放思想，进一步深化了对外开放领域的改革，十八大报告指出，"全面提高开放型经济水平，强调适应经济全球化新形势，必须实行更加积极主动的开放战略，完善互利共赢、多元平衡、安全高效的开放型经济体系"。报告突出强调开放的主动性，重视开放的质量和效益，更加凸显内外统筹的科学发展思路，规划出新时期对外开放的蓝图，折射出中国以主动姿态融入全球化的进取精神和从容气度。在十八大报告的指引下，中国对外经济将进一步创新开放模式，从规模速度型向质量效益型转变，坚持多边与区域开放合作并举，提高国际井真理。随着我国高质量高效益的对外开放进程，我国在国际经济体系中将有更大的主导权和话语权，有利于展现中国负责任大国的地位，有利于我国更好地参与全球治理。

2. 我国发展对外经济关系的基本原则

（1）独立自主和自力更生的原则。发展对外经济关系，必须坚持独立自主、自力更生的原则。这是因为，第一，我们是社会主义国家，社会主义的本质决定了，我们不能通过对外掠夺来发展经济，而是必须把立足点放在自力更生上。第二，对外经济技术交流的效果如何，最终取决于我们的利用、吸收和消化能力。第三，依赖外国发展国民经济，经济命脉难以自己控制，政治独立也难以获得保证。因此，建设社会主义必须坚持独立自主、自力更生的原则，立足国内，依靠自己的力量搞建设，依赖外国是建不成社会主义的。同时，建设社会主义，又必须实行对外开放。若闭关锁国，故步自封，排斥外国的先进科学技术，同样是建不成社会主义的。自力更生和对外开放并不矛盾。自力更生是基础，建设社会主义的道路和方法必须由自己选择，对外开放可以增强自力更生的能力，两者相辅相成，相互补充。为加快我国的社会主义现代化建设步伐，我们必须"充分利用国内和国外两种资源，开拓国内和国外两个市场，学会组织国内建设和发展对外经济关系两套本领。"①

（2）平等互利和恪守信用的原则。平等互利和恪守信用的原则，是国际交往中公认的准则，既符合我国的利益，也符合贸易各国的利益。因此，我们一定要坚持这一原则，即在国际经济往来过程中，坚持国家不分大小、不论强弱，均处于平等地位，互相尊重对方的主权；同时根据需要与可能，互通有无，等价交换，彼此有利；各种贸易协定一经签署，彼此就要认真执行，恪守信用。在对外经贸关系中坚持这一正确原则，有利于破除旧的不合理、不公正秩序，建立国际经济新秩序。

我们也应当看到，外商同我国打交道，目的是推销商品，获取原料，输出资本，追求利润。无论是在生产、贸易、信贷或科技领域，还是在经贸合同的签订或执行过程中，外商总是力图对自己有利，甚至不惜侵害我方的利益。因此，一定要坚持平等互利的原则。从西方发达国家取得资金或先进技术，既要反对闭关自守、盲目排外，又要保持清醒的头脑，坚决抵制贸易歧视和经济侵略。

（3）集中统一和联合对外的原则。我国在发展对外经济关系的过程中，必须坚持集中统一、联合对外的原则。即在国际经济交流过程中，确保我国外贸制度的统一性，统一对外贸易立法和法律实施，统一管理对外贸易，对外统一承担国际义务。凡涉及对外贸易的法规、制度，除须由全国人大或国务院发布的以外，国务院授权对外贸易经济部统一对外公布，并组织实施。各地区、各部门均应实行统一的对外贸易制度和政策，联合对外。这是建立全国统一大市场的客观要求，也是由我国社会主义经济的本质特点所决定的，也符合国际贸易的规范。

首先，以社会主义公有制为基础的国民经济是一个统一的有机的整体。对外

---

① 《中共中央关于经济体制改革的决定》，人民出版社 1984 年版，第 34 页。

经济技术交流是其中的重要组成部分。只有集中统一，联合对外，才能有计划地引进国内急需的设备、原料、技术、资金等，才能保证国内生产按比例地发展。否则，各地区、各部门各行其是，必然产生盲目性和无政府状态，影响整个国家的经济生活和社会生活。当然，这并不意味着由政府来包揽一切对外经济活动。国家应当充分发挥各地区、各部门、各外贸企业的积极性，搞好对外经贸。

其次，世界市场受价值规律、竞争规律和剩余价值规律等的支配，充满着激烈的竞争。而资本市场和技术市场又基本上被发达的资本主义国家的垄断资本家所掌握和控制。为了打破这种垄断，增强我国在国际市场上的应变能力，维护国家的经济利益，我们在对外开放中必须坚持集中统一、联合对外的原则，否则，"肥水流入外人田"，国家会蒙受损失。

（4）配合政治斗争和讲求经济效益的原则。我国的对外经济活动必须配合国际政治斗争的需要。这是由我国的社会主义制度和我国对外经济关系的社会主义性质决定的。但是，我们在对外经济技术交往中，还必须讲求经济效益，使对外经济技术交流有利于节约我国的社会劳动，有利于国内的经济发展。单纯的经济观点是片面的，但单纯强调政治和外交需要而不考虑经济效益也是片面的。我们应当把二者很好地结合起来。

当前，社会主义国家、资本主义国家以及发展中国家之间的关系错综复杂。我们在对外开放中应采取不同的政策，区别对待。从世界范围看，资本主义国家的经济力量仍然占据优势，我们要在积极发展同各国的经济技术交流的同时，努力为建立新的国际经济秩序而斗争。

（5）既要大胆开放，又要抵制外来腐朽思想的侵蚀。对外开放作为我们的基本国策，作为加速社会主义现代化建设的战略措施，20 多年来取得了显著成效，事实证明，对外开放政策是正确的。但不可否认也带来一些资本主义的腐朽东西。要说有风险，这是最大的风险，对此，我们既不能因噎废食，自我封闭，也不能对因开放所带来的一些腐朽的东西熟视无睹，放任自流。对待那些腐朽的东西，要用法律和教育两种手段来解决。一方面，要加强法制建设，严厉打击各种违法犯罪活动，扫除各种丑恶活动；另一方面，要加强社会主义精神文明建设，加强思想政治教育和公民道德教育，坚定人们的社会主义信念，增强人们识别和抵制资产阶级腐朽思想的能力。

12.2.2　社会主义对外经济关系的主要形式

1. 对外贸易

对外贸易是我国对外经济关系的主要形式之一。所谓对外贸易，即进出口贸易。指一个国家（或地区）同其他国家（或地区）之间发生的商品交换活动，是国内商品流通的延伸和补充。对外贸易由进口和出口两个方面构成。若出口额与进口额相等，称外贸平衡；若出口总额大于进口总额，称外贸顺差或出超；若出口总额小于进口总额，称外贸逆差或入超。对外贸易的基本职能是：转换使用价值，调剂商品余缺，实现价值增值，增加外汇收入。

对外贸易对国民经济的发展起着巨大的促进作用：第一，有利于国家资金的积累，为国家提供了大量的建设资金，增加了国家的外汇支付能力。第二，有利于互通有无，调剂产品余缺，协调国民经济中出现的不平衡，促进社会主义市场经济的正常协调运行。第三，有利于调剂国内市场的供应，更好地满足人民物质文化生活的需要。第四，引进国外的先进科学技术和关键设备，加速我国国民经济的技术改造，提高我国的科学技术水平，改变我国经济和技术落后的状况。此外，通过国际间的贸易往来，还可以促进我国人民同世界各国人民的相互了解，增进友谊和团结，扩大我国社会主义的对外影响。

2. 对外技术交流

对外技术交流是指一个国家或地区同其他国家或地区之间对先进科学技术的引进和输出。

（1）先进技术及其引进的原则。技术是指根据生产实践经验和自然科学原理而发展成的各种工艺操作方法与技能，还包括相应的生产工具和其他物资设备及生产的工艺过程或作业程序、方法。它可以用文字、公式、图表、配方等表达，可以传授。所以，技术是人的系统知识及其产物。人们又形象地称系统知识为软件技术，称系统知识的产物即机器设备为硬件技术。先进技术可大致包括以下几项：一是先进设备和部件；二是新型和优质材料；三是新的原理、数据和配方；四是新的工艺和科学的操作规程；五是先进的经营管理方法。

科学技术是生产力，是人类在长期的生产斗争和科学实践活动中创造的共同财富，它没有国家和民族界限。国家之间相互引进先进技术，是发展生产力的需要。在引进技术中应坚持以下原则：第一，引进与国内自制设备相结合。进口自己不能制造的单机、关键设备，不要都搞成套设备进口；第二，要从进口设备转移到引进软件技术；第三，不要重复引进；第四，要注意引进技术的消化和推广；第五，要搞综合平衡，按照国民经济发展的需要，确定引进技术的种类、重点和规模；第六，要密切配合，分工协作。引进技术和进口设备，涉及许多部门，因此必须搞好各方面的工作，尤其是外贸与订货部门的关系。

（2）引进技术的主要方式。引进国外先进技术的方式有多种。目前，我国采用的几种主要方式有：第一，购买先进设备。包括购买成套设备、主机、购买关键设备和重要零星部件。这种方式见效快、风险小，可以在较短的时间内形成一定的生产能力。但是，这种引进方式使用外汇多，学不到关键技术，不利于本国机械工业的发展，容易造成对外国的依赖性。所以应适当采用这种方式。第二，咨询服务。咨询服务的范围极其广泛，包括行业规划、地区经济发展规划、承包成套工程项目、企业的技术改造、新产品的研制、生产计划的制定及市场开发等。它是买"脑力"而非买产品，聘请具有一定信誉的咨询公司进行咨询服务，可以减少工程费用，提高效益。第三，许可证贸易。许可证贸易就是支付一定费用，购买制造某种产品的许可权，或称许可证。许可证贸易是一种作价的技术转让，但它转让的只是使用权，而非所有权，是我国现阶段引进技术的一种重要方式。许可证贸易可分为专利、技术秘密和商标三项内容。第四，合作生产。合作生产是双方根据共同的协议，通过合作生产和开发、补偿贸易、来料加工、合资经营、外商独资办企业等方式引进先进的技术设备。合作生产对输出方来说，可以利用廉价的劳动力，减少运费、减少进口税，从而降低成本，提高竞争能力。对引进方来说，可以引进新技术，节省外汇。

（3）我国的技术输出。我国的对外技术交流，在当前和今后一段时期内，主要是从国外引进先进的科学技术，但同时也必须努力扩大科学技术出口。我国的科学技术虽然从总体上来看还比较落后，但并不是一切都落后，在一些领域中有不少科学技术还是先进的，有些已经达到了世界先进水平，有的已居世界领先地位。目前我国主要是向发展中国家提供技术援助，也向发达国家输出少量先进技术。

3. 对外资金往来

对外资金往来是指一个国家或地区同其他国家或地区之间的国际信贷关系和生产经营的投资活动，包括资金的引进和资金的输出。

（1）对外资金往来的必要性。国际间的资金往来，是由各个国家或地区之间经济发展的不平衡引起的。经济发达国家往往由于在国内找不到更有利的投资场所而出现暂时闲置的剩余资金，为了使这些剩余资金也能带来更多的利润和利息，客观上要求往国外输出；而经济落后国家往往由于资金短缺而影响经济的发展，客观上要求输入国外资金。当今世界，国际间资金往来的规模越来越大，已成为各个国家或地区发展自己经济的重要条件。

我国是发展中的社会主义国家，资金短缺是我国经济建设中的一个突出困难，也是短期内难以解决的问题。因此，在今后一个较长的时期内，我国的对外资金往来，主要是引进国外资金。实践表明，正确地利用外资，对我国社会主义现代化建设的顺利进行，具有重要意义：第一，可以弥补国内积累资金的不足，增加投资量，扩大生产，加快经济发展；第二，通过利用外资来吸引先进技术，以提高本国的科学技术水平和劳动生产率；第三，有利于加快国内资源的开发利用，增强自力更生能力；第四，利用外商生产投资可开拓国际市场，扩大出口，有利于增加外汇储备；第五，有利于提高经济效益，扩大劳动就业，增加国家和劳动者个人的收入，等等。

（2）利用外资的主要形式。我国当前利用外资的形式主要有：

第一，外国贷款。外国贷款的具体方式有：一是外国政府贷款。又称国家贷款。指政府间的双边低利援助贷款，这种贷款要纳入贷款国的财政预算。这种贷款具有优惠性，其中赠予成分可达25%以上，具有援助性、利息低、还款时间较长等特点，但它一般都有一定的附加条件，即明确规定采购限制，向贷款国购买物资设备等；二是国际金融组织贷款。指利用国际货币基金组织、世界银行及其所属机构、联合国专门机构或其他地区性的国际金融机构的赠款和贷款。这种贷款的条件比较优惠，但控制严格，申请程序复杂；三是外国银行贷款，这是一国的银行向外国银行取得的贷款。一般是通过商业银行和信托组织借到的民间商业贷款或外方直接借款等。它不受使用地点、用途的限制，也不与一定的进口项目相联系，所以又称"自由外汇"。外国银行贷款就是在国际资金市场上筹措的"自由外汇"，利息一般按市场利率计算；四是出口信贷。是指某些国家政府为支持扩大本国出口，增强竞争能力，通过官方进出口银行或私人商业银行向本国出口商或国外进口商提供的并由国家承担信贷风险的一种贷款。出口信贷分为卖方信贷和买方信贷两类，它一般低于市场利息，还贷期限长，这种贷款往往只限购买贷款国的商品。

第二，直接投资。国外直接投资又分为几种形式：一是合资经营。由中外双方的当事者互相利用对方的优势和有利条件商定投资比例，共同经营，共同核算，共担风险。同时对投资必须作价计算出各自的股权比例，并按投资比例分享利润，分担风险，故又称股权式合资企业。二是合作经营。它是以比较灵活的方式组织起来的具有有限责任的国际经济合作形式。合作双方的权利、义务和责任，由双方通过协议、合同加以规定。企业收益是按合同（或协议）规定的投资方式和比例来分配，这是它与合资企业的主要区别。中方合作者一般提供场地、厂房、土地、设施、劳动力和服务等。外商提供资金、技术设备、良种等作为直接投资。三是合作开发。目前主要用于海上石油勘探和开发项目。四是独资企业。由外商独自投资、独自经营自负盈亏的企业，一般情况下，都是技术先进的生产性项目。

第三，商品信贷。具体又分为几种：一是补偿贸易。这是一种不使用现汇而是以商品来偿还，在信贷基础上进行的贸易方式。由外国企业提供或利用国外出口信贷购买技术或设备。当项目投产后，以该项目生产的产品"直接补偿"上述投资者提供的投资，经双方商定也可用其他产品或劳务进行"综合补偿"。在补偿贸易下买方对进口的设备和物资拥有所有权和使用权。二是对外加工与装配。包括来料加工、来样加工和来件装配等。由国外委托人提供材料、零部件及部分设备，国内企业按他们的要求加工成成品，或按要求定牌或不定牌装配。成品交委托人自行销售，并以约定的标准收取加工费。加工装配业务相当于向国外提供劳务，是特殊意义的利用外资。

第四，其他。一是租赁和信托业务。租赁业务是出租人将一些昂贵的机器设备、交通工具等交给承租方使用并向承租方定期收取预定租金。信托业务是指委托人将财产交给受托人，受托人根据合同上规定的一定目的对其财产进行处置，所得收益按规定交给委托人，受托人收取手续费。二是发行债券。指在国外债券市场上发行债券。债券是债券持有者（即投资者）向债券发行者（即借款人）定期收取固定利息收入，到期收回本金的债权凭证。债券发行人主要是政府及其所属机构，企业、私人公司和国际金融机构。债券又分中期债券（5~7年）和长期债券（7年以上）。债券可随时在市场出售，债券的发行和推销较为方便，易于筹措较长期的资金。

（3）我国的对外投资和跨国经营。对外投资包括对外直接投资和间接投资两大类。对外直接投资是我国的公司、企业或者其他经营组织（不含外商投资企业）通过在海外投产创办新企业，或通过购股、参股形式收购现有企业，进行生产经营，即在海外兴办独资企业或合资、合作经营企业。对外间接投资，一是对外贷款，二是在国际证券市场上购买外国（或地区）股票、公司债券，以获取股息和利息。对外开放以来，我国的海外投资已取得可喜的成果。除向一些发展中国家提供低息贷款以帮助这些国家实现经济的独立和发展以外，在海外直接投资办企业进行跨国经营也有了较大发展。涉及的行业较广，包括资源开发、工农业生产、承包工程、加工装配、交通运输、金融保险、医疗卫生、旅馆餐馆等。

4. 对外承包工程和劳务合作

对外承包工程，又称国际承包，是指一个国家的对外承包公司承揽的外国政府、国际组织和私人企业主的建设项目、物资采购和其他承包项目的一种国际经济合作形式。对外承包公司必须具有法人地位，并有银行担保。对外承包工程和劳务合作，在国际劳务市场上，同属劳务输出的范畴。

除了对外承包工程以外，我国还进行国际劳务合作。劳务合作是指直接向国外提供劳务人员来获取利润的一种经济合作形式。我国在劳务合作方面，主要是向国外企业主或承包商提供所需要的工程技术人员、管理人员、技术工人及其他劳务合作人员。劳务合作的特点是：投资少、创汇快、风险小。我国对外劳务合作起步较晚，近年来虽然发展较快，但总水平仍然偏低，与我国作为世界人口大国的地位很不相称。为了发挥我国劳动力资源丰富的优势，我们应努力扩大劳务出口，在国际劳务市场竞争日益激烈的情况下，在劳务输出方面应进一步放宽政策、简化手续，并制定必要的鼓励劳务出口的政策措施，培训和提高输出人员的文化技术素质，以适应国际劳务市场的需要。

5. 积极发展国际旅游业

国际旅游业是一种非商品贸易事业，它是通过为旅游者提供服务劳动而创造收入的行业。旅游业是新兴行业，具有投资少、见效快、利润大的特点，素有"无烟工业"之称。现在它已成为继能源、原料、钢铁、纺织之后的又一主要出口创汇行业，成为国民经济的重要组成部分。

我国是一个具有五千年辉煌历史的文明古国，旅游资源丰富多样，得天独厚，世界少有。我们应充分发挥自己的优势，大力加强旅游设施的建设，不断提高旅游服务的质量，提高我国在国际旅游业中的知名度。

12.2.3 我国对外开放的格局

1. 经济特区

经济特区，是指一个国家或地区为了吸收外资，引进先进技术和扩大对外贸易而设置的在经济上实行特殊政策和特殊管理体制的区域。经济特区是世界经济发展的产物，它同世界生产力的发展和国际贸易、科学技术的发展相联系，已经经历了数百年的历史，目前正向经济技术结构高级化方向发展。经济特区有许多类型和名称，诸如"出口加工区"、"自由贸易区"、"自由关税区"、"自由港"、"自由边境区"、"投资促进区"等等，我国则采用经济特区这一名称。

经济特区的性质与基本特征。我国兴办的经济特区，不是政治特区，更不是像我国台湾、澳门及目前香港那样的"一国两制"下的特别行政区，它是在社会主义国家领导下多种经济成分并存的综合经济体，是实行特殊经济政策和特殊管理体制的地区。经济特区的基本经济特征有：

第一，特区的经济发展，主要依靠利用外资。特区的经济，是在全国社会主义经济领导下，以中外合资经营企业、合作经营企业和外商独资经营企业为主的多种经济形式并存。

第二，特区的经济活动，基本上是市场调节，接受国家的宏观计划指导。这是由于在经济特区，引进的外资迅速增长，生产的产品以外销为主，与国际市场的关系日益紧密，特区经济内部条件起了很大变化，因此，必须充分发挥市场的调节作用。但是，特区经济是我国国民经济的一个组成部分，其经济活动是在国家计划指导下进行的，这表现在经济特区的发展规划，发展方向，引进、建设的重大项目都要上报国家审批；产品内销要有计划进行；银行、金融、外汇也由国家管理。

第三，对前来投资的客商，给予特别优惠和方便。在税收、土地使用费，给予特别优惠，例如，内地的"三资"企业所得税率（加上地方附加税）为 33%，而特区的所得税率仅为 15%，一般减免生产环节的工商税。对外商出入境给予方便。

第四，国家给特区较多的经济活动自主权。如建设项目审批权限比一般省、自治区还要大，基本建设指标可以在国家控制的固定资产投资总规模之外另算，等等。

经济特区的作用，正如邓小平指出的："特区是个窗口，是个技术窗口，管理的窗口，知识的窗口，也是对外政策的窗口。"①"技术窗口"作用是指由于政策优惠，引进国外的先进技术更容易些。这对发展特区经济，并由此推动内地的技术改造，为先进技术在我国由东向西移植创造了有利条件。"知识的窗口"作用是指特区为吸取外国的科学技术知识、管理知识、经济知识、社会知识、生产知识等提供了有利的社会场所。"管理的窗口"作用是指特区所引进的先进的科学管理手段和方法，特区的经济管理体制的改革和企业经营管理制度的完善，对全面提高内地企业的管理水平，对全国的现代化建设具有现实的指导意义。特区的"对外政策的窗口"作用是让人们从外面向内看我们，通过特区了解我们的对外政策，特别是使港、澳、台同胞更好地了解中国共产党及其方针政策，以有利于祖国早日实现统一。此外，特区还可以采取与内地不同的体制和政策，在对外开放和经济体制改革方面，起着超前的作用，从而可以摸索与总结经验，再推广到全国范围。我国建立经济特区的实践已鲜明地显示出它对社会主义经济建设的重大积极作用：引进了外资，增加了建设资金；引进了先进技术设备；扩大了出口贸易；获得了大量的国际经济信息；培养了大批技术人才和经济管理人才；创造了更多的就业机会；为我国经济体制改革探索经验，等等。

2. 沿海开放城市和经济开放区

沿海开放城市是指实行特殊开放政策的沿海港口城市。经济技术开放区，是指我国在开放的沿海港口城市和部分内陆城市划出明确地域界限，实施特殊经济

---

① 邓小平：《建设有中国特色的社会主义》（增订本），人民出版社 1987 年版，第 41 页。

政策，外引内联发展新工业和科研项目的特殊区域。1984 年，在吸收创办特区的经验基础上，我国决定进一步开放大连、秦皇岛、天津、烟台、青岛、连云港、南通、上海、宁波、温州、福州、广州、湛江、北海 14 个沿海城市和海南岛，这是我国对外开放的第二个层次。对这些城市扩大开放的内容，一是扩大它们对外经济活动的管理权限；二是对前来投资的外商给予优惠待遇。其中特别是着重扩大它们利用外资项目的审批权。同时还规定，经批准，在这些城市可以举办经济技术开发区、大体执行经济特区规定的外商投资所享受的优惠待遇。

1985 年，我国又决定把长江三角洲、珠江三角洲和闽南三角地区（即由厦门、泉州、漳州连成的三角地带）辟为对外经济开放地带。随后又陆续扩大沿海经济开放区的范围，包括辽东半岛和山东半岛，以及河北省、天津市、江苏省、浙江省、福建省、广西壮族自治区的许多沿海市县。这样，在我国东部由北到南连接成为近万里的大片狭长的对外开放前沿地带。在这些城市和地区，实行经济特区的某些政策，发挥其自身的优势，大力发展外向型经济，使它们成为对外贸易的基地，内外经济联系的桥梁，引进国外先进管理经验的筛选场地。这不仅可以加快沿海经济区的发展，而且可以带动内地，使内地和沿海的优势互补，共同发展。

3. 沿江、沿边和以省会城市为中心的内陆开放地区

1992 年年初以来，在邓小平同志南方谈话和党的十四大精神的鼓舞下，我国对外开放掀起了一个新高潮，不仅放宽了利用外资的政策，开拓了投资领域，而且以上海浦东开放为龙头，进一步开放长江沿岸的芜湖、九江、武汉、岳阳、重庆等内陆城市，尽快把上海建成国际经济、金融、贸易中心之一，带动长江三角洲和整个长江流域地区经济的新飞跃。同时还决定开放满洲里、黑河、绥芬河、珲春四个沿边城市。满洲里地处北疆边陲，有铁路、公路与蒙古、独联体国家及东欧各国相通。黑河市与俄罗斯、哈萨克斯坦、乌克兰、白俄罗斯等八个国家有贸易往来。绥芬河一直是我国边贸的重要口岸，对东北亚经济合作起着桥梁作用。珲春与俄罗斯、朝鲜接壤，是我国内陆区进入日本海的唯一通道。这四个边境城市的开放，对扩大我国对外开放有重大意义。此外，联合国开发计划署也将图们江地区列为重点开发项目。在此之后，我国又开放了广西凭祥市、东兴镇，云南河口县、畹町市、瑞丽县，新疆的伊宁市、塔城市、博乐市，内蒙古的二连浩特等市县。国家还进一步开放了内陆所有省会、自治区首府城市。这就形成了沿江、沿边和以省会为中心的内陆新开放区。

4. 国内自由贸易区

自由贸易区（Free Trade Zone）是指在贸易和投资等方面比世贸组织有关规定更加优惠的贸易安排；在主权国家或地区的关境以外，划出特定的区域，准许

外国商品豁免关税自由进出。实质上是采取自由港政策的关税隔离区。狭义仅指提供区内加工出口所需原料等货物的进口豁免关税的地区，类似出口加工区。广义还包括自由港和转口贸易区。

党的十八大以来，在全面深化改革的背景下，国家高度重视自由贸易区建设。2013 年 10 月 26 日，上海自贸区正式成立。据中央精神，建设中国（上海）自贸试验区，是顺应全球经贸发展新趋势，更加积极主动对外开放的重大举措，使之成为推进改革和提高开放型 经济水准的"试验田"，形成可复制、可推广的经验，发挥示范带动、服务全国的积极作用。这有利于培育中国面向全球的竞争新优势，拓展经济增长新空间，打造中国经济"升级版"。

2015 年 3 月 24 日，中共中央政治局审议又通过了广东（三大片区：广州南沙自贸区、深圳蛇口自贸区、珠海横琴自贸区）、天津、福建自由贸易试验区总体方案，进一步深化了上海自由贸易试验区改革开放方案。

现在，我国的对外开放已进入了一个新的发展阶段，一个全方位、多层次、宽领域的对外开放格局基本形成。我们要面对经济、科技的全球化趋势，以更加积极的姿态走向世界，加快发展外向型经济，扩大对外开放的广度和深度，积极参与国际交流和竞争，以开放促发展，全面振兴我国现代化建设事业。

本章小结

1. 经济全球化，从实质上讲就是在全球范围内实现资源的有效优化配置，其产生于 20 世纪 50 年代，到 90 年代形成高潮，进入 21 世纪，经济全球化进程进一步加快。

2. 对外开放是我国的一项长期的基本国策，是经济全球化的客观要求，是社会主义市场经济的内在要求，是实现现代化的必要条件，是节约社会劳动，提高经济效益的重要途径，是对历史经验的总结。独立自主和自力更生、平等互利和恪守信用、集中统一和联合对外是我国发展对外经济关系的基本原则。社会主义对外经济关系的主要形式包括：对外贸易、对外技术交流和资金往来、对外承包工程和劳务合作、发展国际旅游业。

3. 党的十一届三中全会以来，我国已初步形成了"经济特区——沿海开放城市——沿海经济开放区——内地"这样逐步推进的全方位、多层次、宽领域的对外开放格局。这种有重点、分层次，由点到面逐步推进的开放格局，反映了我国对外开放工作前进的步伐，体现和服务于我国对外开放的目标模式。

复习思考题

1. 为什么说对外开放是我国的一项长期的基本国策？
2. 我国发展对外经济关系的基本原则是什么？
3. 我国发展对外经济关系有哪些主要形式？